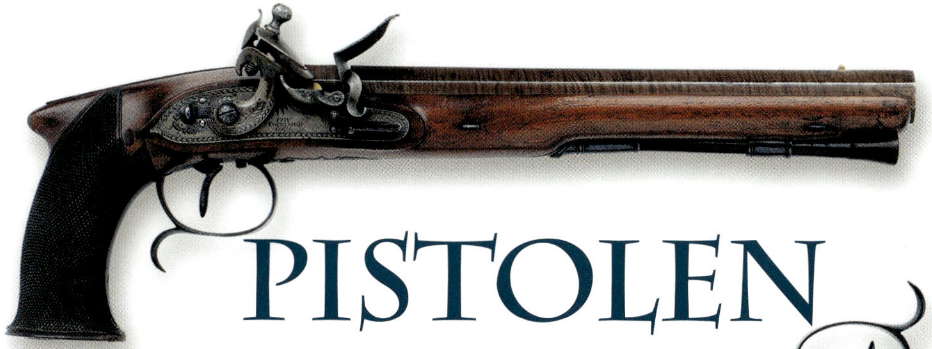

PISTOLEN

ADRIANO SALA

PISTOLEN

GESCHICHTE, TECHNOLOGIE UND MODELLE VON 1550 BIS 1913

HEEL

HEEL Verlag GmbH
Gut Pottscheidt
53639 Königswinter
Tel.: 02223 9230-0
Fax: 02223 923026
E-Mail: info@heel-verlag.de
Internet: www.heel-verlag.de

Deutsche Ausgabe:
© 2005 Heel Verlag GmbH

Italienische Originalausgabe:
© 2004 Mondadori Electa S.p.A.
12, Via Bianca di Savoia
20122 Mailand
Italien
Italienischer Originaltitel:
Pistole – Storia, technologica e modelli dal 1550 al 1913

Deutsche Übersetzung: Melanie Albero
Redaktionelle Bearbeitung: Rolf Jablonski

Satz und Gestaltung: Heel Verlag GmbH

Alle Bilder dieser Ausgabe sind von Roberto Appiani, ausgenommen die Bilder der folgenden Seiten: 46 – 47, 54 – 55, 98 – 99, 110 – 111, 124, 125, 126 – 127, 138 – 139, 140 – 141, 150 – 151, 174, 180, 233, 252 – 253, 254 – 255, 262 – 263, 264 – 265.

Printed in Italy

ISBN 3-89880-477-1

An Idemma und Matteo, jetzt und für immer.

Der Autor möchte sich bei La Casa d'aste Czerny's di Sarzana (La Spezia), Waffengeschäft Armi-Sport von Lauro Macchi in Jerago con Orago (Varese), bei den Museen Civici Veneziani, l'Armeria Reale in Turin, Victoria and Albert Museum in London, Royal Armouries in Leeds, Tojusmuseet in Kopenhagen sowie bei Frau Marianne Nielsen und bei dem Fotograf Andres Kavin, die die Bilder bei dem zuletzt genannten Museum gemacht haben, bedanken. Eine besondere Anerkennung gilt den Eigentümern der namenhaften italienischen privaten Sammlungen. Sie haben dem Fotografen Roberto Appiani ihre Sammlungen, ihre Zeit und ihre seltenen Stücke zur Verfügung gestellt. Ein persönliches Dankeschön geht an Giuseppe Primi, Cesare Sonzini, Ulisse Gobbi und Angelo Vaccher, der bei der Abfassung der Texte mitgewirkt hat.

INHALT

VORWORT

Mit Duldung derer, die ein Objekt nach dem beurteilen was es ist, hat die Pistole (und alle Arten die von diesem Namen ableiten) nicht nur ein Gesicht. Wenn man sie als puren und einfachen Gegenstand betrachtet, ausgestattet mit technischen Raffinessen, die nur einem Zweck dienen, riskiert man den ästhetischen Aspekt dieser raffinierten Explosionsschmiede aus den Augen zu verlieren. Eine Pistole ist auch ein erlesener literarischer Deckmantel: es reicht schon aus, unvergessliche Werke wie die von Puschkin oder Dumas zu lesen. Oder auch die schwefelhaltige Präsenz zwischen den besonders kurzen Zeilen von Simenon zu riechen oder den stimmhaften Lauten zu lauschen, die wie ein Donner sind, der die Noten Mozarts am Ende des Films Elvira Madigan zerreist, bis zum parodistischen Deckmantel von Cole Porter, der seine Miss Otis niedergeschlagen auf ihr Frühstück verzichten ließ, nachdem sie ihren faulen Liebhaber am Abend zuvor mit Pistolenschüssen niedergestreckt hatte.

Ihr Klang, ihr Feuer, ihr Antrieb, ihre ganze erschreckende Macht (der weise Lin Yutang schreibt: „Man fürchtet sich vor einer jeden Pistole") könnte aber unter dem ästhetischen Aspekt ihres Aussehens verschwinden, zuweilen geschickt organisiert ohne Wissen der Urheber die, sagen wir, die nützlichen Stücke bereitstellten.

Die ästhetische Entwicklung der Messer und Feuerwaffen birgt einige absolute Meisterwerke im Bereich der verschiedensten Techniken in sich, zum einen waren es mehr die Werke eines Ziseleurs und zum anderen mehr eines Kunsttischlers oder eines Goldschmiedes oder eines Juweliers. Um diesen vielfältigen Aspekt der Feuerwaffen studieren zu können ist es hilfreich, die Tätigkeiten einiger Künstler zu verfolgen, die schon seit dem 16. Jahrhundert die dekorative europäische Welt mit ihren Werken zu beeinflussen wussten. So wie es Virgil Solis oder Théodore de Bry taten, ihren fantasievollen Arbeiten, mit denen sie die metallischen Stücke von Flinten und Hakenbüchsen sowie den Griff verzierten, eingefasst in graviertem oder reliefierten Elfenbein, bereichert mit Trauben aus Perlmut auf Grund von Essenz der Americhe. Der Reichtum der Feuerwaffen zwischen dem 16. und 17. Jahrhundert passte sich schnell dem vorherrschenden Ge-

schmack und den Edelmetallen an, erhöht durch vielfarbiges Email im reinsten tardomanistischen Stil folgte der barocke Reichtum den kaiserlichen Flintenmündungen der Wiener Waffen, bei denen der Griff komplett mit vielfarbigen Kameen inkrustriert wird, antike und moderne, gemäß einer Mode, die uns besonders zahlreiche, weniger aggressive Artefakte hinterlassen hat.

Dies ist aber auch die Epoche, in der spezialisiertere Repertoires der Gravierkunst geschaffen wurden, die besonders die mechanischen Teile reich schmückten: Die Jahre Ludwig XIV. bieten uns großartige Beispiele mythologischer Darstellungen, graviert in Stahl, dem Profil der verschiedenen Abschnitte folgend. Die Formensprache der Ornamente veränderte sich im späten 17. Jahrhundert, wie die asymmetrischen Rocailles in den Arbeiten von Gilles Demarteau, der zu den beliebtesten Ziselierkünstlern in ganz Europa zählte. Wie kann man also das Vergnügen dieser Handwerker vergessen, die die grafischen Linien nach Entwürfen in die verschiedensten Materialien umsetzten? Ein Beispiel dafür ist der Waffenschmied Diego Ventura. Er bringt uns an den Hof von Madrid und zu Waffen, ummantelt von braunem Schildplatt, intarsiert mit hauchdünnen Goldsplittern, in einer Technik angefertigt, die manchen neapolitanischen Waffenschmieden auch nicht fremd war.

So wollte es die Mode und fortan wurden die Verzierungsarten von den Pistolen auf weniger bedrohliche Gegenstände übertragen, so auf Handspiegel für Damen, Schnupftabakdosen und Accessoires, die man sich mit einem Seidenband am Gürtel befestigen konnte. Dies war der Beweis, welche Stellung und Macht Schmuck in der Hofgesellschaft hatte.

In der heutigen Zeit entdeckt man indes eine tiefe Kluft zwischen perfekter Technologie und Verzierung – glänzend und glatt, sind die Waffen der modernen Ära gänzlich schmucklos.

Roberto Valeriani

Schon seit Jahrhunderten im Orient verwendet, wird das Schießpulver in Europa erst gegen Mitte des 14. Jahrhunderts für Kanonen eingesetzt. Ein Jahrhundert später werden die ersten „Hand“-Feuerwaffen benutzt. Es sind Einschuss-Pistolen, groß, schwer und umständlich zu laden, aber in der Lage, auch den tapfersten Reiter aus der Entfernung niederzureißen.
Diese ersten Versuche haben konstruktive Eigenschaften und Funktionsbedingungen von geringer Sicherheit und Genauigkeit. Deshalb werden in den folgenden Jahrzehnten und Jahrhunderten einige Verbesserungen durchgeführt, die anscheinend nebensächlich sind, aber am Ende zu einer größeren Funktionalität führen. Insbesondere entwickelte man allmählich das Zündsystem weiter – mit dem Luntenschloss, dem Radschloss, dem Steinschloss und dem Perkussionsschloss – was die Schnelligkeit, Sicherheit und Treffsicherheit steigerte. Die technischen Fortschritte wirkten sich auf die Form, das Aussehen, auf die Schönheit und auf den Wert der Pistolen aus, die man besser kennen und schätzen lernen kann, wenn man die wichtigsten Etappen ihrer Entwicklung noch einmal vorbeiziehen lässt.

EINLEITUNG

DAS LUNTENSCHLOSS

Die Feuerwaffe basiert auf einer sehr einfachen Idee und zwar auf der, Schießpulver in ein Metallrohr mit einem geschlossenen Ende zu füllen, dann eine Kugel einzuführen und das Pulver mit Feuer zu entzünden. Die dadurch entstehende Explosion gibt den Druck in die einzige freie Richtung ab und schleudert die Kugel aus dem Lauf. Um das Pulver zu entzünden reichte es im Prinzip aus, Feuer an ein Loch am hinteren Teil des Rohres zu halten.

Die Handwaffe

Die ersten Feuerwaffen aus dem 15. Jahrhundert waren einer Kanone sehr ähnlich. Sie funktionierten, indem man das Pulver durch einen glühenden Eisenstab entzündete. Durch die Kombination eines nicht zu schweren Rohres mit einem Holzhalter, entstand die tragbare Feuerwaffe, die man in der Hand halten konnte. Eine „Handwaffe“, wie man zu sagen pflegte. Bei den ersten Pistolen erfolgte die Zündung durch die direkte Zuführung einer Zündschnur (Abb. 1), einem Seil aus Baumwolle oder Hanf, in einer Lösung aus Kaliumnitrat gekocht, die sich auf Grund der Zusammensetzung des Letzteren sehr schnell entzündete.

Von der Zündschnur bis zum Luntenschloss

Wegen der Schwierigkeiten bei der Handhabung einer Waffe, die man mit einer glühenden Zündschnur in den Gürtel steckte oder unter der Kleidung trug, hatten die Pistolen mit einer einfachen Zündschnur nur ein kurzes Leben. Sie erschienen um 1520 und wurden in den darauf folgenden Jahrzehnten zwar verbessert, wurden aber immer seltener benutzt. Die wenigen verbliebenen Stücke zeigen jedoch, dass man eine Weiterentwicklung auch bei einer Waffe ohne befriedigende Funktion suchte. Von den ersten Pistolen mit einem stockförmigen Schaft, bei denen man mit einer Hand die Zündschnur und mit der andern Hand die Waffe halten musste, ging man bald zu anderen Waffen über, die man mit nur einer Hand bedienen konnte. Man konstruierte eine seitliche Zündpfanne, die mit dem Zündloch verbunden war. Dadurch war der Schütze zum ersten Mal in der Situation, vor der Abgabe des Schusses das Ziel ins Visier zu nehmen. Außerdem wurde die Waffe mit einem S-förmigen Metallteil (Abb. 2) ausgestattet, das durch seinen Mittelpunkt beweglich war und mit dem man die Zündschnur direkt in die Zündpfanne senken konnte.

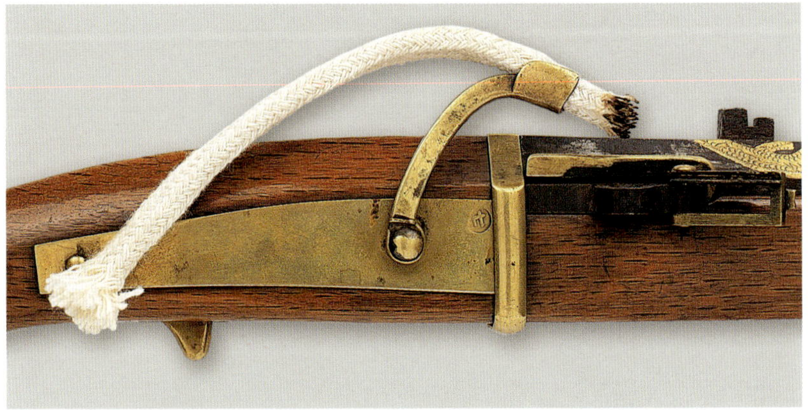

Das Bild zeigt eine Pistole mit einem frühen Luntenschloss. Der einfache Abzugsmechanismus liegt hier schon im Schaft.

Die ersten Luntenschlösser

Die weiterentwickelten Pistolen mit einer Zündschnur hatte schon einen einfachen Schlossmechanismus mit einem halbrunden Hahn und mit mechanischen Teilen, die schon auf der Innenseite des Schlossblechs montiert waren. Die Zündschnur wurde zwischen zwei Laschen geklemmt, die mit einer Schraube gesichert waren, um das Verrutschen der Lunte zu verhindern. Sie wurde in manchen Fällen an beiden Enden angezündet, damit die Waffe im Fall eines Erlöschens der Zündschnur nicht unbrauchbar wurde. Der Hahn wurde von einer Feder und einem Mechanismus in schussbereiter Position konstant hinten gehalten. Löste man nun diesen Mechanismus, wurde der Hahn von der Feder freigegeben und schlug in die Zündpfanne (Abb. 3 – 4). Die seitlich am Lauf angebrachte Zündpfanne war durch ein Zündloch mit dem unteren Ende des Laufs verbunden. Wurde die Lunte in die Zündpfanne gesenkt, entzündete sich das Pulver in der Zündpfanne und brachte so das Pulver im Lauf zur Explosion. Die Zündpfanne konnte mit einer Abdeckung geöffnet und geschlossen werden.

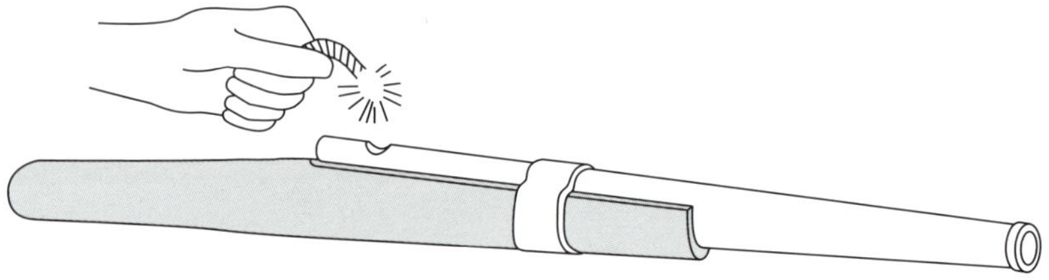

1. Zündung durch direkte Zuführung der Zündschnur.

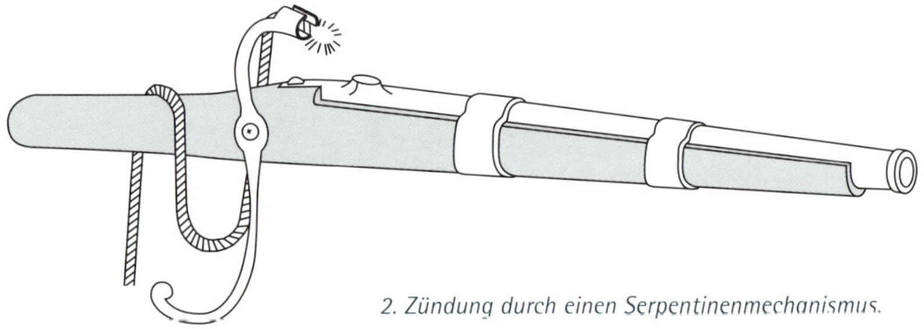

2. Zündung durch einen Serpentinenmechanismus.

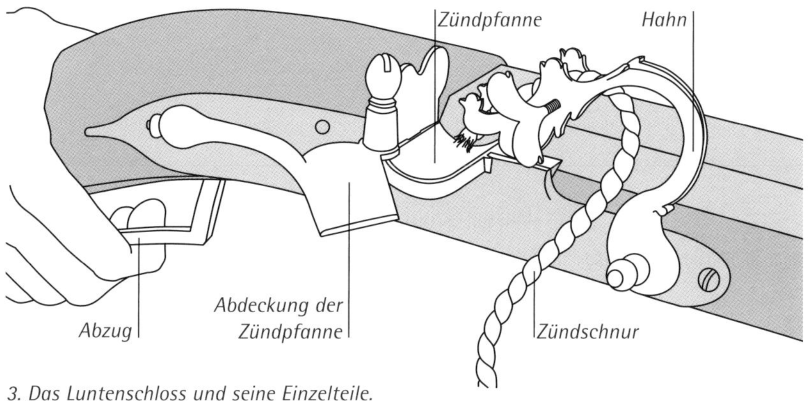

3. Das Luntenschloss und seine Einzelteile.

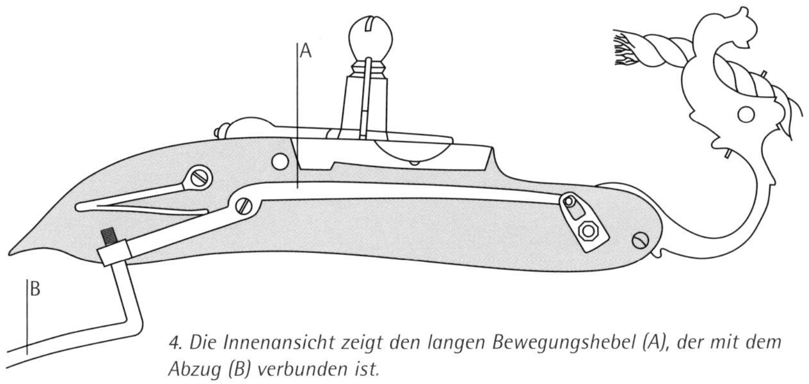

4. Die Innenansicht zeigt den langen Bewegungshebel (A), der mit dem Abzug (B) verbunden ist.

So lädt man die Pistole mit Luntenschloss:

- *Der Hahn mit der Lunte wird in Position gebracht.*
- *Das Schießpulver wird in den Lauf gefüllt.*
- *Die Kugel wird in den Lauf gedrückt und nach hinten geschoben.*
- *Das Schießpulver kommt in die Zündpfanne.*
- *Der Abzug wird gezogen und der Schuss erfolgt.*

Technische Varianten

Das Luntenschloss wurde über eine lange Zeit weiter verbessert. In Europa gab es zahlreiche technische Variationen der Schlossmechanik. Die Abzugsfunktion zum Beispiel konnte entweder durch einen Abzugshebel oder durch einen seitlichen Knopf ausgelöst werden. Auf jeden Fall war das Luntenschloss eine solide Konstruktion. Waffen mit Luntenschloss wurden bis zum Ende des 17. Jahrhundert gebaut. Folgend werden die technischen Details verschiedener Luntenschlösser aufgezeigt.

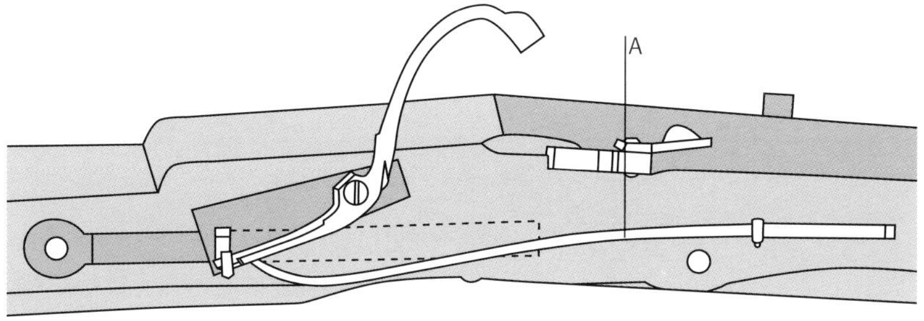

Diese Zeichnung zeigt das typische Luntenschloss des 15. Jahrhunderts. Hier wird der Hahn mit einer Stange (A) bewegt.

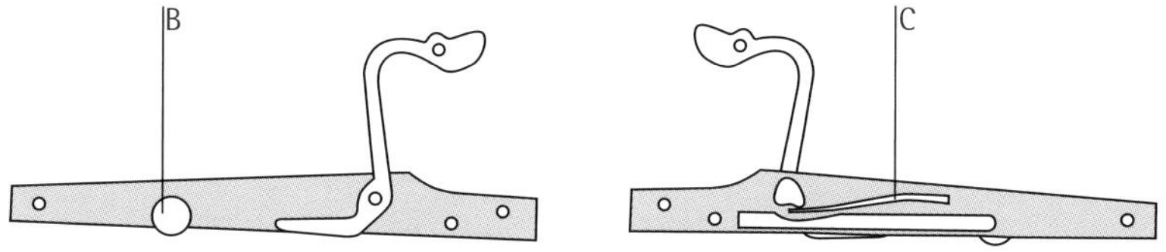

Das ist ein spätes Luntenschnappschloss. Die Außenansicht (links) zeigt einen Druckknopfabzug (B). Bei der Innenansicht (rechts) sieht man die innere Feder (C) des Schnappmechanismus.

Bei diesem späten japanischen Luntenschloss des 17. Jahrhunderts wurde die Bewegung durch einen innen liegenden Spiralfeder-Mechanismus (D) erzeugt.

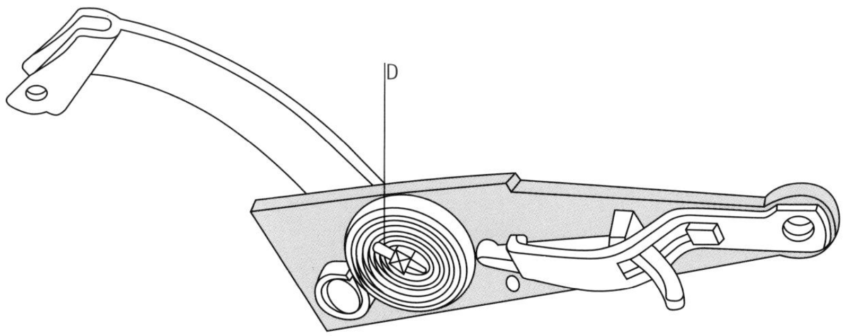

Bei diesem Luntenschloss liegen der Abzugsmechanismus und Abzug (E) innen.

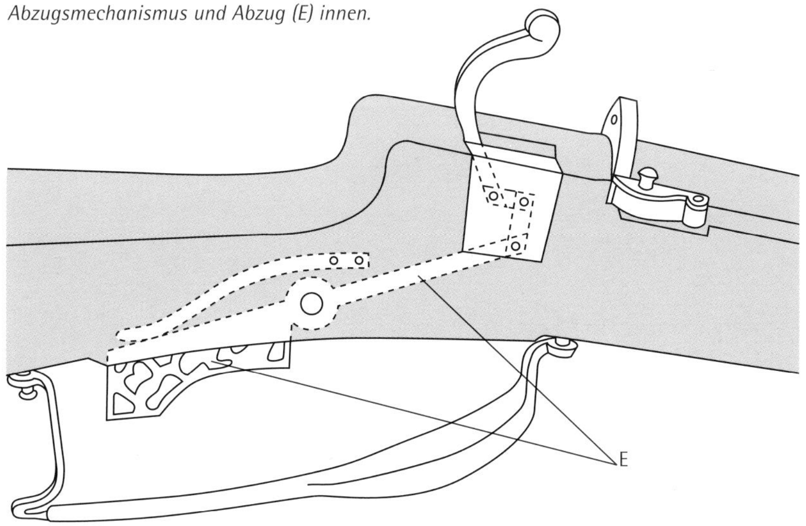

DAS RADSCHLOSS

Die Radpistole entstand aus dem Bedürfnis eine sicher zu bedienende Waffe zu besitzen, die man als Reiter mit nur einer Hand bedienen konnte. Eine solche Pistole ermöglichte es, den Feind – zu Fuß oder zu Pferd – aus einer größerer Entfernung zu treffen, was die traditionellen Waffen wie Lanze und Schwert und auch die Pistole mit Luntenschloss nicht ermöglichten. Dieses Bedürfnis stieg, als die ersten Fußtruppen mit Gewehren mit Luntenschloss ausgestattet wurden, mit denen sie auch auf Distanz schießen und treffen konnten.

Zündung durch Reibung

In der zweiten Hälfte des 16. und 17. Jahrhunderts wurde mit der Radschlosspistole ein großer Fortschritt gemacht, indem man das System des „lebendigen Feuers" durch das System des „gelöschten Feuers" ersetzte. Die Funktion des Radschlosses entsprach genau der des Reibungsfeuerzeugs. Diese Funktion verursachte also den Funken für die Zündung ohne Flamme oder Glut wie es bei dem Luntenschloss der Fall war.

Auf dieser Seite werden technische Details des innern und äußeren Mechanismus (Abb. 1 – 2) einer Radschlosspistole dargestellt.

Das Radschloss und seine Funktion

Die seitlich am Schlossblech angebrachte Zündpfanne hat parallel zum Lauf der Waffe einen Einschnitt. In diesen Einschnitt greift von unten das Rad ein, das mit Querfeilungen versehen ist und etwa 5 mm stark ist. Durch ein Loch seitlich am Lauf ist die Zündpfanne mit dem Schießpulver im Lauf verbunden. Die Zündpfanne wird je nach Bedarf geöffnet oder geschlossen, der Mechanismus diente dazu, das feine Schießpulver in der Zündpfanne vor Wind und Regen zu schützen Die Radachse ist durch das Schlossblech geführt und ist mit einer soliden Kette mit der v-förmigen Schlagfeder verbunden. Mit einem speziellen Spannschlüssel für den Radbolzen wird das Rad gegen die Spannung der Schlagfeder aufgezogen und zwar um eine ganze Drehung des Rads. Dadurch wickelt sich die Kette um die Radachse auf. Gleichzeitig rastet ein Dornmechanismus auf der Innenseite des Rads ein und arretiert es. Je nach Konstruktion des Schlosses wird nun in jedem Fall bewirkt, dass die Abzugs-

Die Radschlosspistole... von Leonardo

Die erste Radschlosspistole ist wahrscheinlich dem Genie Leonardo da Vinci zuzusprechen. Das 56. Blatt des Codice Atlantico zeigt einige Studien über das Radschloss. Die Zeichnungen sollen aus der Zeit zwischen 1510 und 1515 oder zwischen 1482 und 1499 stammen, also während des Aufenthalts von Leonardo da Vinci am Hof vom Ludovico il Moro in Mailand. Der englische Historiker J. Hart rekonstruierte aus diesen Zeichnungen von Leonardo da Vinci ein Radschloss und das Resultat war ein Mechanismus mit im Prinzip zufriedenstellender Funktionalität. Die Teile (A), (B) und (C) befinden sich in Ruhestellung und können in die Position (D) und (F) gebracht werden und geben durch einen Bolzen (F) die Drehung des Rads frei. Die Rekonstruktion der Zeichnungen hat bewiesen, dass es sich wohl um eine angedachte Arbeit handelte und nicht um eine akkurate Konstruktion. Das Ergebnis ist in der Tat schwach und empfindlich und nicht wirklich für eine praktische Benutzung geeignet.

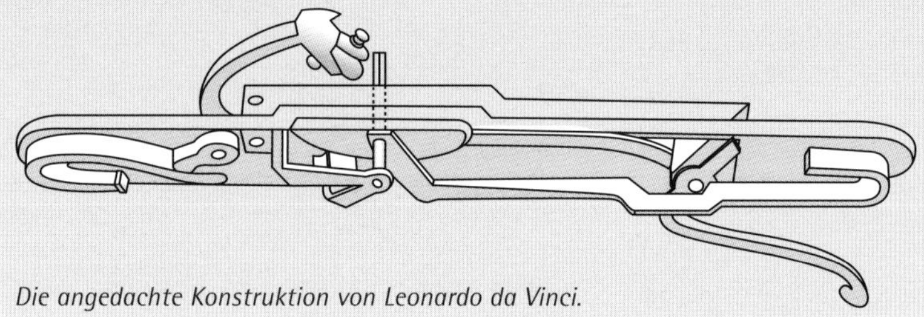

Die angedachte Konstruktion von Leonardo da Vinci.

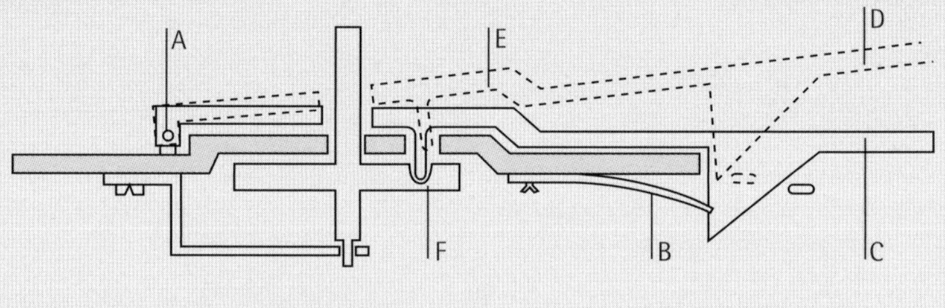

Die Rekonstruktion von J. Hart.

1. Der innere Mechanismus des Radschlosses.

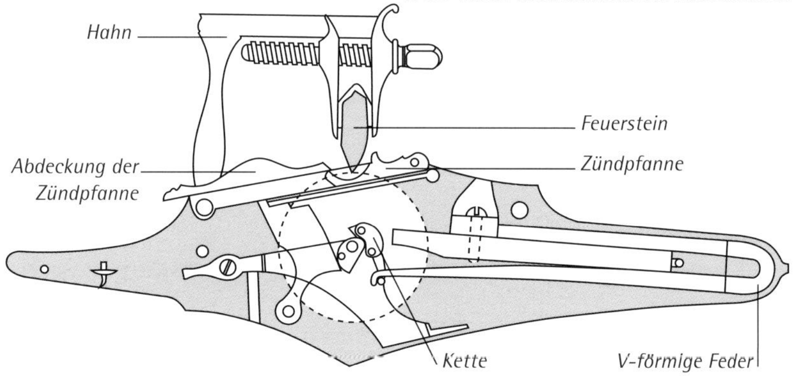

2. Der sichtbare Mechanismus des Radschlosses.

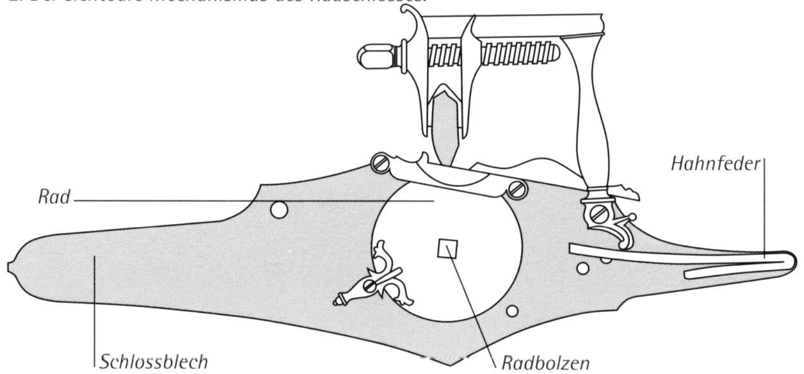

stange durch horizontalen Druck oder Schub ihren Dornvorsprung in das Schlossblech zurücknimmt und das Rad zur Drehung freigibt. Der ebenfalls unter Federspannung stehende Hahn drückt nun ein Stück Schwefelkies gegen das in seine Ruhestellung zurückschnellende Rad. Die in der Zündpfanne entstehenden Funken leiten dann den Zündvorgang ein.

Auf diesem Bild sind Schlossblech, Rad, Zündpfanne, Hahnfeder und der Hahn gut zu erkennen.

Technische Varianten

Die Radschlosspistole blieb effektiv für einen längeren Zeitraum in Gebrauch als die Pistole mit Luntenschloss. Sie war im gesamten europäischen Raum verbreitet. Das hatte zur Folge, dass verschiedene Konstruktionen des Schlosses in Umlauf kamen. Allein die komplizierte Lagerung der Radachse wurde bei zahlreichen Konstruktionen immer wieder neu überdacht, geändert und schließlich auch verbessert.

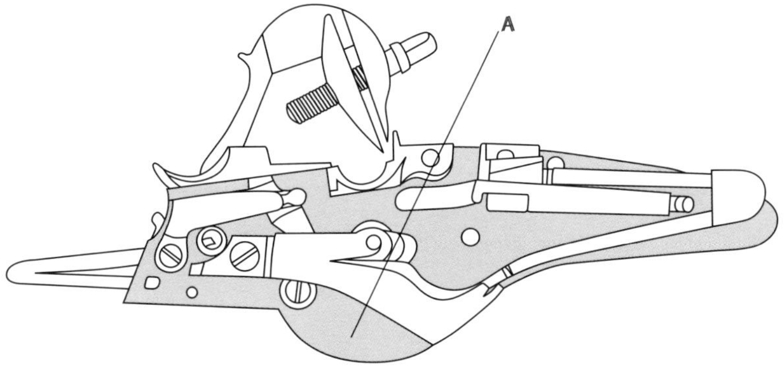

Diese Zeichnung zeigt eine typische Radschlosskonstruktion, die von französischen, flämischen und deutschen Waffenschmieden benutzt wurde. Zur typischen bauchigen Form (A) kamen verschiedene Maße, Ecken und Gefälle hinzu, aber die eigentliche Funktion blieb bei allen Modellen gleich.

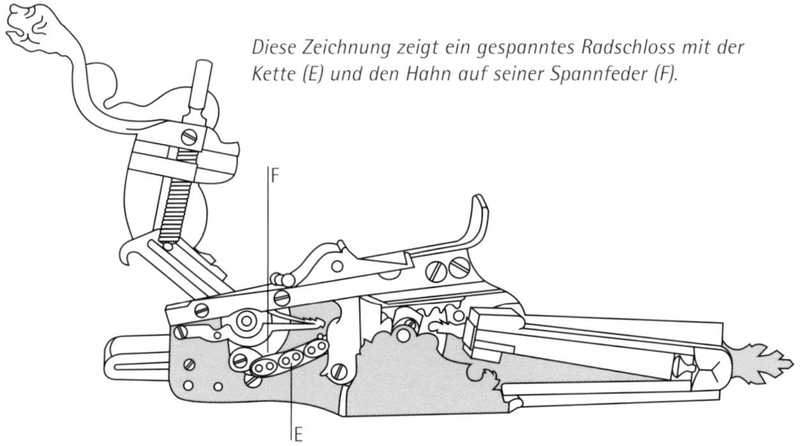

Diese Zeichnung zeigt ein gespanntes Radschloss mit der Kette (E) und den Hahn auf seiner Spannfeder (F).

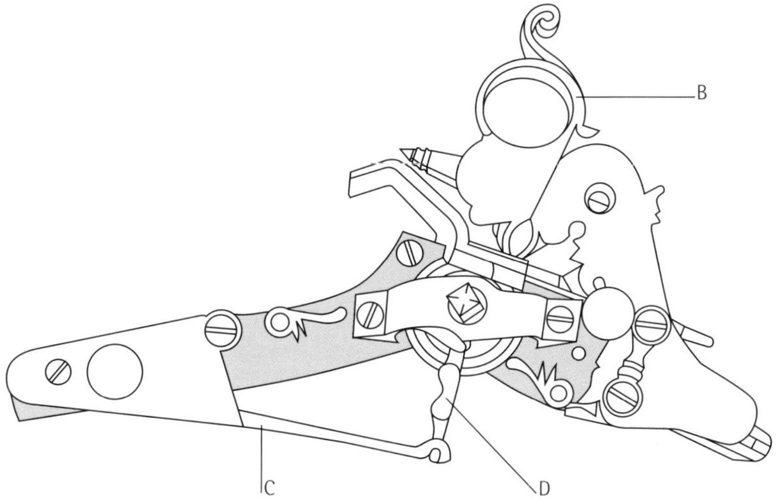

Diese Zeichnung zeigt eine typische österreichische Radschlosskonstruktion, die man an der außergewöhnlichen Form des Hahns (B) erkennt. Gut sichtbar sind auch die Schlagfeder (C) und die Kette (D).

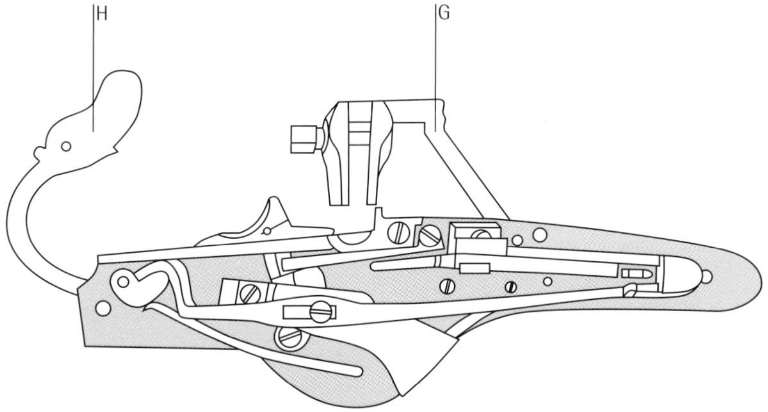

Dieses Bild zeigt eine seltene Konstruktion aus dem 17. Jahrhundert. Es ist ein Radschloss mit dem dazu gehörenden Hahn (G). Der andere Hahn mit seiner typischen Form (H) weist darauf hin, dass das Schloss auch als Luntenschloss benutzt werden konnte.

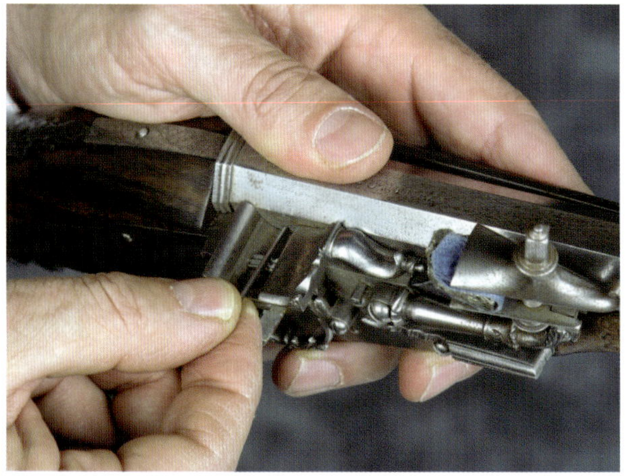

1

2

3

4

5

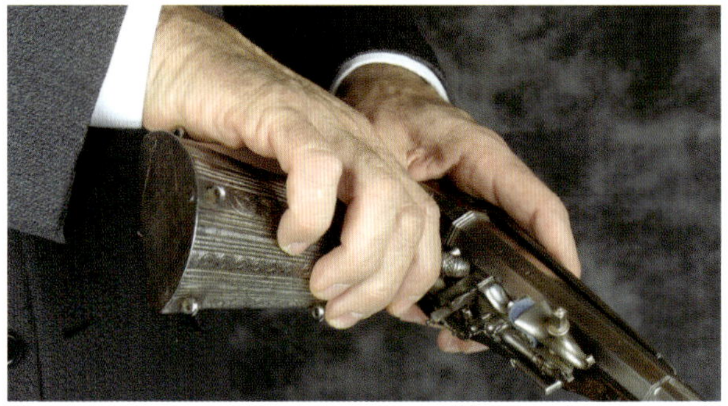

6

7

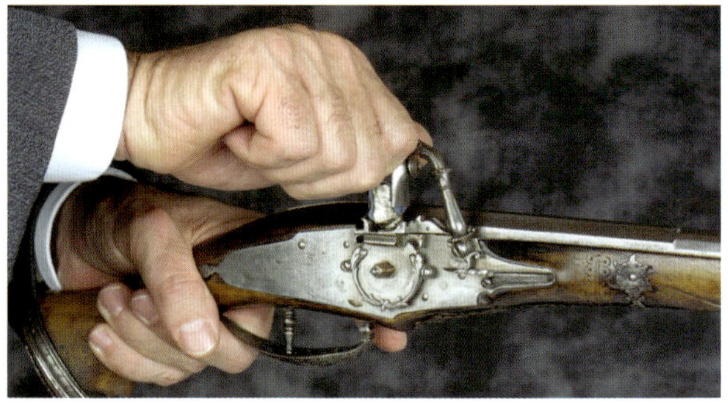

8

Die Funktion der Radschlosspistole kann leicht erklärt werden, wenn man sich Schritt für Schritt die Phasen des Ladens und des Spannens in dieser Bildfolge ansieht.

Phase 1: Das Putzen des Zündlochs mit einer speziellen Nadel ist ein wichtiger Schritt.

Phase 2: Der Lauf wird mit Schießpulver gefüllt. Dazu wird ein Dosierfläschchen benutzt.

Phase 3: Die Kugel wird in den Lauf eingeführt.

Phase 4: Mit dem Ladestock schiebt man die Kugel tief in den Lauf.

Phase 5. Das Schloss wird mit dem Schlüssel gespannt.

Phase 6: Die Zündpfanne mit Pulver gefüllt.

Phase 7: Die Abdeckung der Zündpfanne wird in Position gebracht, um das Pulver vor Nässe zu schützen.

Phase 8: Der Hahn wird in Position gebracht, die Waffe ist schussbereit.

DAS STEINSCHLOSS

Während die Radschlosspistole weiterentwickelt wurde, hatte man ein neues Zündsystem erfunden. Dieses neue System löste das Radschloss nicht sofort ab, es dauerte noch gut zweihundert Jahre, bis Radschlosspistolen endgültig nicht mehr gebaut wurden. Das neue Zündsystem, das Steinschloss, wurde bis ins 19. Jahrhundert benutzt.

Der Kiesel und der Feuerstein

Um im 17. Jahrhundert ein Feuer zu entfachen oder eine Kerze anzuzünden, benutzte man eine kleine Stahlplatte, die man auch „Feuerstahl" nannte. Man klopfte mit einer feinen Klinge oder einem Kieselstein auf diese Platte bis Funken entstanden, die dann das Stroh oder das trockene Material entzündeten. Auf diesem System basiert die Pistole mit Feuerstein.

Die Steinschlösser gab es in verschiedenen Arten, dieses Bild zeigt eine französische Version.

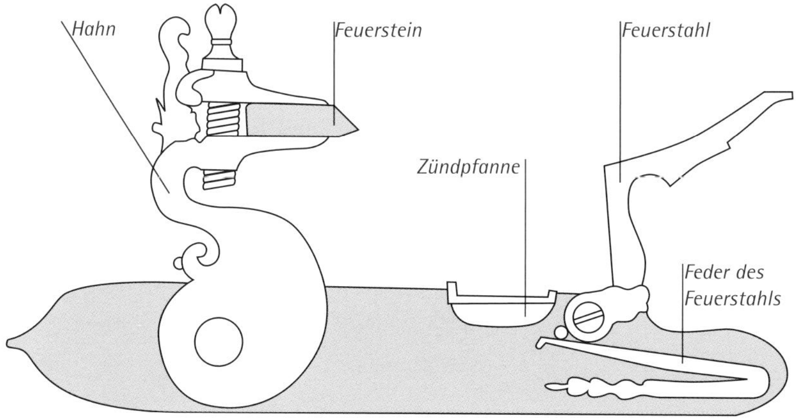

1. Der äußere Mechanismus eines Steinschlosses.

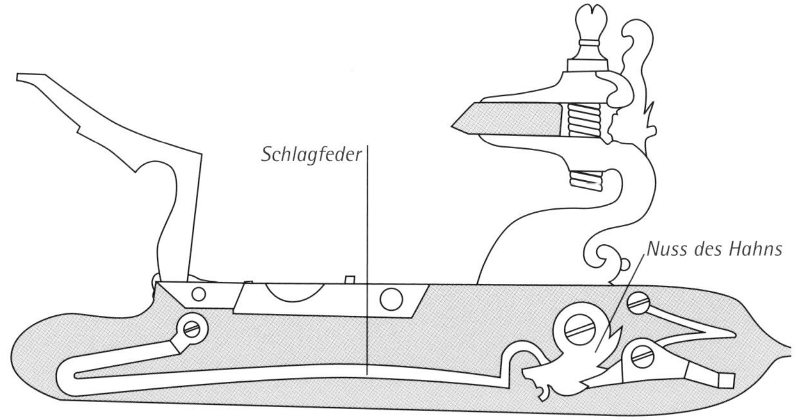

2. Innerer Mechanismus eines Steinschlosses.

Hahn und Feuerstahl

Wie die Radschlosspistole, so besaß auch die Pistole mit Feuerstein eine Zündpfanne, die seitlich am Lauf angebracht und durch das Zündloch mit der Zündladung verbunden war. Es änderte sich nur das Zündungssystem.

Als Zündstein benutzte man ein kleines angespitztes Stück Kiesel, das zwischen zwei Klemmbacken geschraubt wurde. Die gesamte Klemmbackenhalterung bezeichnete man auf Grund ihrer Form als „Hahn", in manchen Ländern auch als „Hund". Der Kiesel wurde in Stoff, Leder oder in ein hauchdünnes Metallplättchen eingewickelt, um ihn nicht zu beschädigen. Die Zündpfanne wurde von einem l-förmigen, manchmal auch i-förmigen Metallteil abgedeckt. Der Hahn schnellte unter Federspannung nach vorn und traf mit dem Stein im Fallwinkel auf die Stahlfläche und die Funken fielen auf die darunter liegende Zündpfanne. (Abb. 1)

Die Funktion des Feuersteins

Der Hahn wird von einer inneren oder äußeren v-förmigen Feder auf Spannung gehalten und bewegt. Die Rückwärtsbewegung des Hahns dreht die Nuss des Hahns, blockiert ihn und verursacht eine Spannung der Schlagfeder (Abb. 2). In dieser Position ist der Hahn gespannt und kann durch das Betätigen des Abzugs gelöst werden.

Das Lösen der Feder verursacht einen schnellen Schlag des Hahns nach unten und der Hahn trifft auf den Feuerstahl. Hier werden, wie schon beschrieben, Funken geschlagen, die den Zündvorgang einleiten. Dieser Zündvorgang geschieht innerhalb einer Sekunde und ist deutlich schneller als der des Radschlosses.

Ein Präzisionsmechanismus

Eine Pistole mit Steinschloss kann nur funktionieren, wenn alle mechanischen Teile perfekt gefertigt und zusammengebaut sind, da der Hahn und der Feuerstahl mit der richtigen Kraft, dem richtigen Winkel und dem richtigen Abstand aufeinander treffen müssen, um eine zuverlässige Zündung einzuleiten.

Die gängigsten Formen der Hähne

Die Form des Hahns einer Pistole mit Steinschloss ist sehr wichtig für den Sammler, da dadurch Ursprung und Preis der Waffe bestimmt werden.

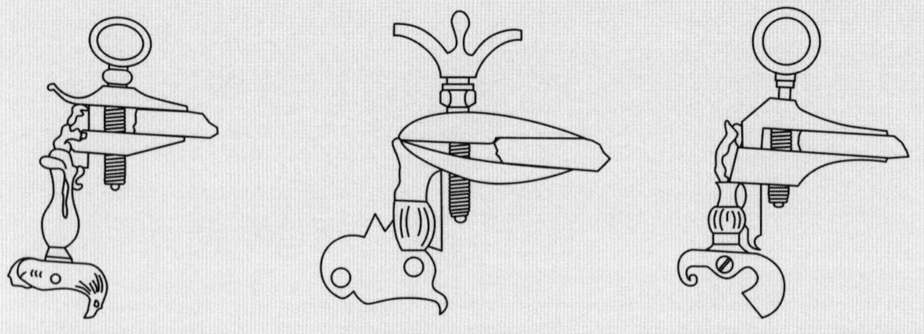

der römische Hahn — *der iberische Hahn* — *der katalanische Hahn*

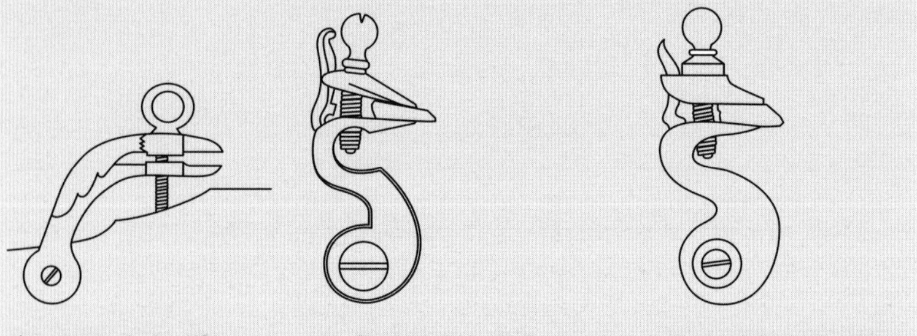

der norwegische Hahn — *der florentinische Hahn* — *der madrilenische Hahn*

Deshalb wurden im Laufe von Jahrzehnten immer wieder neue und bessere Lösungen ausprobiert, manchmal mit nur kleinen Veränderungen, wie zum Beispiel einem Wechsel der Schlagfeder von außen nach innen.

Technische Varianten

Bisher wurde die klassische Form und Funktion des Steinschlosses beschrieben. Im Laufe der Zeit wurden in den verschiedenen Ländern zahlreiche Varianten der Steinschlösser gebaut und ausprobiert. Sie unterschieden sich in der Form und der Technik, nicht aber in der eigentlichen Funktion. In den Zeichnungen wird das einfache Steinschloss (Abb. 1) mit dem englischen Hakenschloss „dog-lock" (Abb. 2) gegenüber gestellt. Das englische Schloss hatte einen Blockierhaken, der die Sicherungsfunktion übernahm. Andere Varianten des Steinschlosses sind zusammen mit den entsprechenden Waffen im Fototeil des Buches abgebildet.

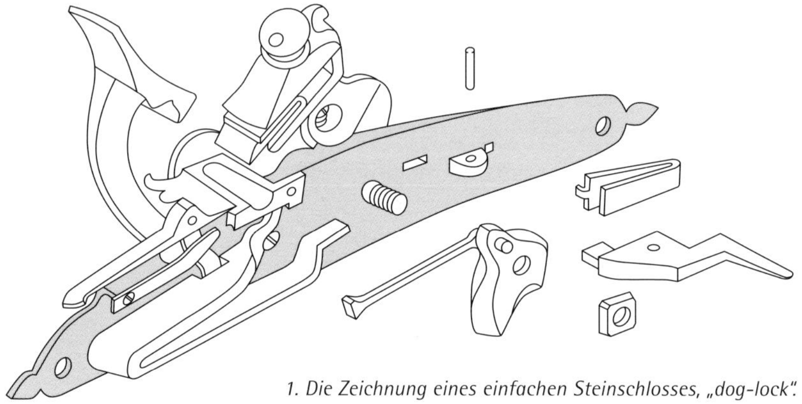

1. Die Zeichnung eines einfachen Steinschlosses, „dog-lock".

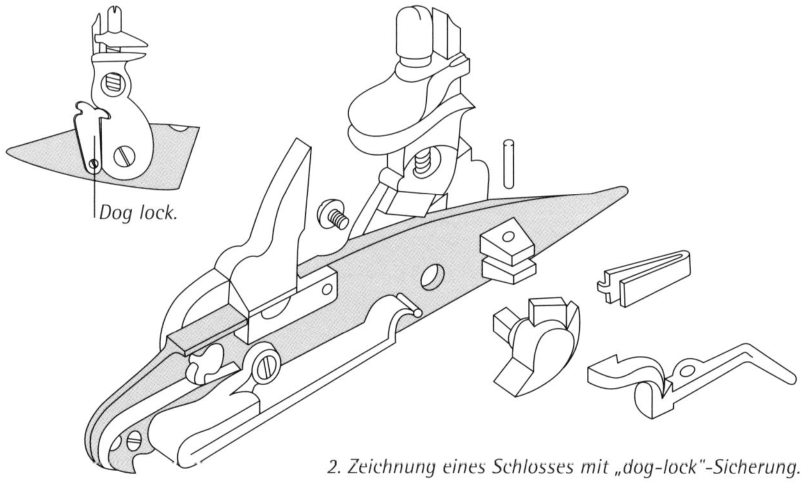

2. Zeichnung eines Schlosses mit „dog-lock"-Sicherung.

Unten ist der „box-lock"-Mechanismus eines Steinschlosses abgebildet. Der Hahn (A) befindet sich in zentraler Position des Schlosses, er wird mit der Nuss (B) gesichert.

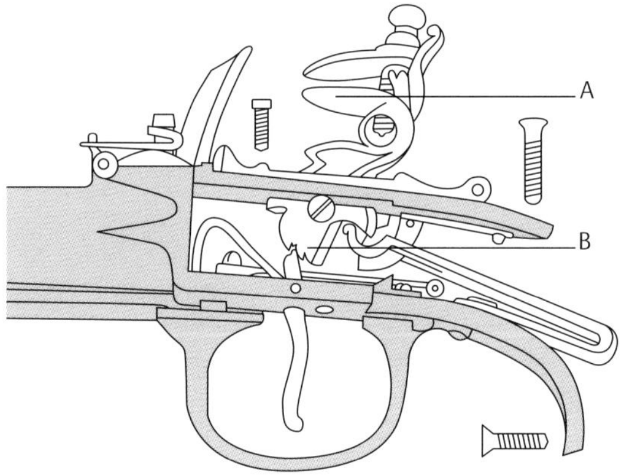

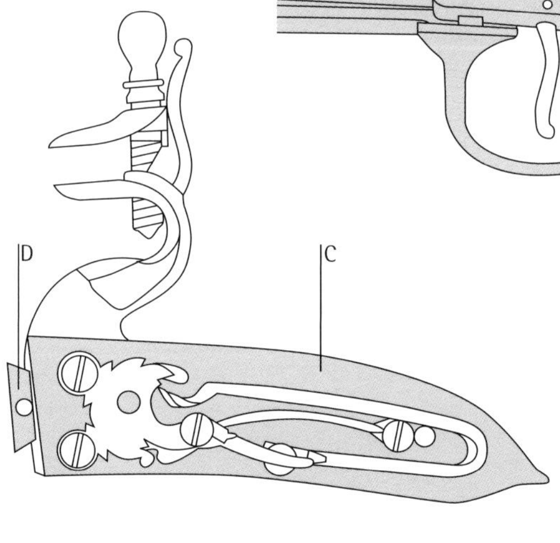

Oben ist ein Schlossmechanismus abgebildet bei dem die Schlagfeder hinten liegt. Das Schlossblech (C) kann durch die Erweiterung (D) mit dem Schaft ausgerichtet werden.

Laden der Pistole mit Steinschloss

Auch für die Pistole mit Steinschloss steht eine Bilderreihe für die einzelnen Phasen zur Verfügung. Dadurch erhält man ein besseres Verständnis für die Funktion der Waffe.

Phase 1: Spannen des Hahns in mittlerer Stellung, um mehr Sicherheit zu erreichen.

Phase 2: Das Zündloch wird mit einer Nadel gereinigt. Der Zündstahl ist dabei nach vorne gesenkt.

Phase 3: Das Einfüllen des Schießpulvers erfolgt mit einer Pulverflasche, die mit einem speziellen Verschluss ausgestattet war. Dies garantierte die richtige Füllmenge, die abhängig von Art und Kaliber der Waffe war.

Phase 4: Einführen der Kugel mit einem Stück Stoff, das als Füllmaterial diente.

Phase 5: Die Kugel wird mit einem Ladestock oder mit einem speziellen Holzhammer ganz nach hinten in den Lauf geschoben.

Phase 6: Man befüllt die Zündpfanne mit dem feinen Schießpulver aus der zweiten Pulverflasche und deckt dann die Zündpfanne ab, um zu vermeiden, dass Pulver verloren geht.

Phase 7: Der Hahn wird in Schussposition gezogen.

1

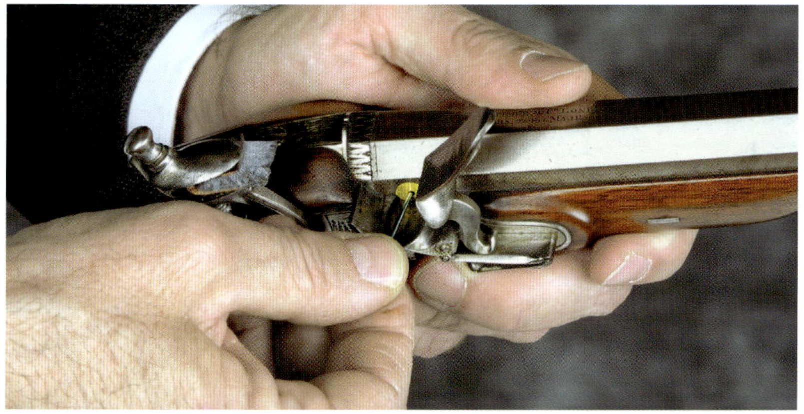
2

3

4

5

6

7

Phase 8: Wenn man den Abzug zieht, schlägt der Hahn nieder, der Feuerstein schlägt gegen den Feuerstahl. Dadurch wird ein Funkenregen erzeugt, der das Schießpulver in der Zündpfanne entzündet. Die Zündfunken erreichen das im Lauf befindliche Pulver durch das Zündloch und lösen den Schuss aus.

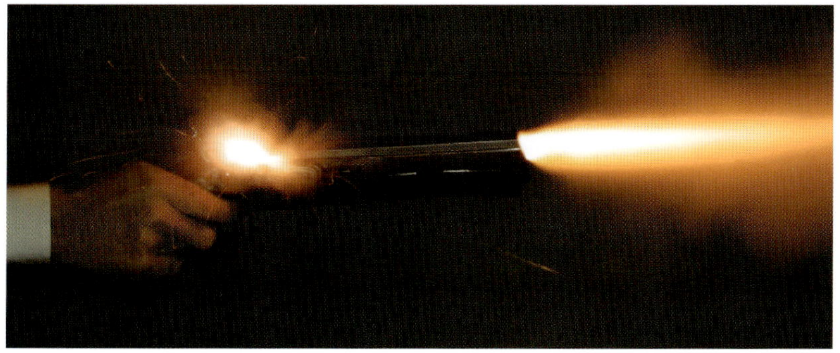
8

PULVER, PROJEKTILE UND LÄUFE

Das Schießpulver ist eine Mischung aus Salpeter, Holzkohle und Schwefel. Die ältesten Formeln, wie die von Ruggero Bacone aus dem 13. Jahrhundert, schlagen die folgende Zusammensetzung vor: Sieben Teile Salpeter, fünf Teile Holzkohle, fünf Teile Schwefel (bzw. 41%, 29,5%, 29,5%). Diese Zusammensetzung wurde dann mehrfach verändert und im 18. Jahrhundert wurde folgende Mischung festgelegt: 75% Salpeter, 15% Holzkohle, 10% Schwefel.

Die ersten Pulver

Bei der ursprünglichen Herstellung des Schießpulvers wurden die drei Komponenten getrennt voneinander zermahlen und dann in der vorgeschriebenen Menge vermischt. Diese Mischung war schwer zu entzünden und verbrannte langsam. Eine weitere Schwierigkeit entstand beim Transport, die drei Komponenten hatten unterschiedliche spezifische Gewichte und trennten sich dadurch wieder. Dies zwang den Benutzer das Schießpulver vor dem Gebrauch erneut zu mischen.

Das Pulver hatte eine relativ geringe Wirkung, was ganz gelegen kam. Wäre sie effizienter gewesen, hätte sie die Explosion der noch nicht perfekten Läufe bewirken können. Auf Grund der schwachen Kraft benutzte man zunächst Steinkugeln. Da sie relativ leicht waren, schossen sie schnell aus dem Lauf und verhinderten, dass der Druck übermäßigen Schaden an den Läufen anrichtete, sie gar zur Explosion brachte.

Das gekörnte Pulver

Um 1420 erfanden die Franzosen das gekörnte Pulver. Die drei Komponenten wurden mit Wasser vermischt, bis man eine ausreichend einheitliche und stabile Paste hatte. Mann ließ sie trocknen, zermahlte sie und strich sie durch ein entsprechendes Sieb um so das gewünschte Granulat zu erhalten. Dieses Pulver, das eine sehr feine Körnung hatte und bei dem sich jedes Körnchen aus drei konstant proportionierten Komponenten zusammensetzte, gewährleistete eine schnellere Verbrennung. Das Schießpulver, auch „Kanonenpulver" oder „Pülverchen" genannt, wurde in Pulvertaschen aufbewahrt, die manchmal auch Werkzeuge, wie zum Beispiel den Schlüssel zum Laden der Radschlosspistole oder den Schraubenzieher für ein blockiertes Eisenteil enthielten. Normalerweise waren es zwei Pulverfläschchen, die der Schütze mit sich trug. Eines mit grobkörnigem Pulver für den Lauf und eines mit feinkörnigem Pulver für die Pfanne. Mit den Jahren wurden die Läufe widerstandsfähiger gebaut für die gesteigerte Explosionskraft des Pulvers. Dadurch wurden die Steinkugeln ersetzt durch Metallkugeln, die zwar teurer waren, aber eine viel größere Schusssicherheit boten.

Das Bild zeigt ein Pulverfläschchen aus Metall, dazu Pulver und Kugeln.

Säuberung und Benutzung der Waffe

Das Pulver hinterließ starke Rückstände im Lauf und am Pfannenboden. Deshalb war es notwenig, das Zündloch sehr oft mit einer Nadel zu reinigen. Außerdem musste der Lauf nach 30 bis 40 Schüssen mit einem nassen Tuch so lange gereinigt werden, bis auf dem Tuch keine Rückstände mehr sichtbar waren. Danach trocknete man die Waffe und ölte sie ein. Das Steinschloss brachte auch praktische Probleme mit sich. Zivilisten befestigten ihren Vorrat an Feuersteinen mit einem Bändchen aus Leder, Papier oder Seide am Lauf. Das war dem Militär verboten, da unverbranntes Pulver des vorhergehenden Schusses dort hängen bleiben und eine ungewollte Explosion verursachen konnte. Die Soldaten nutzen kleine, dünne Bleiplatten, um den Ersatzfeuerstein zu schützen. Zur Zeit der französischen Revolution hatte ein Soldat für 20 bis 25 Schüsse einen Feuerstein zur Verfügung.

Viele nicht explodierte Schüsse

Trotz der gegebenen Eigenschaften des Schießpulvers, des Feuersteins und des Feuerstahls, war die Häufigkeit der Fehlschüsse bzw. der Fehlzündungen sehr hoch. Im 17. Jahrhundert gaben einige Ergebnisse offizieller Prüfungen hohe Prozentsätze von Fehlzündungen an. Das Protokoll einer Prüfung aus dem Jahr 1781, das die Funktion des Modells 1777 prüfte (in diesem Fall auf einem Gewehr montiert) dokumentiert folgende Daten:

- 4443 explodierte Schüsse.
- 159 benutzte Feuersteine, das heißt, alle 28 Schüsse ein Feuerstein.
- 227 Schüsse bei denen die Zündladung auch nach Entzünden des Pulvers in der Zündpfanne nicht losging, das heißt ein Fehlschuss alle 16 bis 17 Schüsse.
- 799 Schüsse, bei denen der Hahn, obwohl er niederging, nicht genügend Funken erzeugte um das Pulver zu entzünden, das heißt alle 5 bis 6 Schüsse eine Fehlzündung.

Der glatte Lauf und das „Luftproblem“

Für lange Zeit waren die Läufe der Pistolen glatt, das heißt, dass deren innere Oberfläche eben war und sie dadurch für das Abfeuern von Kugeln oder einer kleinen Menge Kügelchen geeignet waren. Waffen mit Luntenschloss, Radschloss und fast alle Pistolen mit Steinschloss waren von dieser Art. Der größte Nachteil war das Vorhandensein von „Luft“, also es bestand ein Freiraum zwischen dem inneren Durchmesser des Laufs und dem Durchmesser der Kugel (Abb. 1). Dadurch wollte man das Laden der Waffe erleichtern. Dies führte zu einer Kraftminderung, da der Großteil des Drucks der Explosionsgase zwischen der oder den Kugeln aus dem Lauf entweichen konnte. Eine weitere Auswirkung war der Präzisionsverlust, da die Projektile nicht präzis im Lauf geführt wurden. Auch hatten die Kugeln deutliche Spuren von der Berührungen mit dem inneren Lauf. In der damaligen Zeit benutzte man den Ausdruck „die geschwätzige Kugel“.

Kugeln mit Füllmaterial und Stauchung

Um die Wirkung der Explosion zu vergrößern, nutzte man drei Verfahren. Das erste Verfahren war, dass man eine Kugel mit geringerem Durchmesser als den des Laufes in ein Stück Stoff oder Leder wickelte, „Füllmaterial“ genannt, um die Leichtigkeit des Einführens beizubehalten und auf irgendeine Weise den Kaliberunterschied auszugleichen. Das zweite Verfahren bestand darin, dass man eine Kugel mit minimal größerem Durchmesser als den des Laufs einführte. Diese wurde mit einem Stab und einem Holzhämmerchen in den Lauf gedrückt. (Man findet sie häufig in den Duellkästen.) Beim dritten Verfahren führte man eine Kugel mit kleinerem Durchmesser als den des Laufs ein und stauchte sie durch eine kräftigen Schlag auf den Ladestock am Laufende (Abb. 2).

1. Die Zeichnung veranschaulicht die unregelmäßige Geschossbahn der Kugel im Inneren eines glatten Laufs.

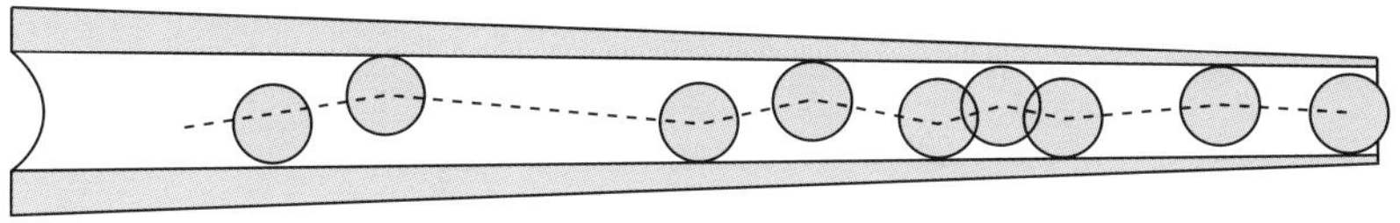

Die beiden letzten Vorgehensweisen, bei denen die Kugel verformt wurde, hatten aber den großen Nachteil einer labilen Symmetrie des Projektils schon im Lauf.

Die Lösung mit dem schraubbaren Lauf

Das Problem eine Waffe zu Laden, ohne das Projektil zu verformen, wurde durch die Erfindung des schraubbaren Laufs gelöst. Mit diesem System (Abb. 3) konnte man eine Kugel mit geringfügig größerem Durchmesser als dem des Laufs einführen ohne sie zu stauchen. Das System des schraubbaren Laufs erforderte vor allem die Verwendung eines Zündkanals bis zur Position der Kugel. Das Projektil konnte so auf dem Schraubgewinde positioniert werden und der Lauf wurde wieder

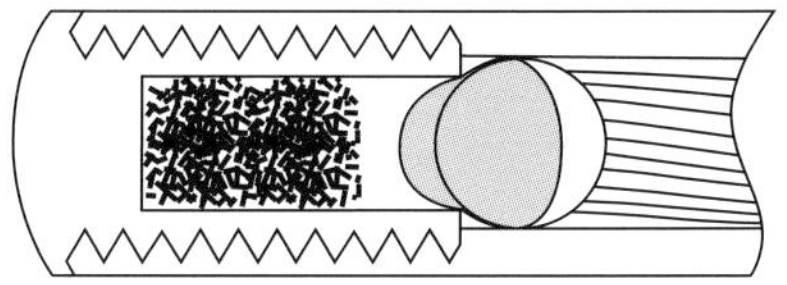

2. Beispiel der gestauchten Kugel.

3. Die beiden Zeichnungen veranschaulichen gut das System des abgeschraubten Laufs.

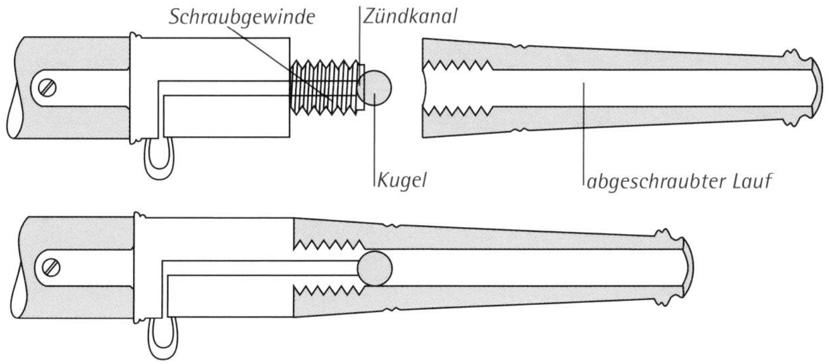

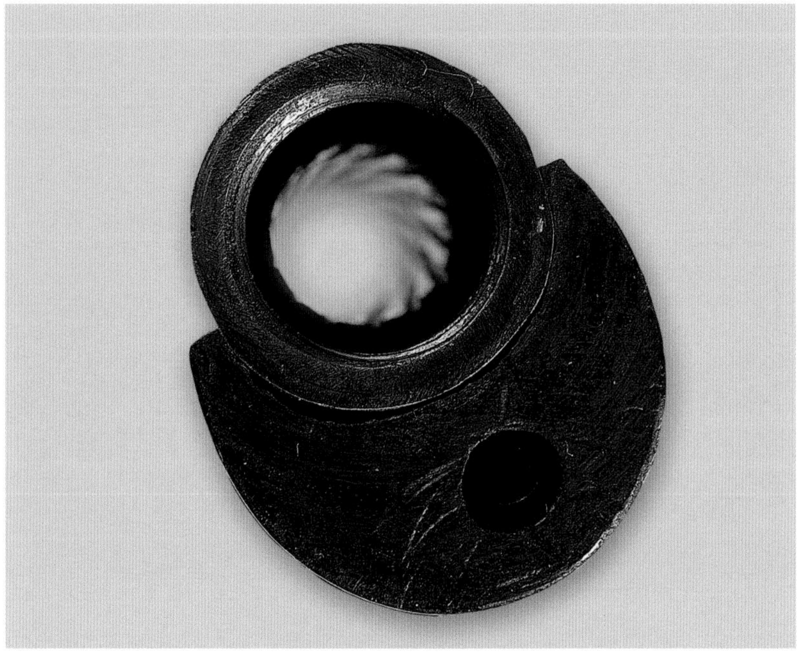

Das Bild zeigt einen gezogenen Lauf. Die spiralförmigen Rillen sind deutlich zu sehen.

angeschraubt. Um das Anschrauben des Laufes zu erleichtern, wurden dazu spezielle Schlüssel verwendet, mit denen man die beiden Teile des Laufs wieder fest miteinander verschrauben konnte.

Gezogene Läufe

Schon im 16. Jahrhundert begann man gezogenen Läufe zu benutzen, also Läufe mit eingezogenen Rillen. Nach der Zündung wurde das Projektil durch diese Rillen in eine entsprechende Rotation versetzt und dadurch auf seiner Geschossbahn stark stabilisiert. Besonders Gewehre profitierten von dieser Erfindung der Büchsenmacher.

Für Pistolen mit gezogenen Läufen wurden immer neue Verfahren zur Steigerung der Schusskraft ausprobiert, so wie das von Gustave Delvigne aus dem Jahr 1828 und die perfekte Lösung von Baron Augustin aus dem Jahr 1841. Beide Verfahren ließen einen Freiraum zwischen dem Pulver und der Kugel, um die Wirkung der Zündung zu verbessern und die Geschwindigkeit der Kugel zu steigern.

Die Veränderung der Projektile

Das Problem des Druckverlustes im Moment der Zündung war aber auf keinen Fall aus der Welt geschafft. Der Franzose Delvigne entwickelte die Idee einer halbhohlen Kugel mit dünnen Seitenwänden weiter, die durch den Druck der Zündung erweitert und dadurch in die Laufzüge hineingepresst wird. Dieses Verfahren erhöhte noch einmal die Passgenauigkeit, mit der das Projektil in den Lauf gepresst wurde.

Auf Basis der Kugel von Delvigne entwickelte der französische Hauptmann Minié im Jahr 1847 eine halbhohle Kugel mit einem halbrunden Eisenkern, die durch die Mündung in den Lauf eingeführt wurde. Der Eisenkern drückte im Moment des Schusses die Kugel auseinander und bewirkte so eine perfekte symmetrische Erweiterung der gesamten Kugel (Abb. 4).

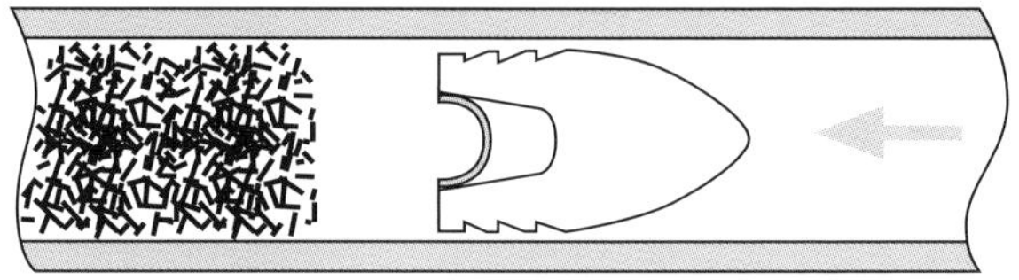

4. Die Kugel des Typs Minié wird durch die Mündung (oben) eingeführt, von der Zündung verformt und in die Laufzüge gepresst (unten).

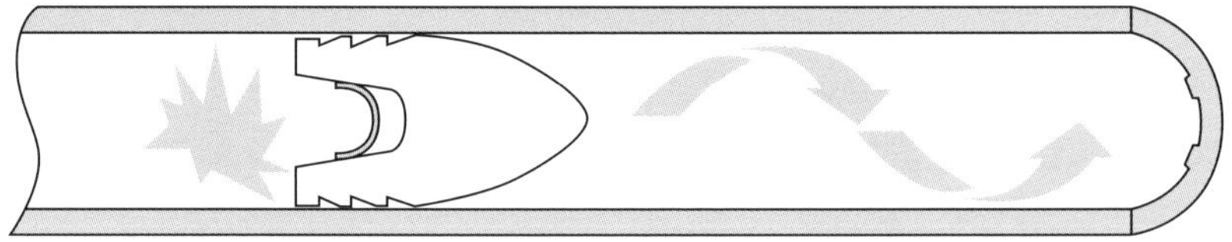

Volle und hohle Kugeln

Hier einige Beispiele der vollen und hohlen Kugeln der gängigsten Arten.

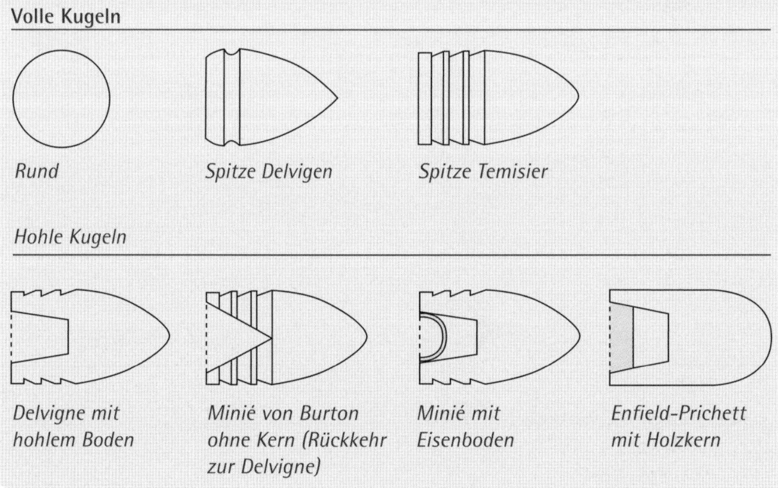

DAS PERKUSSIONSZÜNDUNG

Die größten Grenzen wurden den Pistolen mit Rad- oder Steinschloss durch die zahlreichen Probleme mit der Bedienung der Waffe gesetzt. Besondere Schwierigkeiten gab es bei der Dosierung des Pulvers im Lauf und in der Zündpfanne, bei der Mechanik von Hahn und Feuerstahl, und durch die Verschmutzung des Zündlochs durch Pulverrückstände. Anfang des 19. Jahrhunderts wird ein neues Zündverfahren erfunden, das die Probleme erheblich reduziert.

Das „Forsyth"-System: Der erste Initialsprengstoff

Fulminat ist das hochexplosive Salz der Knallsäure und neben dem sehr teuren Goldfulminat, das nur eine Nebenrolle spielte, hatten auch andere weniger kostspielige Substanzen eine explosive Kraft, wie zum Beispiel das Quecksilberfulminat. Alexander Forsyth ließ den Gebrauch von Quecksilberfulminat als Zündmittel zur Zündung des Pulvers im Jahr 1807 patentieren.

Das Verfahren von Alexander Forsyth, der ein begeisterter Jäger und Chemiker war, bestand darin, eine kleine Menge Zündsubstanz in einen drehbaren Behälter einzuschließen, der leicht an ein Parfümflakon (Abb. 1) erinnert. Dieses Flakon ist drehbar und fungiert als Magazin. Es füllt, wenn man es auf den Kopf stellt, eine Einkerbung in der hohlen Achse, die als Zündkanal dient, mit dem Zündmittel. Dreht man das Flakon in seine Ausgangsposition zurück, zeigt ein federnd gelagerter Schlagbolzen genau auf diese Aushöhlung der starren Achse. Schlägt nun der Hahn auf den Schlagbolzen, so explodiert die Zündmasse und schlägt als Zündstrahl durch die Achse in die Zündkammer. Dieses Verfahren war eine ungeheuer schnelle Zündung.

Vielfältigkeit der Zündmittel

Nach der Erfindung von Forsyth wurden im Laufe der Zeit auch andere Möglichkeiten ausprobiert, um die Zündsubstanz zünden zu können. Das Verfahren von Joseph Manton mit kleinen Zündröhrchen war außerordentlich erfolgreich und wurde zuerst vom Mailänder Giuseppe Console und dann vom österreichischen Baron Augustin (Abb. 2) neu überdacht und perfektioniert.

Das System von Maynard (Abb. 3) war ebenfalls sehr ungewöhnlich. Bei diesem Verfahren wird die Zündmasse in kurzen Abständen zwischen zwei Streifen aus Papier oder Stoff fixiert. Ein mit dem Hahn verbundenes Zahnrad führte das Band bei jedem Schuss weiter und positioniert dabei eine neue Zündmasse auf dem Zündkanal.

Die Zündkapsel

In die erste Hälfte des 19. Jahrhunderts fällt die bahnbrechende Erfindung des bedeutendsten Zündmittels. Um das Jahr 1820 wird die erste Zündkapsel hergestellt. Diese Zündkapsel bestand zuerst aus Kupferblech, später auch aus Messing, auf dessen Boden die Zündmasse

2. „Augustin"-System

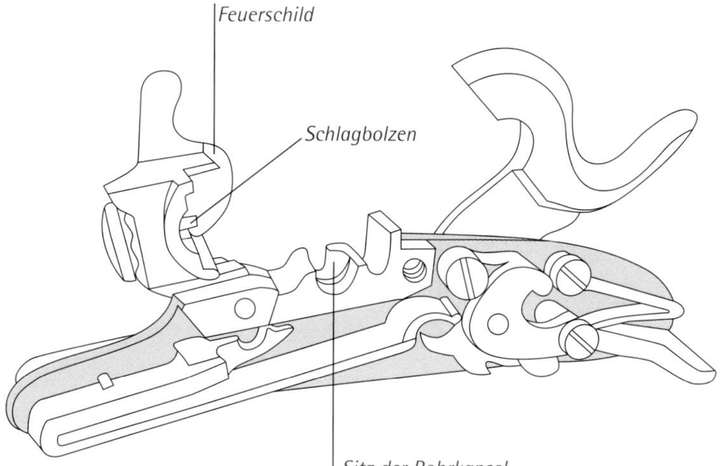

3. „Maynard"-System

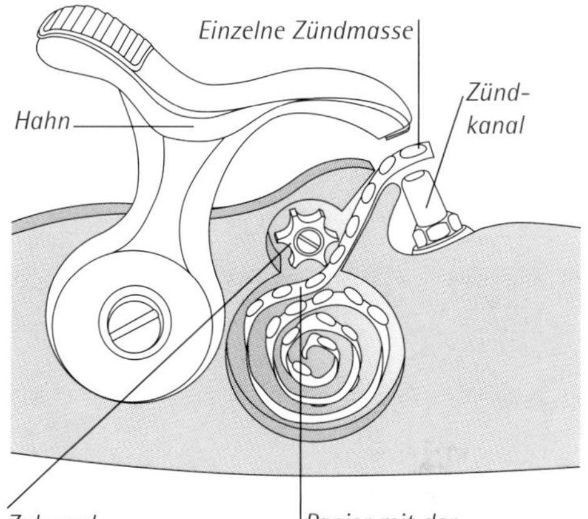

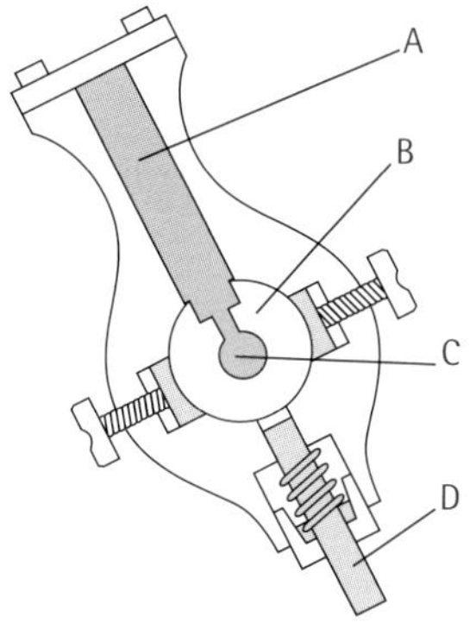

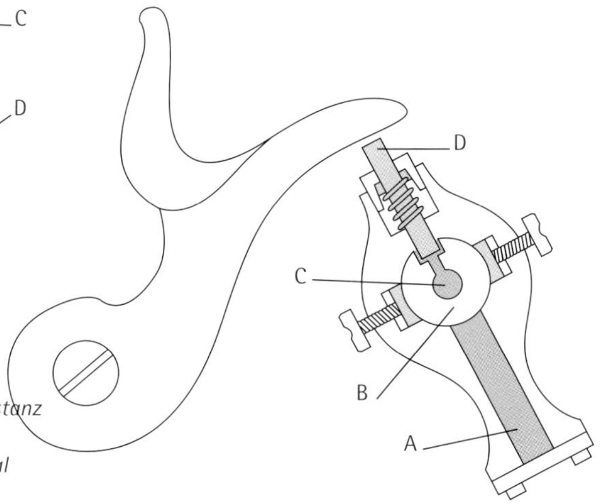

1. Links füllt der Flakon die Einkerbung der hohlen Achse mit dem Zündmittel, unten ist der Behälter in seiner Ausgangsposition zurück, der Schlagbolzen zeigt auf die Aushöhlung in der Achse.

A. Behälter für die Zündsubstanz
B. Die hohle Achse
C. Einkerbung und Zündkanal
D. Schlagbolzen

Vom Kupferröhrchen zur Zündkapsel

Die zahlreichen Möglichkeiten um die Zündmasse zu fixieren

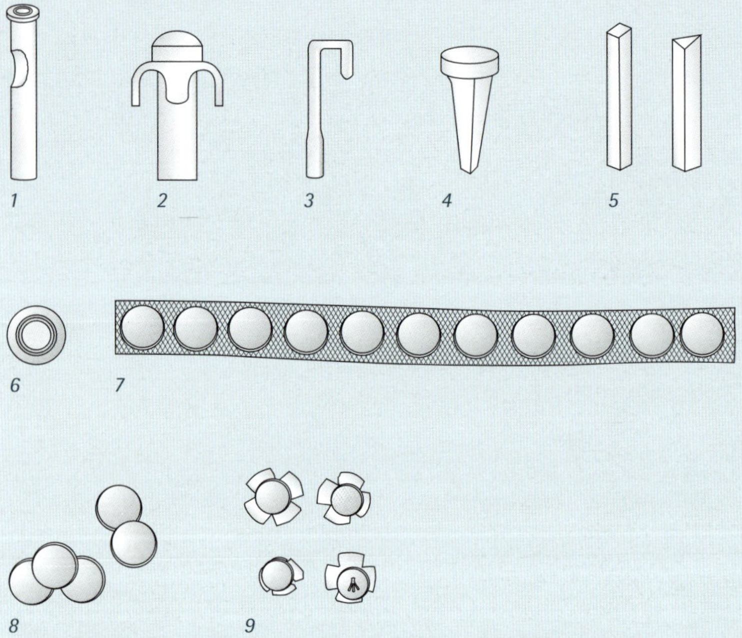

1. Zylinderförmiges Kupferröhrchen von Joseph Manton, um 1816.
2. Pilzförmiges Kupferröhrchen von Westley Richards, 1831.
3. Hakenröhrchen von P. Hawker, 1848.
4. Spitzröhrchen von Thierbach, wasserabweisend, da sie mit Lack ummantelt waren, 1850.
5. Zündmasse in langen Formen, quadratisch oder dreieckig von G. T. Bousfield, 1857.
6. Tablettenförmig, zwischen zwei Papierbögen, von Westley Richards, 1841.
7. Durchlaufender Papierstreifen von Edward Maynard, 1845.
8. Kupfertabletten von Sharp, 1853.
9. Zündkapseln aus Kupfer und Messing.

4. Das Perkussionsschloss und seine Teile.

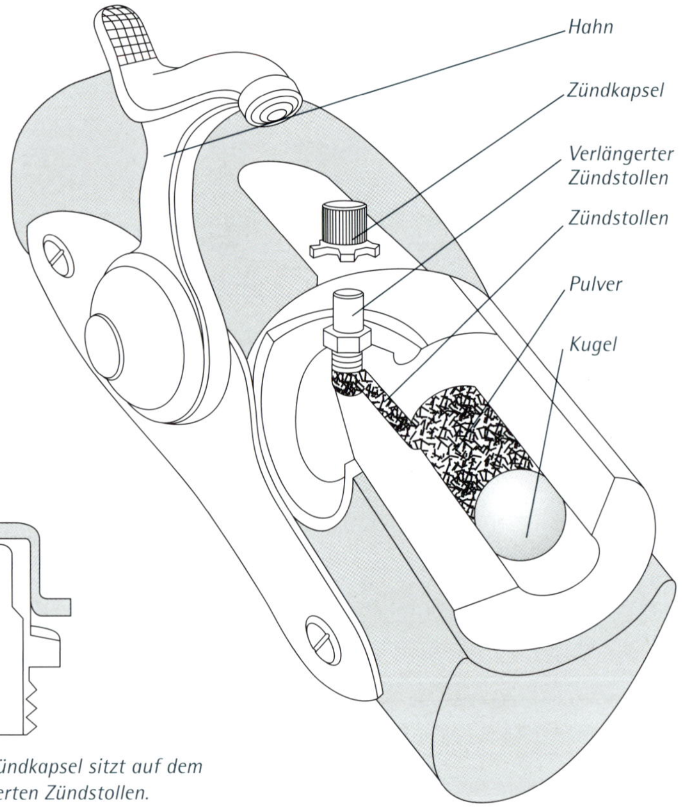

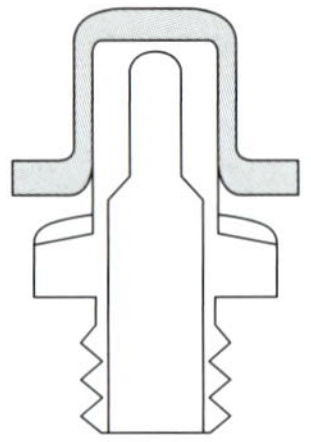

5. Die Zündkapsel sitzt auf dem verlängerten Zündstollen.

aufgebracht war. Dieser Zündsatz war mit einer Lackschicht gegen Feuchtigkeit überzogen. Diese Zündkapsel wurde auf den Zündstollen gesetzt, der eine Verlängerung bis zum Zündsatz der Kapsel aufwies. Dort wurde er vom Hahn gezündet (Abb. 4 und 5).

Die Vorzüge der Perkussionszündung

Das neue Zündverfahren erzeugte zum ersten Mal in der Geschichte der Pistole einen sicheren Ablauf des Zündvorgangs. Der Zündfunke wurde nicht länger mit Stein und Stahl erzeugt, sondern auf chemischem Weg. Dieses Zündverfahren war zuverlässig und schnell. Die Positionierung der neuen Zündkapsel ging schnell und einfach und nach dem Schuss konnte sie leicht entfernt werden. Sie war einfach herzustellen und leicht zu transportieren. Mit dem Perkussionsverfahren war es möglich, eine wirksame Waffe herzustellen, die resistent gegen Stöße und Feuchtigkeit war.

Zündkapseln in verschiedenen Ausführungen und Materialien. Unten der verlängerte Zündstollen. Links der Schlüssel zum Entfernen der Verlängerung.

1

2

3

4

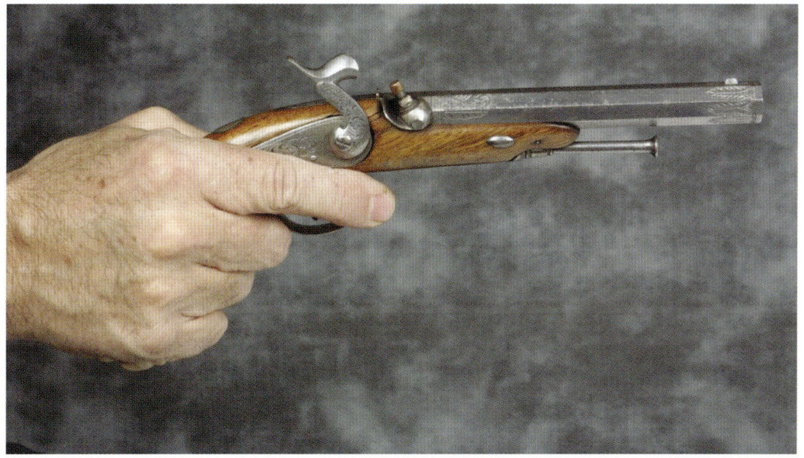

5

6

Das Laden der Pistole mit Perkussionsschloss

Diese Bildreihe zeigt, wie schnell und sicher die Perkussionspistole geladen werden kann. Die Verminderung der nötigen Ladeschritte einer Pistole mit Ladekammer ist der Überlegenheitsbeweis dieses Zündungssystems gegenüber den vorherigen.

Phase 1: Das Pulver wird mit der Dosierungsflasche in den Lauf gegeben.

Phase 2: Die Kugel wird in den Lauf gedrückt.

Phase 3: Mit dem Ladestock wird sie nach hinten geschoben.

Phase 4: Bei halb gezogenem Hahn wird die Zündkapsel aufgesetzt.

Phase 5: Der Hahn wird ganz nach hinten gezogen.

Phase 6: Die Waffe wird abgefeuert.

DIE ENTWICKLUNG DER PATRONE

Die Schnelligkeit des Nachladens ist für Soldaten entscheidend und zwischen dem 17. und 18. Jahrhundert wurde in verschiedenen Heeren eine Art Papierpatrone eingeführt und ausprobiert. Die ersten Papierpatronen waren recht einfach. Zunächst wickelte man Papier um einen Stab, der einen etwas geringeren Durchmesser als der des Laufs hatte. Das so entstandene Papierröhrchen wurde auf der einen Seite wie ein Bonbon verschlossen, auf der anderen füllte man es mit Pulver und Kugel und verschloss es dann mit einem Bindfaden.

Die Patrone als „Ladungsset“

Eine Patrone aus Papier musste nicht unbedingt im Lauf verschossen werden. Um ihre Waffen schnell zu laden, rissen die Soldaten ihre Papierpatronen einfach auseinander und füllten das Pulver in Zündpfanne und Lauf. Anschließend wickelten sie die Kugel in das Papier und schoben sie in den Lauf. In vielen Armeen war dieser ungewöhnliche Umgang mit Papierpatronen verbreitet, etwa bis zur Mitte des 19. Jahrhunderts.

In Richtung der modernen Patrone

Im ersten Drittel des 19. Jahrhunderts wurde der Ruf nach einer richtigen Patrone mit Zündmittel, Pulver und Projektil in einem Mantel aus festem Material immer lauter. Gleichzeitig machte man die ersten Versuche, die Waffen zu automatisieren. Ein Beispiel dafür ist die „Pauly-Pistole“, die auf den Seiten 98 und 99 abgebildet ist. Diese Pistole verfügte über eine der wichtigsten Neuerungen in der Geschichte der Waffentechnik. Zum ersten Mal waren Zündmittel, Pulver und Kugel

Patronen aus Papier

Im Laufe der Jahre wurden zahlreiche Variationen von Papierpatronen hergestellt und ausprobiert. Diese Patronen hatten häufig eine ungewöhnliche Form und waren auch verschiedenartig munitioniert. Für Steinschlosspistolen benutzte man Patronen, die mit Pulver und Kugel gefüllt waren. Später probierte man auch Papierpatronen aus, die einen Metallboden mit aufgetragener Zündmasse hatten. Ein wirklicher Durchbruch in der Weiterentwicklung der Waffentechnik waren die Papierpatronen nicht.

1. Französische Patrone aus Papier, 18. Jahrhundert.
2. Dänische Papierpatrone mit zwei Kugeln, 1849.
3. Patrone aus geklebtem Papier mit kegelförmiger Kugel, 19. Jahrhundert.
4. Patrone aus Papier mit langem Projektil, erste Hälfte des 19. Jahrhunderts.
5. Patrone aus Papier mit anhängenden Zündstreifen, Anfang des 19. Jahrhunderts.
6. Patrone aus Papier mit angehängter Zündmasse, ca. 1820.

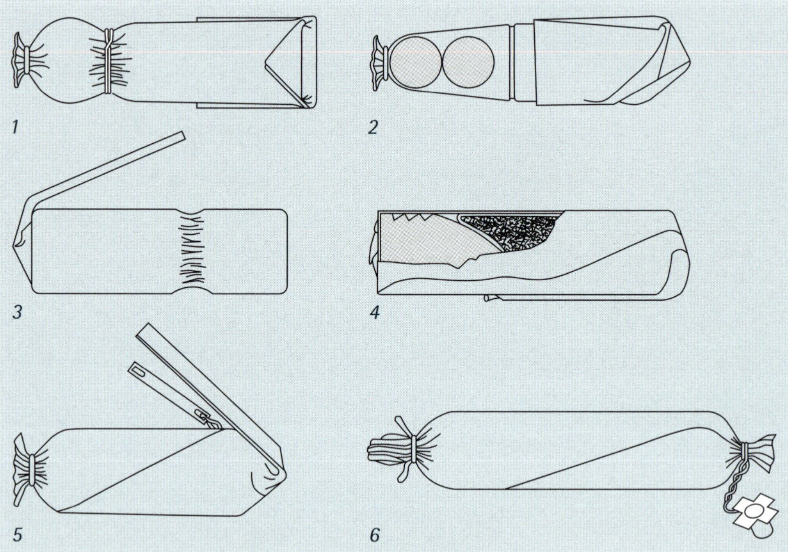

Links: Typische Patronen aus Papier gefertigt. Oben: Metallrohr mit Zündmechanismus als Patrone, die mit Pulver und Kugel bestückt war.

Oben die „Lefaucheux"-Patrone aus Metall.
Unten die Stiftpatrone von „Lefaucheux"
mit einem Mantel aus Papier.

fest in einem Mantel aus festem Papier vereint. Zudem konnte man diese Patrone von hinten in einen abgeklappten Lauf der Waffe einführen.

Die Nadel- und Stiftpatrone

Eine andere Art der Papierpatrone war die „Dreyse"-Patrone. Dreyse hatte für die Konstruktion dieser Patrone Teile seines Zündnadelgewehrs übernommen. Die Patrone hatte eine Wicklung aus Papier, sie enthielt das Geschoss, das Zündmittel und das Pulver. Eine lange Zündnadel musste erst diesen Treibsatz durchstoßen, um das Zündmittel zur Explosion zu bringen (Abb. 1). Eine andere Konstruktion war die Patrone für das „Lefaucheux"-System. Bei dieser Patrone ragte seitlich ein Stift aus dem Boden. Beim Schuss trieb der Hammer diesen Stift in die Patrone und entzündet die Zündmasse.

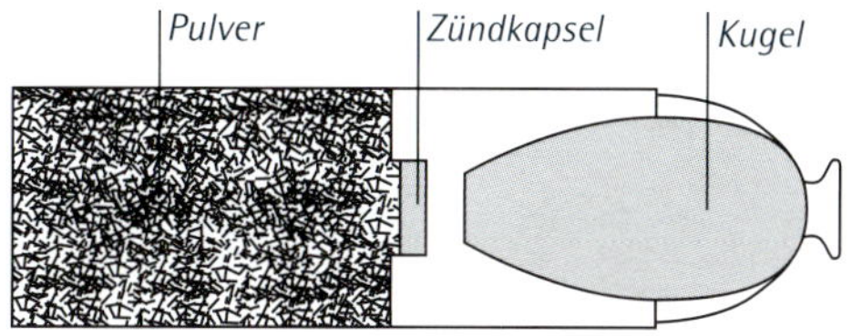

1. Die „Dreyse"-Patrone.

Die moderne Metallpatrone

Die moderne Patrone entwickelte sich aus den schon erklärten Ideen und Konstruktionen der Waffenhersteller, sei es die „Pauly"-Patrone, die „Dreyse"- Patrone oder die „Lefaucheux"-Patrone. So entstanden die ersten Patronen mit einem festen Mantel, die langsam verbessert wurden, bis man zur Patrone aus ganzen Messinghülsen gelangte. Die starke Verbreitung der Pistolen und Gewehre für den persönlichen Schutz, besonders in Nordamerika, beschleunigte auch die Verbreitung der Metallpatrone. Es wurden damals verschiedene Patronenarten hergestellt: Die „Flobert" (Abb. 3), das erste und zweite Modell von S&W (Abb. 4 – 5), die lange S&W 22 LR (Abb. 6), die „Boxer" aus England (Abb. 7) und die „Berdan" aus Amerika (Abb. 8). Schließlich gelangte man auch zu der Verwendung von Munition mit rauchlosem Pulver.

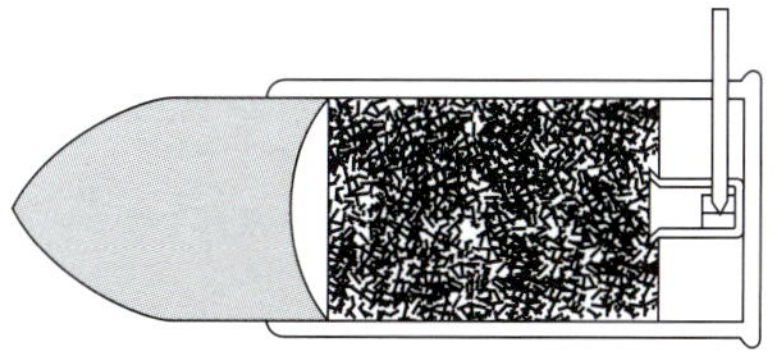

2. Stiftpatrone „Lefaucheux".

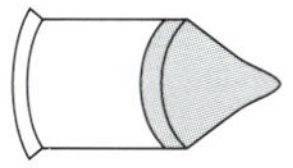

3. Patrone „Flobert".

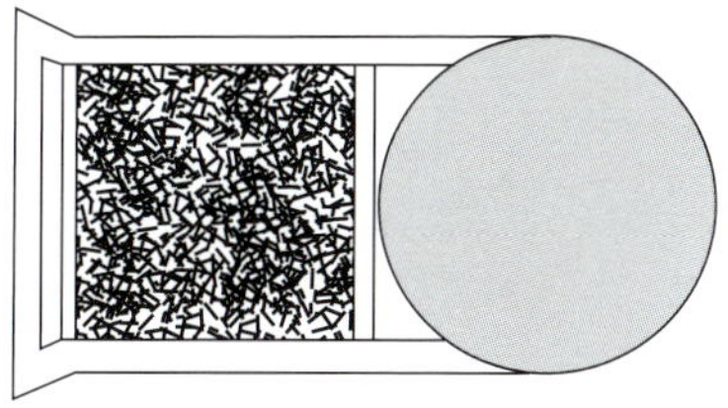

4. Kurze S&W-Patrone, erstes Modell.

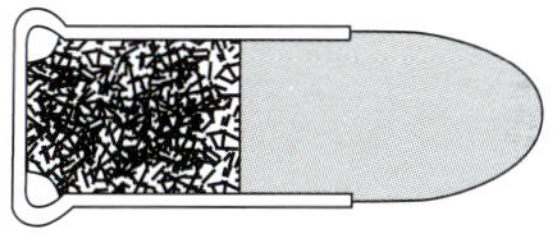

5. Kurze S&W, zweites Modell.

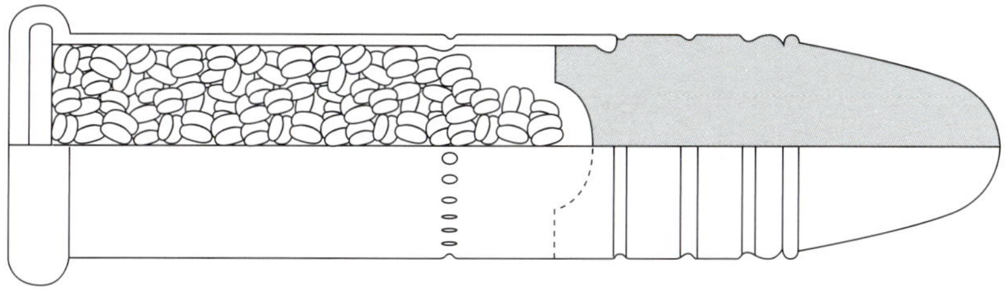

6. Lange S&W.

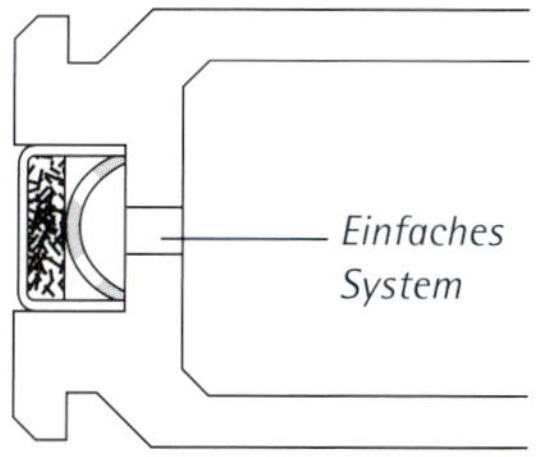

7. Metallpatrone System „Boxer".

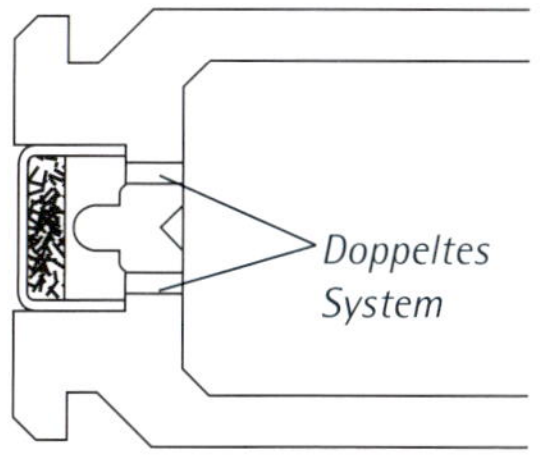

8. Metallpatrone System„Berdan".

Schon lange hatten es sich die Waffenschmieden zum Ziel gesetzt, eine Pistole zu entwickeln, die die Möglichkeit bot mehrere Schüsse in Folge abzugeben. In gewisser Weise war man schon mit den sperrigen vier- oder sechsläufigen Pistolen an dieses Ziel gelangt, insbesondere mit der „Pepperbox", dem Bündelrevolver, der nicht so massiv war, aber eine mangelhafte Schussgenauigkeit besaß. Die Perfektionierung dieser Idee führte zu einer Lösung, die es eigentlich nicht notwendig machte, sechs lange und schwere Läufe kreisen zu lassen. Es genügte, einen relativ kleinen Behälter kreisen zu lassen, nämlich eine Trommel, die langsam oder schnell die einzelnen Patronen in die Position des einzigen Laufs brachte.

Samuel Colt und der Revolver

Die Trommel war schon bei der Pistole von Collier (siehe die Seiten 150 – 151) vorhanden. Samauel Colt, der im Jahre 1836 verschiedene Patente anmeldete, schwor auf die Trommel.

Die Colt Company war mächtig genug, den anfänglichen Schwierigkeiten und Niederlagen standzuhalten. Im Jahre 1845 begann sich die Trommel zu behaupten und im Jahre 1851, während der Weltausstellung in London, erlangte sie den vollständigen Durchbruch, der sich in den folgenden Jahren auf breiter Front fortsetzte. Mit dem Kreisen

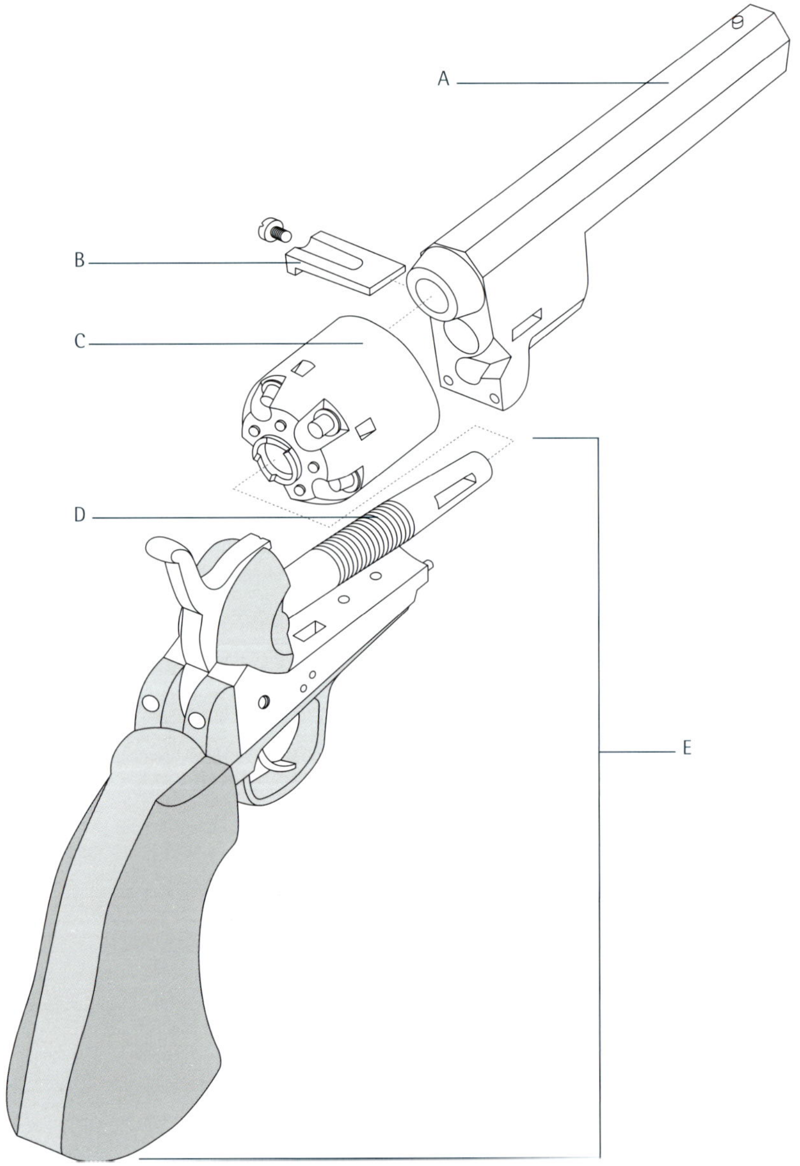

A. Lauf.
B. Sicherungslasche des Laufs.
C. Trommel.
D. Trommelachse.
E. Rahmen und Griff.

Patronentrommel mit sechs Schüssen. Zwei Zündkapseln fehlen.

der Trommel (in Englisch „to revolve"), änderte sich der Name der Pistole. Sie wurde auf der ganzen Welt als „Revolver" bezeichnet.

Die Entwicklung des Trommelrevolvers

Die Entwicklung brauchbarer Revolver setzte schlagartig nach der Erfindung der Perkussionszündung ein. Diese ersten Trommelrevolver hatten noch keine völlig durchbohrte Trommel, jede Kammer der Trommel wurde mit Pulver und Kugel geladen, gezündet wurden die Schüsse mit Zündkapseln. Mit der Weiterentwicklung der Patronen verbreitete sich auch die durchbohrte Trommel, sie konnte in der Regel zusammen mit dem Lauf nach vorne geklappt werden, die Patronen wurden dann von hinten in die Trommel eingeführt. Verschiedene Entwicklungen gab es auch bei den beiden sich gegenüber stehenden Systemen, dem „Single-Action Prinzip" und dem „Double-Action Prinzip", also dem Einzel- und Doppelschuss. Während der Revolver in Europa wenig Beachtung fand, wurde er in Nordamerika zu einer gefragten Waffe. Der Revolver machte zwei große Waffenhersteller ganz groß, die Colt Company und die Firma Smith & Wesson, die bald zu erbitterten Konkurrenten wurden. Der Revolver wurde die Waffe des „Wilden Westens" und des amerikanischen Bürgerkriegs.

Das Laden eines Trommelrevolvers

Bei den frühen Revolvern war das Laden der Waffe eine mühsame Angelegenheit, wie die sechs unteren Bilder zeigen. Ein Fortschritt war der Revolver mit völlig durchbohrter Trommel, im Bild rechts zu sehen. Bei ihm dauerte das Einführen der Patronen in die Trommel nur wenige Sekunden.

Phase 1: Den Hahn halb in die Sicherungsstellung, um das freie Kreisen der Trommel zu ermöglichen.

Phase 2: Mit dem Dosierfläschchen das Pulver in die Trommelkammer geben.

Phase 3: Die Kugel in die Kammer drücken.

Die auf den Bildern 2, 3 und 4 abgebildeten Vorgänge werden bei allen Kammern der Trommel wiederholt.

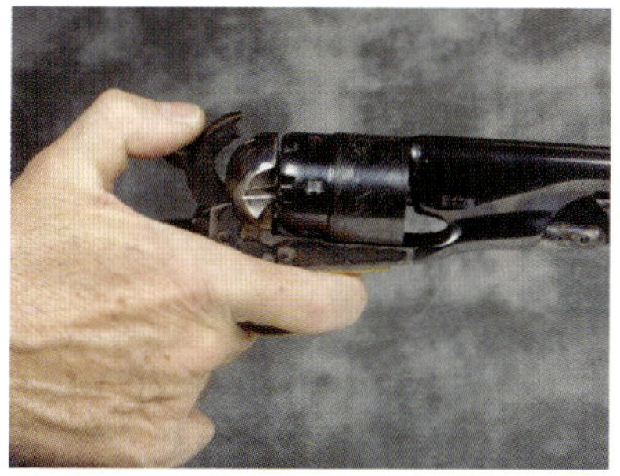

1

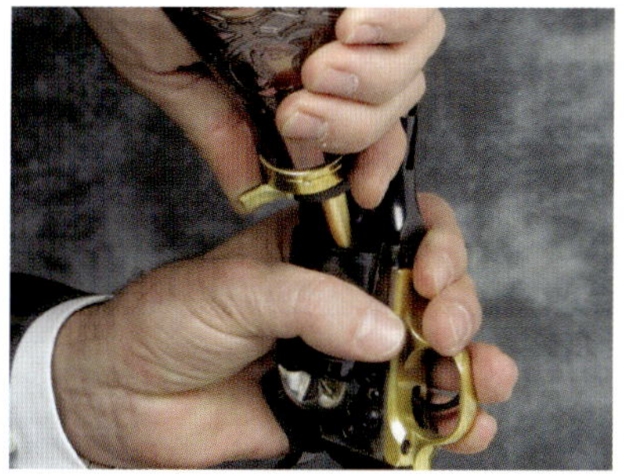

2

3

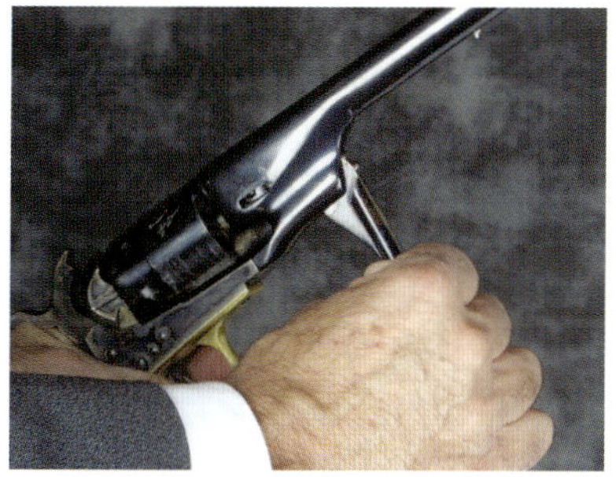

4

5

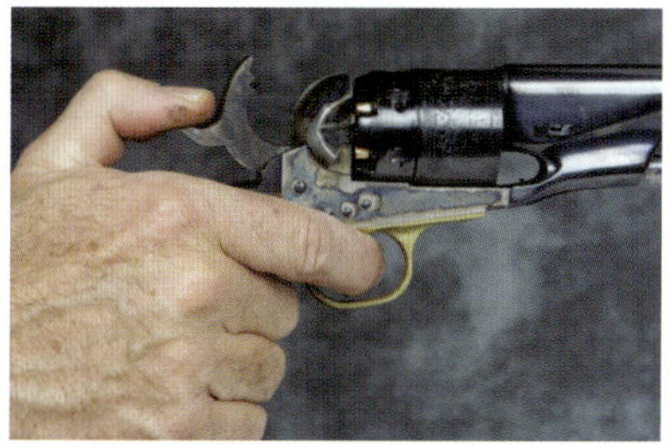

6

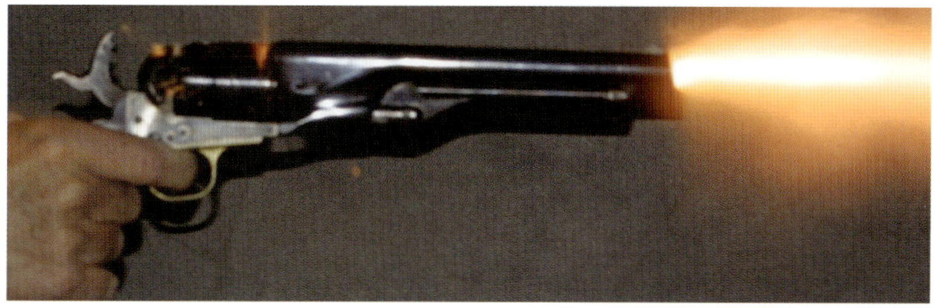

7

Phase 4: Mit dem Ladestab die Kugel nach hinten schieben.

Phase 5: Die Zündkapseln werden aufgesetzt.

Phase 6: Den Hahn nach hinten ziehen und Abzug betätigen.

Phase 7: Der Revolver wird abgefeuert.

Die halbautomatischen Pistolen

Zum Ende des 19. Jahrhunderts ging man daran, die ersten halbautomatischen Pistolen mit einem Magazin für sechs oder acht Schuss zu konstruieren. Damals nannte man sie automatische Pistolen, weil sie nach dem Schuss sofort wieder feuerbereit waren. Die wirklich automatischen Waffen waren die späteren Maschinenpistolen und Maschinengewehre. Die halbautomatischen Pistolen machten sich den Rückstoß der Waffe zunutze, den ein komplizierter Mechanismus in eine halbautomatische Schussfolge umwandelte. Sofort nach dem Schuss war die Waffe wieder schussbereit. Zwei berühmte halbautomatische Pistolen waren die in Deutschland hergestellte Pistole Borchardt, die Hugo Borchardt 1893 vorlegte und die weltberühmte Pistole 08 von Georg Luger, die in diesem Buch auch vorgestellt werden. Gleichzeitig mit den halbautomatischen Waffen wurden auch Munitionsverbesserungen ausprobiert. In England und in Deutschland hatte man das sogenannte Dichtepulver entwickelt. Es benötigte bei gleicher Leistung weniger Platz als das Schwarzpulver. Nun haben wir das 20. Jahrhundert erreicht, den Ersten Weltkrieg und eine Pistolenart, die der heutigen gleicht.

In diesem Abschnitt erscheint eine Serie von Waffen, die sich voneinander unterscheiden, die anderen Epochen und Kontinenten angehören, sich aber in einer Tatsache vereinen: Sie stellen geschichtlich die erste und ursprüngliche Antwort auf die Notwendigkeit einer effizienten Feuerwaffe dar. Es handelt sich tatsächlich um Einschuss-Pistolen, die mit einem Lauf eine einzige Kugel abfeuern konnten, um in einem bestimmten Zeitintervall und einer Serie mehr oder weniger komplexer Handgriffe den nächsten Schuss vorzubereiten.

Bei diesen Waffen, insbesondere bei denen aus dem 16. und 17. Jahrhundert mit ihrer begrenzten Feuerkraft, vergleicht man gerne die Raffinesse der Verarbeitung, die sorgfältige Auswahl der wertvollen Materialien und die häufigen Gravuren, Einschnitte, Verzierungen aus Gold, Silber, Elfenbein. Es sind mehr als Pistolen im engsten Sinn, eher antike Kunstwerke.

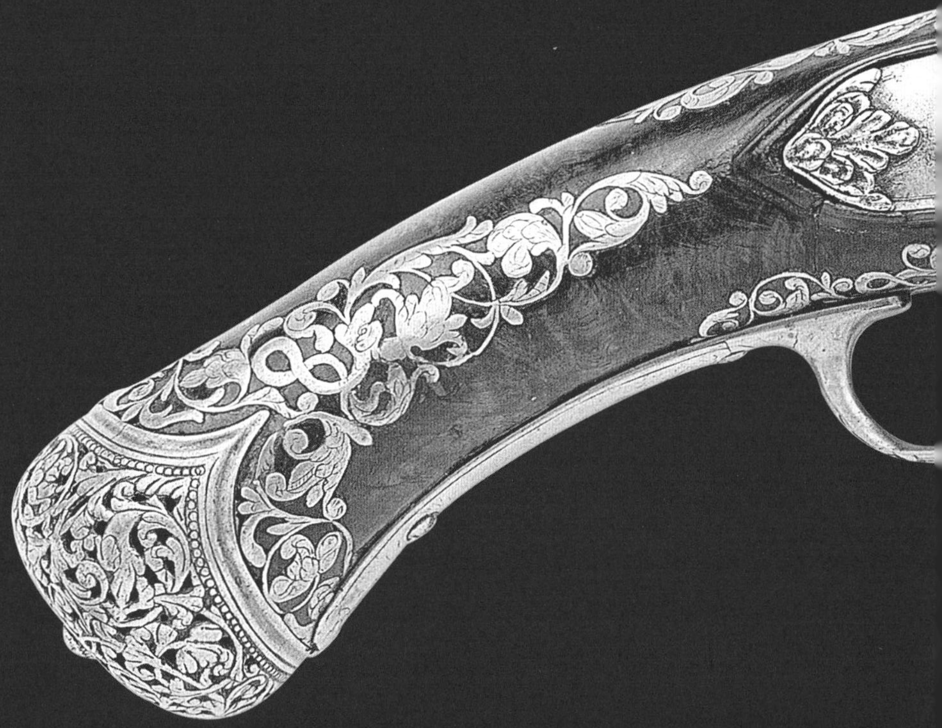

EINSCHUSS-PISTOLEN

JAPANISCHE TANEGASHIMA-PISTOLE

Gesamtlänge: 325 mm	
Länge des Laufes: 165 mm	
Zeit: Anfang des 19. Jh.	
Glatter Lauf	
Gewicht: 770 g	
Kaliber: 13 mm	

Die Pistole mit Luntenschloss: eine seltene Waffe

Wie auf allen anderen Gebieten verdrängen auch bei der Fertigung von Schusswaffen allmählich immer fortschrittlichere Technologien die vorhergehenden, bis sie sie schließlich, früher oder später, vollkommen ablösen. Manchmal waren die technischen Innovationen so groß, dass dieser Verdrängungsprozess sehr schnell erfolgte.

Etwas Ähnliches ist den Pistolen mit Zündschnur widerfahren, die den raschen Erfolg der späteren Radschlosspistolen und insbesondere den der Pistolen mit Steinschloss, deren Überlegenheit sofort offensichtlich schien, nicht aufhalten konnten. Viele Faktoren - die begrenzte Produktion, der Lauf der Zeit, die schlechte Qualität der Materialien, die Primitivität des Mechanismus sowie das Interesse der Museen und der Sammler für andere Waffenarten - erklären, warum es heutzutage nicht so einfach ist, perfekt erhaltene Exemplare zu finden.

Heute kann man Pistolen mit Luntenschloss in einem guten Zustand eher anderswo finden als in den Ursprungsländern ihrer Produktion. Nämlich dort, wo aufgrund einer Reihe von Zufällen die Herstellung dieser Waffen sich fast unverändert durch die Zeiten hingezogen hat, wie zum Beispiel in Japan.

Die Sicht der Waffe von oben hebt den Lauf besonders hervor und bringt die feine Golddekoration, die einen Drachen darstellt, gut zur Geltung.

Sporadische Begegnungen mit portugiesischen und holländischen Händlern ermöglichten den Japanern, die Pistolen mit Luntenschloss kennen zu lernen, die dann ihre geschickten metallverarbeitenden Künstler schnell selbst herstellen konnten. Die japanischen Handwerker bemühten sich jedoch nicht um die Weiterentwicklung dieser Art von Waffen, weil die stolze traditionalistische Kaste der Samurai die Schusswaffen, „Tanegashima" genannt, für nicht edel genug hielt, um die traditionellen Waffen wie das Katana (das lange Schwert) und die anderen Hiebwaffen und den Bogen abzulösen. Die japanischen Büchsenmacher haben sich deshalb darauf beschränkt, die ersten, von den Europäern ins Land gebrachten Waffen, einfach nachzubauen. Dabei veränderten sie die Waffen nur äußerlich mit dem feinen, sie auszeichnenden Geschmack für Dekoration.

So wurden die japanischen Luntenschlosspistolen während des ganzen 19. Jahrhunderts gegen den Zeitgeist weiterproduziert, so wie dieses Exemplar, dessen einfache Mechanik des Luntenschlosses klar zu erkennen ist und das sich durch die elegante Golddrachendekoration auf dem Lauf auszeichnet.

Bemerkenswert sind der kleine Luntenhalter ohne Backen zur Befestigung der Zündschnur, aber mit einem Ring zum Einfädeln sowie das Loch im Knauf, das wahrscheinlich dazu gedacht ist, ein Band einzuführen, mit dem sich die Waffe an der Schulter tragen lässt.

TERZEROL AUS BRESCIA

Gesamtlänge: 540 mm	
Länge des Laufes: 357 mm	
Jahr: 1620	
Glatter Lauf	
Gewicht: 1090 g	
Kaliber: 15,7 mm	

Unter den größten und besten Waffenschmieden von Radschlosspistolen waren von Anfang an die Büchsenmacher aus Brescia besonders anerkannt. Diese anmutige und elegante Terzerol vom Anfang des 17. Jahrhunderts ist von Lazari Cominaz signiert. Dieses Stück ist jedoch das Werk von Angelo Lazaro Cominazzi aus Brescia (1563-1646), während das Radschloss Giano Francino zuzuschreiben ist. Diese Waffe hat einen Schaft aus Nussbaum, Einlegearbeiten aus perforierten Eisenblättern, einen balusterförmigen Abzug und einen Abzugsbügel aus Eisen, der mit Gravuren verziert ist. Unterhalb des Laufes ist eine Rundung zu sehen, die den Ladestock aufnimmt. Der Ladestock ist aus rundgeschmiedetem Eisen und hat einen flachen Kopf.

Der sogenannte „Schlüssel", der dazu diente, die Feder einer Radschlosspistole (hier in Originalgröße) zu spannen, ist ein Allzweckwerkzeug für den Schützen.

PUFFER 1595

GESAMTLÄNGE: 710 mm	
LÄNGE DES LAUFES: 510 mm	
JAHR: 1595	
Glatter Lauf	
GEWICHT: 1900 g	
KALIBER: 13 mm	

Diese herrliche Pistole stattlicher Größe stammt aus dem 16. Jh. und wurde von deutschen Waffenschmieden gebaut. Die Waffe trägt auf dem Bodenstück die Punze von Nürnberg, „N“, sowie die Gravur eines Raubvogels. Auf dem Schlossblech sind die Buchstaben „Z+S“ eingeschlagen, die sich auf einen Waffenhändler beziehen, der ab 1585 in der Stadt Nürnberg lebte und handelte.

Die Waffe hat einen langen Lauf, erst achteckig, später rund mit einer leichten Leibung an seiner Mündung.

Der Schaft der Pistole und ihr Knauf sind aus Nussbaumholz mit Intarsien aus Knochen, der Knauf hat einen charakteristischen kugelförmigen Kopf – daher die deutsche Bezeichnung Puffer –, um einen besseren Griff beim Erfassen und Ziehen zu haben. Der Puffer diente aber auch zur Korrektur des Schwerpunktes der Waffe. Angeblich hatte der Knauf bei Waffen dieser Größe einen zweiten Verwendungszweck, nämlich als Knüppel. Erwiesen ist jedoch, dass diese Auffassung unrichtig ist, ein heftiger Schlag hätte die Waffe in Mitleidenschaft gezogen. Die Pistole hat ein trapezförmiges Schlossblech und ein Außenrad mit anmutigen Verzierungen. Der flache Hahn ist graviert, ebenso die Feder mit ungleichen Armen. Der Ladestock unter dem Lauf ist mit einem geschnitzten Kugelschieber aus Horn ausgestattet. Abzug und Abzugsbügel sind aus Eisen. Auf der anderen Seite der Waffe gibt es einen Haken, mit dem die Waffe an den Gürtel gehängt werden kann.

DEUTSCHE EISENPISTOLE

Gesamtlänge: 280 mm	
Länge des Laufes: 165 mm	
Zeit: 1580–1590	
Glatter Lauf	
Gewicht: 1280 g	
Kaliber: 11 mm	

Damit sich die Waffe für den Einsatz im Krieg eignete, bauten deutsche Waffenschmiede Pistolen, die ganz aus Metall waren. Die abgebildete Pistole hat ein gedrungenes Aussehen, ihr Lauf endet mit einer leichten Leibung an der Mündung. Die ganze Pistole, die Konstruktion des Radschlosses, der Hahn und der Schaft vermitteln einen robusten, schweren Eindruck. Das Radschloss besitzt eine Hakensicherung. Die Waffe ist vollständig aus Eisen gefertigt, der gerade Abzug wird durch einen großen Bügel geschützt, der Schaft endet als runder Knauf. Der Knauf ist geschlossen, bei einigen anderen Waffen dieser Art kann er geöffnet werden, um so Kugeln und Reservefeuersteine mitzunehmen. Der kurze Ladestock ist recht schmucklos und sitzt unter dem Lauf.

HOLLÄNDISCHE PISTOLE AUS DEM 17. JAHRHUNDERT

GESAMTLÄNGE: 355 mm	
LÄNGE DES LAUFES: 188 mm	
ZEIT: Anfang des 17. Jh.	
Glatter Lauf	
GEWICHT: 900 g	
KALIBER: 14 mm	

Diese kurze Pistole aus Holland mit einem großen Kaliber ist eine typische Militärwaffe mit einem offenen Rad, das durch einen kleinen Mitnehmer gehalten wird. Sie besitzt einen Schaft aus Holz, der Griff endet mit einem Abschlussteil aus Messing und einem Ring zum Festbinden der Waffe. Die Pulverpfanne sitzt auf einem bauchigen, flachen Beschlag mit Facettierungen. Die Waffe hat einen inneren Mechanismus französischer Konstruktion, eine Hahnfeder mit ungleich langen Armen, eine hintere Schutzvorrichtung der Zündpfanne, einen klassischen v-förmigen Abzug mit einem großen Bügel. Ein weiterer langer Gürtelhaken ist auf der anderen Seite der Waffe montiert, der Ladestock besteht aus Holz.

FRANZÖSISCHE PISTOLE MIT EINLEGEARBEITEN UND GRAVUREN

Gesamtlänge: 700 mm	
Länge des Laufes: 480 mm	
Zeit: Ende des 16. Jh.	
Glatter Lauf	
Gewicht: 1200 g	
Kaliber: 13 mm	

Die Waffen der Kavallerie aus dem 16. und 17. Jh. haben eine durchschnittliche Länge von 45 cm, aber es gibt auch Waffen, die 83 cm lang sind. Auf jeden Fall ist diese herrliche französische Pistole mit ihren 70 cm außerordentlich lang.

Sie hat einen zunächst achteckigen, später runden Lauf. Der Hahn hat eine obere feste Klemmbacke für den Feuerstein, während die untere mit einer Schraube verstellbar ist. Der Hahn wird durch eine Feder mit gleichen Armen gespannt. Diese Pistole besitzt eine Radpfanne mit einer bauchigen Platte und einem kleinen Mitnehmer auf dem unteren Teil dieser Platte und einen verschiebbaren Zündpfannendeckel. Der Griff endet mit einem ovalen Knauf, geschmückt mit menschlichen Gesichtern, die in Perlmutt eingraviert sind. Der Schaft der Waffe ist aus Holz mit Intarsien aus Perlmutt, Knochen, Elfenbein und Messing. Auch der Ladestock besteht aus Holz mit einem Ende aus Horn. Eine ausgefallene Sicherungsvorrichtung ist auf der linken Seite des Griffes angebracht. Diese Art der reichen Verzierungen ist typisch für Waffen aus französischer Produktion, sie ist in ähnlicher Form auch bei den Waffen aus Schlesien anzutreffen. Eine diesem Exemplar sehr ähnliche Pistole ist auf einem Porträt von Sir Anthony Mildmay zu sehen, er war Botschafter in Frankreich von 1596 bis 1597. Gemalt wurde das Bild vom Miniaturmaler Nicholas Hilliard.

FRANZÖSISCHE MILITÄRPISTOLE

Gesamtlänge:	610 mm
Lauflänge:	435 mm
Jahr:	1620
Glatter Lauf	
Gewicht:	1160 g
Kaliber:	12 mm

Diese Pistole, offensichtlich französischer Herstellung, um 1620 datierbar, hat die beachtliche Länge von 61 cm, was aber nicht außergewöhnlich für diese Zeit war. Die für militärische Zwecke gedachte Waffe besitzt einen durchgehend glatten, achteckigen Lauf. Sie hat ein flaches Radschloss mit reichen Verzierungen. Auch die Abdeckung der Pfanne ist mit einer Gravur geschmückt, der Hahn erinnert an eine Schlange mit Kopf. Der Abzug ist weit hinten angeordnet, der Bügel hat eine ungewöhnliche Größe. Der Schaft ist komplett aus Holz gefertigt mit Einlagen aus dünnen Silberfäden, die auch dem Griff und dem Knauf eine elegante Form geben. Die oberen und unteren Beschläge sind aus graviertem Eisenblech, der Ladestock unter dem Lauf besteht aus glattem Eisen und wird durch ein Silberröhrchen gehalten.

DEUTSCHE PISTOLE VON 1630

Gesamtlänge: 510 mm	
Lauflänge: 300 mm	
Jahr: 1630	
Glatter Lauf	
Einzelschuss	
Gewicht: 1440 g	
Kaliber: 11 mm	

Dieses ankerförmige deutsche Pistolenpaar, das die Reiter in entsprechenden Pistolentaschen aus Leder an den Seiten des Sattels trugen, wurde in der Mitte des 17. Jahrhunderts gefertigt. Beide Waffen haben einen runden Lauf, der an den Mündungen ausgeformt ist, blumenförmige Gravuren auf der Oberseite und an der Mündung, flache trapezförmige Beschläge mit zahlreichen Gravuren auf der Schlossmechanik. Der Hahn ist mit einer Vogelkopfgravur geschmückt, die Schäfte der beiden Waffen sind aus Ebenholz, versehen mit Intarsien, die Griffe enden mit dekorierten Knaufkugeln, ebenfalls aus Ebenholz. Auch die Ladestöcke sind aus Ebenholz gefertigt und enden mit einer Spitze aus Horn.

Dieser Kugelbehälter mit den Maßen 120 x 65 mm mit fünf Fächern und einem Drehschlüssel von 180 mm Länge (hier in kleineren Maßen abgebildet), wurde ausschließlich für diese Pistolenart hergestellt. Die Intarsien sind aus Horn und Ebenholz.

COMINAZZO AUS BRESCIA

GESAMTLÄNGE:	570 mm
LAUFLÄNGE:	395 mm
JAHR:	Ende des 17. Jahrhunderts
Glatter Lauf	
GEWICHT:	910 g
KALIBER:	13 mm

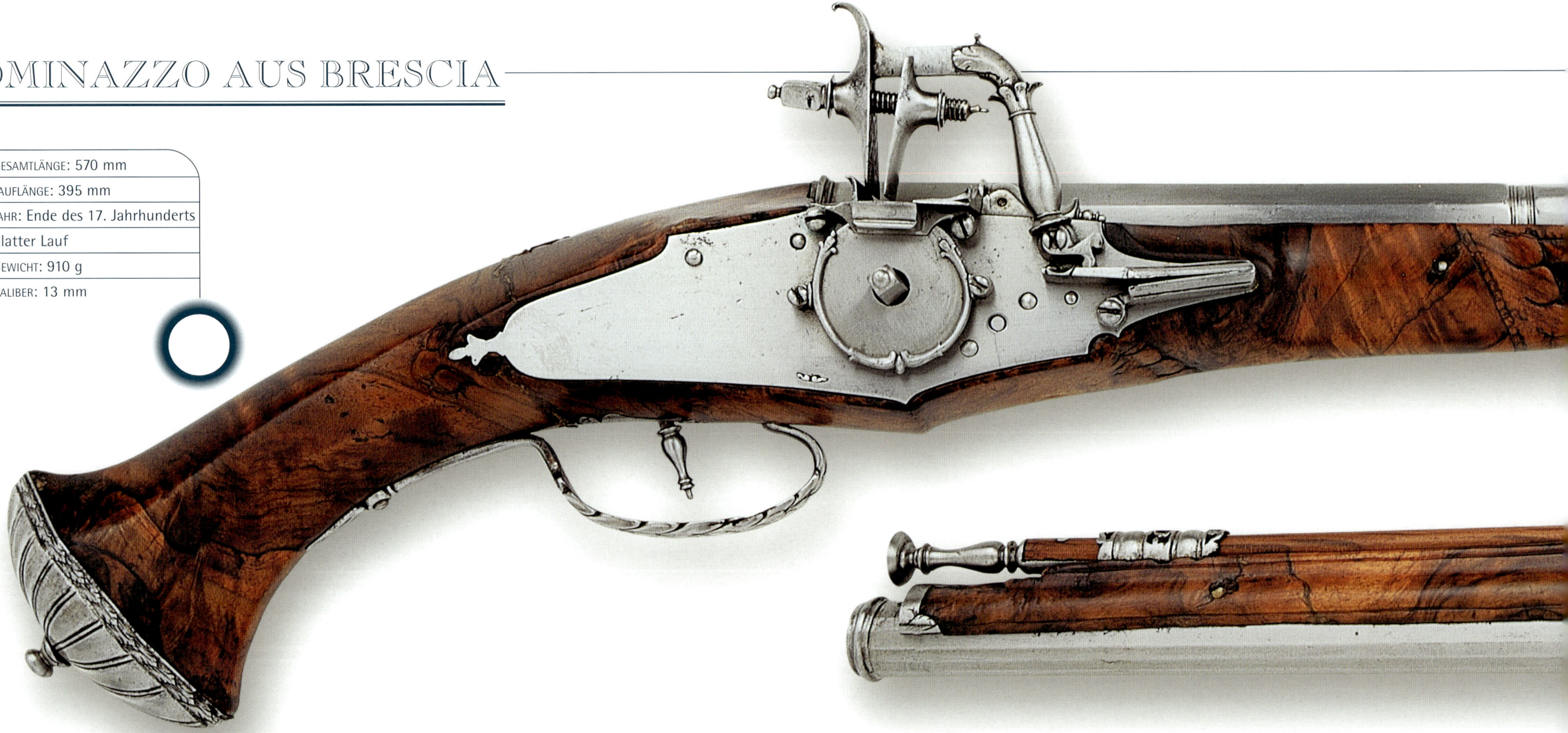

Dieses elegante Pistolenpaar, das Ende des 17. Jahrhunderts datierbar ist, hat polygonale Läufe mit rundem Mündungsschmuck, schlichte flache Schlossbeschläge, lediglich die Hähne sind verziert. Die Schäfte sind komplett aus poliertem Nussbaumwurzelholz gefertigt, ihr Knauf endet mit einer Abdeckung aus Eisen. Sehr elegant ist ihr Abzugsbügel geformt, ebenso elegant ist der Ladestock aus Holz mit einem flachen Eisenkopf. Die Punzen der beiden Pistolen Lazario Cominazzo müssten auf Angelo Cominazzo (1660-1702) hindeuten und damit auf die Waffenschmiedfamilie in Gardone Val Trompia. Der Qualitätsstandard der Büchsenmacher aus Brescia war sehr hoch, so hoch, dass 1623 der

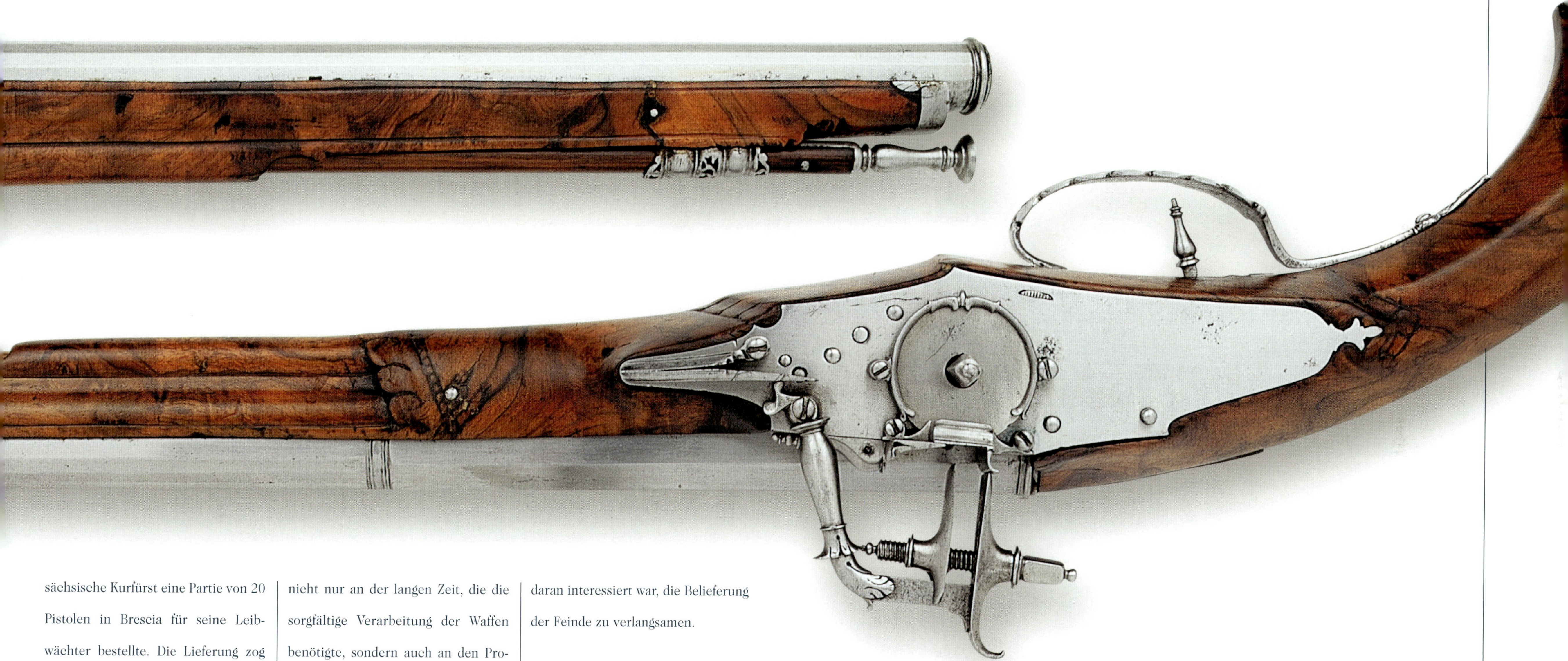

sächsische Kurfürst eine Partie von 20 Pistolen in Brescia für seine Leibwächter bestellte. Die Lieferung zog sich fast 10 Jahre hinaus. Das lag nicht nur an der langen Zeit, die die sorgfältige Verarbeitung der Waffen benötigte, sondern auch an den Protesten der Republik von Venedig, die daran interessiert war, die Belieferung der Feinde zu verlangsamen.

GESCHLOSSENE PISTOLEN AUS ZÜRICH

Dieses seltene Pistolenpaar mit einem geschlossenen Schloss wurde wahrscheinlich zwischen 1640 und 1650 in Zürich hergestellt. Die Abdeckungen der Schlösser sind aus vergoldetem Messing gefertigt, ebenso die anderen Beschläge der Waffen und auch die Knaufenden. Gespannt werden die Waffen jeweils an ihrer linken Seite, der Bolzen und das Bolzenloch sind versteckt. Jede Waffe besitzt einen Ladestock aus Holz mit einem Messingkopf, er wird unter dem Lauf eingeschoben. Die Waffen sind elegant, aber sehr umständlich zu handhaben.

Gesamtlänge: 524 mm
Lauflänge: 337 mm
Zeitraum: 1640 – 1650
Glatter Lauf
Gewicht: 1040 g
Kaliber: 12 mm

DEUTSCHES PISTOLENPAAR

GESAMTLÄNGE: 440 mm
LAUFLÄNGE: 280 mm
ZEITRAUM: zweite Hälfte des 18. Jahrhunderts
Glatter Lauf
GEWICHT: 1520 g
KALIBER: 15 mm

Dieses deutsche Pistolenpaar mit Radschloss kann man kurz nach der zweiten Hälfte des 18. Jahrhunderts datieren. Die Waffen haben einen glatten runden Lauf, ihr Schaft ist aus Holz gefertigt, das Schlossblech ist schlicht und ohne Gravuren, dafür ist aber das Rad reich mit Blumengravuren verziert. Der Abzug verläuft gerade, der Abzugsbügel ist aus Messing gefertigt und verbindet sich zu einem runden Abschlussteil des Knaufs. Der Ladestock befindet sich unter dem Lauf, seine Spitze ist aus Horn gefertigt. Der Knauf hat die typische Form seiner Zeit.

SPANISCHE AGUJETA

Gesamtlänge: 505 mm	
Lauflänge: 360 mm	
Jahr: ca. 1650	
Glatter Lauf	
Gewicht: 1250 g	
Kaliber: 14 mm	

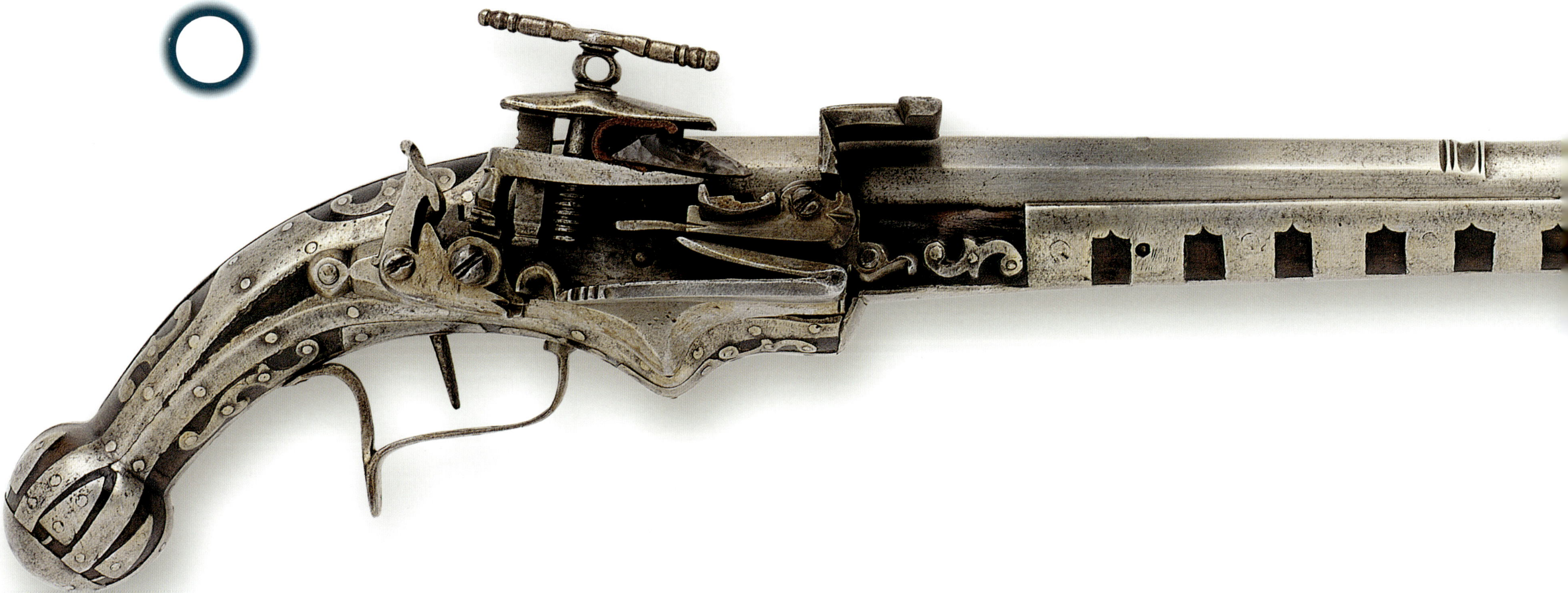

Diese schwere Waffe ist eine spanische Pistole aus der zweiten Hälfte des 17. Jahrhunderts. Sie hat beachtliche Maße und ein großes Kaliber von 14 mm. Das „Rav“ Zeichen am Bodenstück sowie der typische Griff identifizieren sie als eine Pistole aus Ripoll, das ist ein kleines Zentrum im Baskenland, das durch seine Herstellung von hochwertigen Waffen bekannt wurde. Die iberische Herkunft wird belegt durch das typische „Agujeta“-Schloss, durch die mit dem Hämmerchen verbundene Zündpfannenabdeckung, wie beim französischen System und der äußeren Hahnfeder ähnlich der Snaphaunce. Gesichert wird die Waffe durch einen Blockadezahn – auch „Dog“ genannt –, den man per Hand lösen kann. Er hält den Hahn in halb gezogener Position. Die Pistole besitzt einen quadratischen, dann runden Lauf mit Mündungsschmuck. Sie hat einen Holzschaft, der fast vollständig mit Eisen verziert ist, bis hinunter zum Knauf. Die Waffe ist mit einem Gürtelhaken ausgestattet, der filigrane Ladestock befindet sich unter dem Lauf und ist ebenfalls aus Eisen.

DAS SPANISCHE „AGUJETA“- SCHLOSS

Das Schema des typisch spanischen „Agujeta“- Schlosses zeigt die Eigenschaften der Konstruktion, wie den enormen Hahn (A) und die strenge rechteckige Form des Feuerstahls (B). Deutlich sichtbar ist auch der Blockadezahn (C) zur Sicherung der Waffe, wie beim englischen Snaphaunce-Schloss.

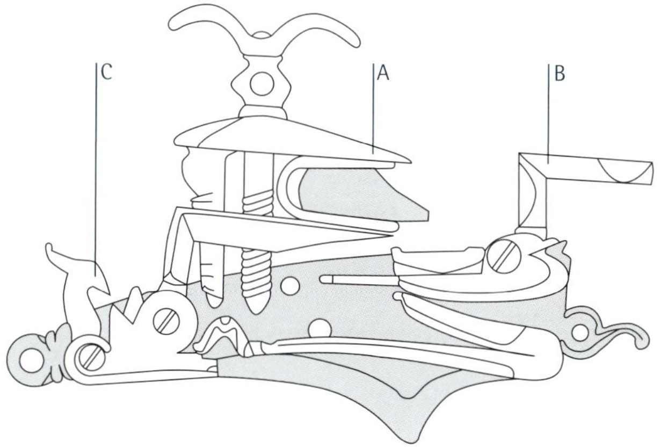

SCHOTTISCHE 1648

Gesamtlänge:	480 mm
Lauflänge:	320 mm
Jahr:	1648
Glatter Lauf	
Gewicht:	960 g
Kaliber:	14 mm

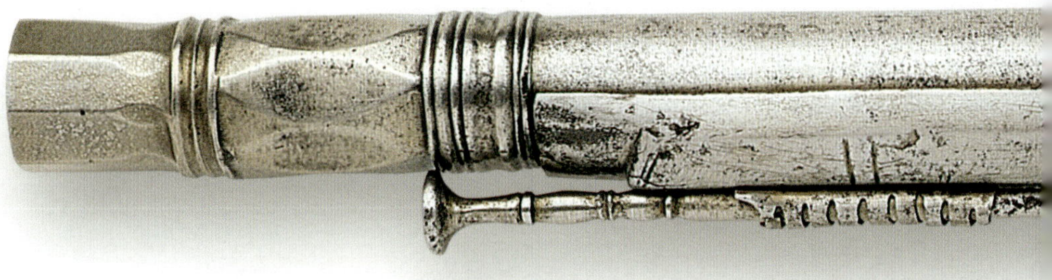

Diese schottische Pistole hat mehrere Besonderheiten, die sie von den kontinentalen Waffen unterscheidet, zum Beispiel den typischen Schaft aus Eisen mit einem Ende in Form von Widderhörnern. Dazwischen hat ein verschraubter Ausputzer zum Reinigen des Zündkanals seinen Platz, seine Form ähnelt der des Abzugs, der ohne Bügel auskommt. Eine andere Besonderheit ist das Schloss auf der linken Seite der Waffe. Vielleicht wurde sie speziell für einen Linkshänder gebaut oder sie wurde als Paar angefertigt. Die Pistole hat einen gestreckten Lauf, erst facettiert, dann rund und dann wieder facettiert, unterbrochen von doppelten Rillen. Die Waffe ist ganz aus Eisen hergestellt, der Beschlag des Schlosses wurde aus graviertem Messing gefertigt und wie alle schottischen Pistolen hat sie einen Gürtelhaken auf der rechten Seite.

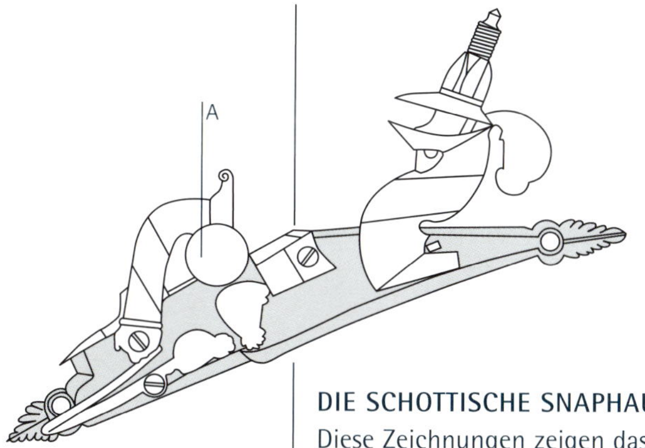

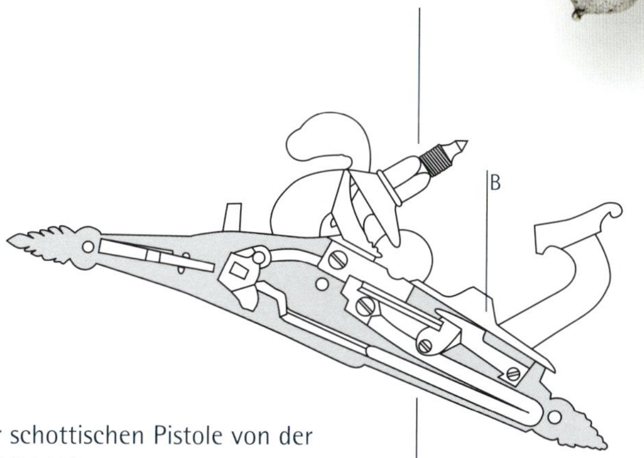

DIE SCHOTTISCHE SNAPHAUNCE

Diese Zeichnungen zeigen das Schloss der schottischen Pistole von der linken und der rechten Seite, den Feuerschild (A) und die übliche Zündpfannenabdeckung (B) zum Schutz des Pulvers.

DÄNISCHE KALTHOFF

GESAMTLÄNGE: 524 mm
LAUFLÄNGE: 320 mm
JAHR: 1660
Glatter Lauf
GEWICHT: 1260 g
KALIBER: 14,6 mm

Der dänische Waffenschmied Peter Kalthoff und seine Mitarbeiter bauten – nach einem Patent von 1641 und den darauf folgenden Verbesserungen – eine Serie von Einschuss-Pistolen sowie einige Mehrschuss-Pistolen, die mit verschiedenen innovativen Ideen bestückt waren. Es sind Waffen mit zwei Magazinen. Mit einer Schwenkbewegung eines Hebels konnte man Pulver und Blei in die Kammer der Pistole bringen. Eigentlich war das eine hervorragende Konstruktion, die ihrer Zeit weit voraus war, aber dennoch einige Schwächen aufwies. Der Kostenaufwand für diese Waffen war hoch und die komplizierte Mechanik war durch die starke Verkrustung der Pulverrückstände zu anfällig. Bei diesem einschüssigen Pistolenpaar mit Steinschloss, signiert von Mathias Kalthoff, wahrscheinlich ein Sohn von Peter Kalthoff, ist das Ladungssystem durch das Betätigen eines Hebels erkennbar. Die Waffen besitzen Schäfte aus Holz, die Beschläge sind aus Messing gefertigt, ebenso die Beschläge der Knaufenden.

PISTOLENPAAR AUS BRESCIA

Gesamtlänge: 550 mm	
Lauflänge: 395 mm	
Jahr: ca. 1680	
Glatter Lauf	
Gewicht: 860 g	
Kaliber: 13 mm	

Dieses nicht signierte Pistolenpaar mit Steinschloss wurde mit Sicherheit in Brescia hergestellt. Jede dieser eleganten Waffen hat einen gestreckten Lauf mit feinem Mündungsschmuck, das flachgeschnittene Schloss und der flache Hahn sind reich mit Gravuren versehen. Der Schaft ist aus feinem Nussbaumholz mit Schnitzereien unterhalb des Laufes. Der Beschlag beider Pistolen wurde aus Eisen gefertigt, ebenso die reich verzierte Knaufkappe und der Abzugsbügel. Der Ladestock ist aus Holz mit einer Spitze aus Eisen, er wird durch zwei Eisenröhrchen unterhalb des Laufes gehalten.

PIETRO MANANI AUS BRESCIA

GESAMTLÄNGE: 380 mm	
LAUFLÄNGE: 235 mm	
JAHR: ca. 1650	
Gedrehter schraubbarer Lauf	
GEWICHT: 700 g	
KALIBER: 11 mm	

Die Herstellung von Pistolen mit gezogenem Lauf blieb nicht englisches Alleinrecht, sondern wurde auch in anderen Ländern erprobt. Die hier abgebildete Waffe ist ein Beispiel dafür. Die Pistole ist auf der Gegenseite des Schlosses mit Pietro Mana signiert und kann deshalb dem Büchsenmacher Pietro Manani (1665-1720) zugeschrieben werden. Er signierte seine Pistolen auf diese Art oder mit der Beschriftung Pietro Mani, aus welchem Grund auch immer. Der Lauf dieser Pistole ist zuerst achteckig, dann rund mit Mündungsschmuck. Der Schaft ist aus Nussbaumholz, der Knauf endet mit einem Beschlag aus graviertem Eisen. Der Ladestock ist aus Holz gefertigt und hat eine fein gearbeitete Spitze.

MEISTERWERK MIT ABSCHRAUBBAREM LAUF

Gesamtlänge: 194 mm
Lauflänge: 103 mm
Jahr: ca. 1680
Gedrehter Lauf
Gewicht: 140 g
Kaliber: 8 mm

Diese Pistole ist ungewöhnlich klein für ihre Zeit. Sie ist ein „Meisterwerk" oder „Capolavoro", also ein Fähigkeitsnachweis, den ein Büchsenmacherlehrling am Ende seiner Lehrzeit der Körperschaft vorlegen musste, um zum Meister ernannt zu werden. Nur dadurch erlangte er das Recht, eine eigene Werkstatt und ein Geschäft zu eröffnen. Auch wenn die Waffe danach nicht benutzt wurde, musste ein solches „Meisterstück" voll funktionsfähig sein. Diese Waffe mit einem abschraubbaren Lauf ist von bester Qualität.

FLORENTINISCHE MAZZAGATTI

Gesamtlänge: 240 mm	
Lauflänge: 120 mm	
Zeitraum: 1760 – 1790	
Glatter Lauf	
Gewicht: 295 g	
Kaliber: 12 mm	

Innenansicht

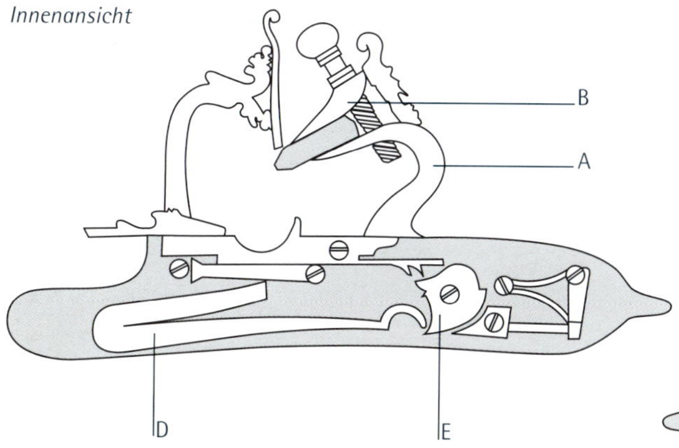

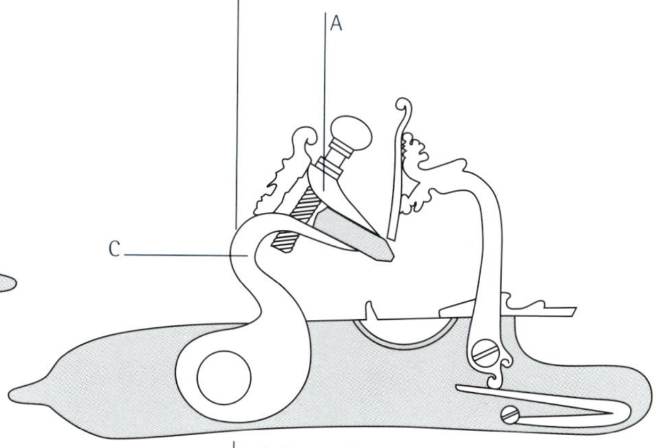

Außenansicht

DIE ENTWICKLUNG DES FLORENTINISCHEN SCHLOSSES
Diese Zeichnungen zeigen das florentinische Schloss von innen und außen: Der schwanenhalsförmige Hahn mit seiner auffälligen Ringkopfschraube für die Klemmbacken (A), (B) und (C). Der Abzugsmechanismus (D) und (E) wirkt horizontal durch das Schlossblech.

Der Ausdruck „Mazzagatti“, mit dem normalerweise diese und ähnliche Pistolen bezeichnet werden, wird nicht abwertend verwendet, als wenn die Waffe für einen nicht angemessenen oder unanständigen Zweck bestimmt wäre, sondern spielt eher auf die anspruchsvollen Seiten der beiden Pistolen an. Für ihre Zeit sind die Mazzagatti klein, aber gleichzeitig wegen ihres geringen Gewichtes von nur 300 g sehr handlich. Es sind Waffen aus der zweiten Hälfte es 18. Jahrhunderts, gefertigt in Brescia, mit kurzem Schaft und reichen Messingverzierungen. Wegen der Konstruktion des Schlosses werden sie auch „florentinische Pistolen“ genannt.

Sie sind Beispiele der Qualitätsarbeit der Büchsenmacher in Brescia, signiert von Pietro Tomasi aus Stazzema, der von 1760 bis 1790 aktiv war.

FLORENTINISCHE ZANOTTI

Gesamtlänge: 470 mm	
Lauflänge: 335 mm	
Jahr: ca. 1770	
Glatter Lauf	
Gewicht: 780 g	
Kaliber: 13 mm	

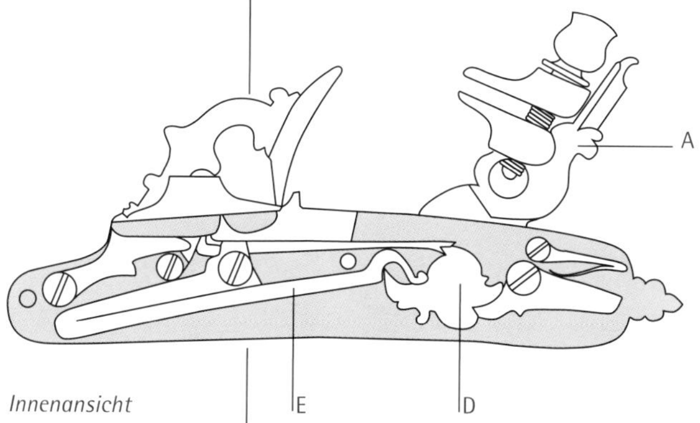

Innenansicht

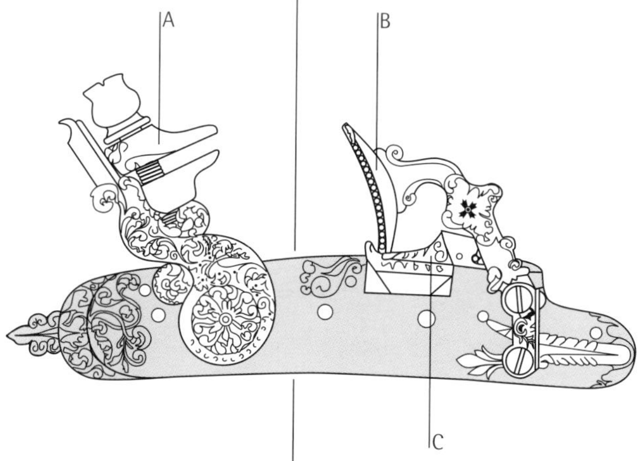

Außenansicht

DAS FLORENTINISCHE SCHLOSS
Die Zeichnungen zeigen die technischen Details eines florentinischen Schlosses. Der Hahn (A) ist mit einer Hahnschulter ausgerüstet, der Feuerstahl (B) ist von der Zündpfannenabdeckung (C) unabhängig, die durch den Kern (D) und durch eine lange Stange (E) bei der Betätigung des Hahns bewegt wird.

Die abgebildete Waffe ist eine klassische florentinische oder bolognesische Pistole, eine typische Arbeit der romangnolisch-emilianischen Schule von Zanotti von Lugo. Die Pistole ist signiert mit den Buchstaben G. B. Sie ist von raffinierter und eleganter Form und mit dem typischen flach geschnittenen florentinischen Schloss und seinen Konstruktionsmerkmalen ausgestattet. Hahn und Feuerstahl sind reich mit Ornamenten versehen, der Schaft der Waffe ist aus Nussbaumholz, der Lauf glatt und gestreckt ohne Schmuck an der Mündung. Auffallend sind die beiden Gesichter auf dem Hahn und auf dem unteren Ende des Schlossbeschlags. Sind es die Gesichter von römischen Kriegern oder Sonne und Mond? Die Beschläge des Schafts sind besonders üppig gestaltet, sehr massiv und reich graviert sind auch der Abzugsbügel und das Knaufende der Waffe. Unter dem Lauf hat der Ladestock seinen Platz, er wird von zwei verzierten Röhrchen gehalten, seine Spitze ist aus Eisen gefertigt.

PISTOLENPAAR PISTOIESI

Das hier abgebildete Pistolenpaar mittlerer Länge nennt man „Pistoiesi“, die Waffen wurden um 1750 oder vielleicht auch etwas später hergestellt. Sie haben einen zunächst eckigen, dann runden Lauf mit Mündungsschmuck aus Messing. Ihr reich verziertes Schloss hat die Konstruktionsmerkmale des typischen florentinischen Schlosses, auch wenn diese Waffenart in den meisten Fällen in der Emilia hergestellt wurde. Die Schaftbeschläge sind aus Messing, ebenso die reich gravierten Knaufenden. Der Ladestock der beiden Pistolen ist aus Nussbaumholz und hat eine Spitze aus Ebenholz. Tatsächlich wurde dieses Pistolenpaar in der Emilia hergestellt. Der Grund für die Bezeichnung „florentinische Pistole“ war die Tatsache, dass zahlreiche englische Sammler des 19. Jahrhunderts, die viele dieser Waffen in Florenz kauften, ihre Herkunft der toskanischen Stadt Pistoia zusprachen.

Gesamtlänge: 470 mm	
Lauflänge: 335 mm	
Zeitraum: Mitte des 18. Jahrhunderts	
Glatter Lauf	
Gewicht: 780 g	
Kaliber: 13 mm	

COMINAZZO-MARIANI

Gesamtlänge: 475 mm	
Lauflänge: 313 mm	
Jahr: 1718	
Glatter Lauf	
Gewicht: 800 g	
Kaliber: 13 mm	

Gut zu sehen ist der fein gravierte Beschlag an der linken Seite der Pistole.

Diese fein verarbeitete italienische Pistole des frühen 18. Jahrhunderts ist signiert mit dem Namen Lazario Cominazzo. Das Steinschloss trägt die Signatur von Franco Mariani aus Rom aus dem Jahr 1718.

Der Schaft der Waffe ist aus poliertem Nussbaumholz. Der elegante, schwanenhalsförmige Hahn und der Feuerstahl sind mit Reliefschmuck versehen, der Lauf der Pistole trägt eine feine Rillengravur. Der reiche Schmuck auf Schaft und Knauf ist aus skelettiertem Messingblech und von bestechender Eleganz. Der Ladestock ist aus Holz gefertigt und endet mit einer Messingspitze.

KATALANISCHE PISTOLE MICHELETTO

Gesamtlänge:	345 mm
Lauflänge:	195 mm
Zeitraum:	Anfang 18. Jahrhunderts
Glatter Lauf	
Gewicht:	760 g
Kaliber:	17 mm

Die katalanische Pistole, die man auch „Micheletto" nennt, entstand zwischen dem 17. und 18. Jahrhundert in Spanien in der Region um Barcelona. Sie hat ein Steinschloss mit Feuerstahl, das man auch die „biscayalische Konstruktion" oder schlicht „Patilla" nennt. Die spanischen Schlösser waren in der Regel vom Umriss her kleiner als die italienischen, aber von der Konstruktion her zuverlässiger, zum Beispiel war der Fallwinkel des Hahns günstiger. Die Konstruktion des Hahns erlaubte durch eine Schraube mit Öse einen schnellen Wechsel des Feuersteins. Die abgebildete Pistole hat einen Schaft aus Holz mit großzügigen Beschlägen aus Messing am Griff und am Knaufende. Der Lauf ist erst eckig, dann rund ohne Mündungsschmuck. Der Ladestock ist aus Messing gefertigt und wird mit zwei Messingröhrchen am Gestell gehalten.

KATALANISCHE TRES MODAS

Gesamtlänge: 223 mm	
Lauflänge: 113 mm	
Jahr: 1725	
Glatter Lauf	
Gewicht: 430 g	
Kaliber: 15 mm	

Eine andere katalanische Pistole ist diese Terzetta. Der Begriff kommt von den kleinen Maßen dieser Waffen, denn der Lauf dieser Pistole ist im Vergleich zu den damals üblichen Waffen um 1/3 kürzer. Bei dieser „Tres Modas"-Pistole hat das Schloss eine Variante, die nur in Madrid hergestellt wurde. Die Schlagfeder wurde nach hinten verlegt, entriegelt wurde weiterhin horizontal. Der Lauf ist rund mit Mündungsschmuck, das Zündloch ist aus Gold gefertigt. Der Abzug ist am Ende nach innen gedreht, der Knauf erinnert an Pistolen aus französischer Produktion. Diese besonders kurzen Waffen wurden auch in Brescia produziert und von dort exportiert. Später wurden sie auch in Mailand, Neapel, Flandern und Spanien gebaut.

RÖMISCHES PISTOLENPAAR

GESAMTLÄNGE:	385 mm
LAUFLÄNGE:	246 mm
JAHR:	ca. 1710
Glatter Lauf	
GEWICHT:	560 g
KALIBER:	11 mm

DAS RÖMISCHE SYSTEM

Die Zeichnungen zeigen die inneren und äußeren technischen Details des römischen Systems. Die v-förmige Feder (A), Feuerstahl mit Zündpfannenabdeckung (B), Hahn (C) und die untere bewegliche Hahnbacke zum Fixieren des Feuersteins.

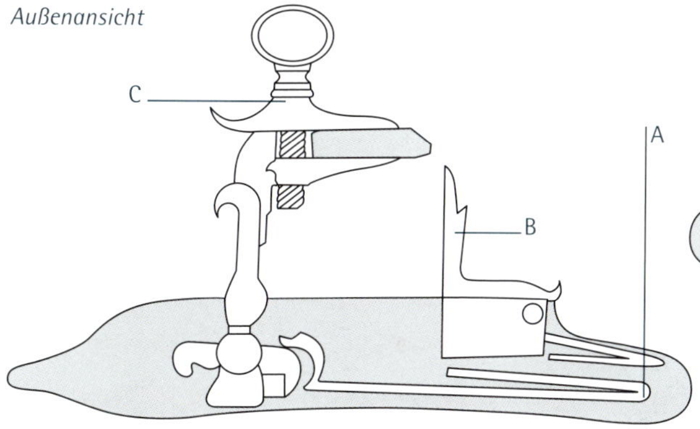

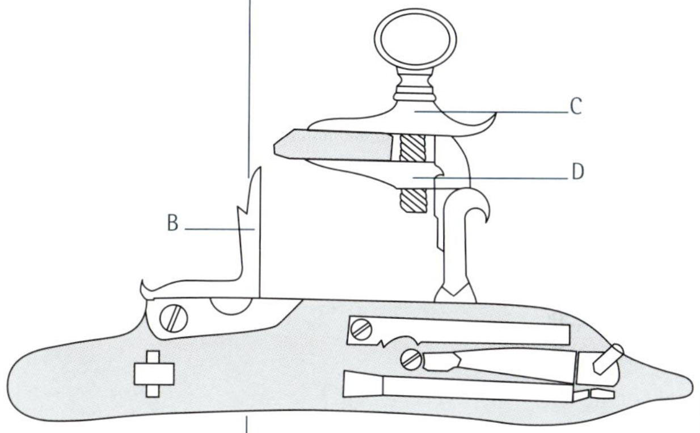

Das hier abgebildete Pistolenpaar ist auf die ersten Jahre des 18. Jahrhunderts zu datieren. Diese Waffen werden allgemein „römische Pistolen" genannt, da es sich um Pistolen handelt, die vor allem in Zentralitalien anzutreffen waren. Ihre eingeprägte Signatur Bis Nicolas ordnet sie ganz eindeutig dem spanischen Waffenschmied Nicolas Bis zu, der zwischen 1692 und 1726 in Madrid arbeitete. Die römisch-spanische Verbindung zeigt sich an der Konstruktion des Steinschlosses, dem Feuerstahl, an der Abdeckung der Zündpfanne und an der Form des Abzugs. Die beiden Exemplare haben einen erst achteckigen, dann runden Lauf. Die Beschläge der beiden Waffen sind aus vergoldetem Messing, ihre Schäfte wurden aus feinem Wurzelholz gefertigt, die Ladestöcke sind ebenfalls aus Holz und enden mit einem Kopf aus Messing.

DIE FRANZÖSISCHE PISTOLE

Gesamtlänge: 605 mm	
Lauflänge: 405 mm	
Zeitraum: Mitte des 18. Jahrhunderts	
Glatter Lauf	
Gewicht: 1100 g	
Kaliber: 16,5 mm	

Diese Pistole, die in der Mitte des 18. Jahrhunderts gebaut wurde, ist ein gutes Beispiel für das französische Steinschloss seiner Zeit. Der Feuerstahl dient als Zündpfannenabdeckung und die innere Hahnfeder reagiert auf einen Kern mit zwei Kerben (eine für die Sicherung, die andere für den gezogenen Hahn), die mit dem Hahn verbunden sind. Der mit dem Hahn verbundene Lösungshebel arbeitet vertikal, indem er auf die zwei Kerben niederschlägt, wenn der Abzug gezogen wird.

In den Jahren zwischen 1600 und 1610 wurde diese Art von Mechanismus zum ersten Mal gebaut, wie das in der Ermitage aufbewahrte Gewehr mit der Signatur von A. Le Bougeoys zeigt. Er war ein Waffenschmied aus Lisieux in der Normandie.

Diese Waffe hat einen erst eckigen, dann runden Lauf, der Schaft ist aus Eichenholz und endet unterhalb des Laufes mit einer Verzierung aus Elfenbein. Griff und Knaufende sind mit Reliefbeschlägen geschmückt. Der Ladestock ist aus Holz und endet bündig mit einer Spitze aus Elfenbein unterhalb des Laufes.

DAS FRANZÖSISCHE STEINSCHLOSS

Die Bilder zeigen die technischen Details der typisch französischen Variante des Steinschlosses. Charakteristische Elemente sind der Feuerstahl (A) mit integrierter Zündpfannenabdeckung (B), die Hauptfeder (C) und der Hahn (D).

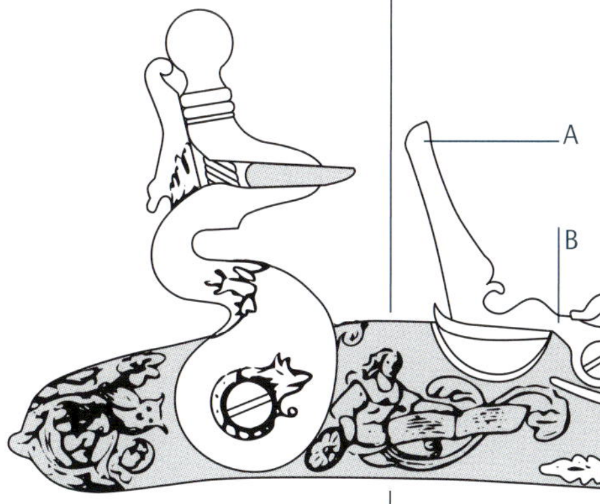

Außenansicht der verzierten Variante.

Innenansicht der Gegenseite.

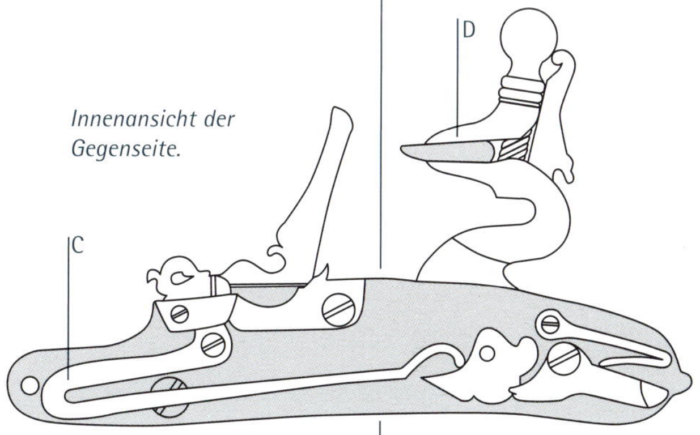

SCHLESISCHE PISTOLE

GESAMTLÄNGE: 360 mm	
LAUFLÄNGE: 217 mm	
ZEITRAUM: Mitte des 18. Jahrh.	
Glatter Lauf	
GEWICHT: 780 g	
KALIBER: 16,5 mm	

Bei dieser Pistole aus Schlesien stechen vor allem die üppigen Intarsien aus Elfenbein ins Auge. Es sind feine Ranken und Blüten. Das Knaufende ist mit einem Beschlag aus graviertem Messing versehen. Der Lauf ist durchgehend sechseckig mit einem halbmondförmigen Visier, darunter der Ladestock aus Holz mit einem Kopf aus Horn. Der Abzug ist bei dieser Waffe am unteren Ende nach innen gerollt, ähnlich wie bei spanischen Pistolen. Das Schloss ist ohne Schmuck, der Hahn fällt durch seine gedrungene Form auf, die man auch bei den sogenannten Tschinken-gewehren findet. Zusammen mit mehreren anderen technischen und äs-

thetischen Eigenschaften ist diese schöne Pistole eine typische Waffe aus Schlesien. Schlesien war bis 1945 das Gebiet zwischen Deutschland und Polen beiderseits der oberen Oder. Die Waffenproduktion in dieser Region ist bereits in Dokumenten vom Anfang des 17. Jahrhunderts erwähnt und wurde während des 30-jährigen Krieges stark ausgeweitet, weil Schlesien in den gesamten Kriegsjahren immer wieder von zahlreichen Armeen besetzt wurde.

PISTOLENPAAR „BURTON“

Gesamtlänge: 95 mm	
Lauflänge: 18 mm	
Zeitraum: 1804 – 1822	
Glatter Lauf	
Gewicht: 60 g	
Kaliber: 6 mm	

Diese beiden Pistolen sind Waffen mit Steinschloss für die Westentasche – ähnlich der Capolavoro auf der Seite 59, aber noch kleiner –, die in England hergestellt wurden. Die beiden Pistolen sind mit dem Namenszug Burton London signiert und wurden zwischen den Jahren 1804 und 1822 von dem Waffenschmied John Burton in London gebaut. Sie haben runde, gebläute Läufe mit feinen Gravuren bis zur Mündung. Ihr Steinschloss ist mit dem sogenannten „box lock“-System ausgestattet, der Abzug ist im Schaft versenkbar. Die beiden Waffen besitzen einen Knauf aus Holz, der mit feinen Einlegearbeiten aus Silber geschmückt ist.

SCHOTTISCHE MURDOCH

GESAMTLÄNGE:	290 mm
LAUFLÄNGE:	185 mm
ZEITRAUM:	Mitte des 18. Jahrh.
Glatter Lauf	
GEWICHT:	580 g
KALIBER:	14 mm

Einer der bekanntesten schottischen Waffenschmiede war John Murdoch aus Doune (1750–1812), der dieses Pistolenpaar signiert hat. Das Waffenpaar hat einen gravierten Lauf mit facettierten Gravuren im Mündungsbereich. Das Steinschloss ist die typisch schottische Konstruktion, typisch ist auch der kugelförmige Abzug ohne Bügel. Beide Pistolen haben einen Schaft komplett aus Metall und sind reich graviert, der Griff hat die typische Form von Widderhörnern mit ovalen Intarsien aus Elfenbein auf beiden Seiten. Zwischen den Widderhörnern ist die Putznadel für das Zündloch verschraubt. Die beiden Pistolen sind mit einem Ladestock aus Metall ausgestattet.

Die Metallpistolen aus Schottland

Ab Mitte des 17. und in Teilen des 18. Jahrhunderts wurde in Schottland die Produktion von Waffen, die ganz aus Metall gefertigt waren, gepflegt. Sie bestanden aus Eisen, Bronze oder Messing und wurden teilweise auch vergoldet. Bei allen schottischen Waffen sind Lauf, Schaft und Griff aus einem Material gefertigt. Normalerweise wurden sie paarweise hergestellt, beide Waffen mit den Schlössern rechts, wie die hier abgebildeten. Aber in einigen Fällen hatte ein Pistolenpaar ein rechtes und ein linkes Schloss. Anfangs hatte der Knauf eine ovale Form oder die Form eines Fischschwanzes. Dann kam die ungewöhnliche Art in Form von Widderhörnern auf, wie bei den beiden hier abgebildeten Pistolen. Alle Abschlüsse der Griffstücke waren mit einer in der Mitte verschraubten Nadel ausgestattet, die zur Reinigung des Zündlochs diente. Um die Mitte des 18. Jahrhunderts wurden diese Pistolen Teil der Ausstattung der Männer des Royal Highland Regiments, die sie in Halftern trugen, die der Art der modernen Pistolentaschen entsprachen.

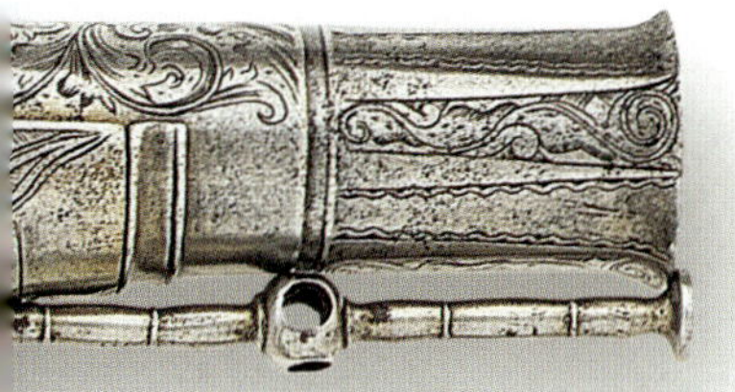

QUEEN ANNE AUS LONDON

Gesamtlänge: 180 mm	
Lauflänge: 55 mm	
Jahr: ca. 1700	
Schraubbarer Lauf	
Gewicht: 345 g	
Kaliber: 12,5 mm	

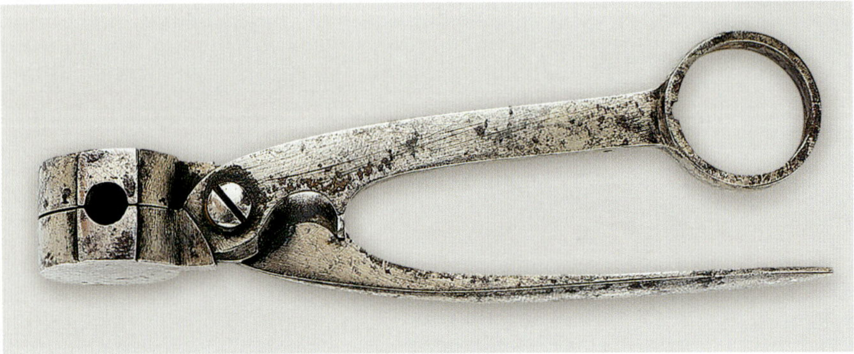

Dieses vielseitige Werkzeug (hier in der Originalgröße abgebildet) ist ein typischer Ladeschlüssel. Er wurde speziell für die abschraubbaren Läufe hergestellt.

Diese besondere Pistolenart nannte man „Queen Anne“, auch wenn sie noch nach dem Tode der englischen Königin 1714 hergestellt wurde. Die Waffe ist mit einem Holzgriff ausgestattet, der nur bis zum Feuerstahl reicht. Da diese Waffen normalerweise einen abschraubbaren Lauf hatten, konnte man auf den Ladestock verzichten. Der Lauf hat an der Mündung eine leichte Stauchung, die ihm die Form einer Kanone verleiht. Durch die besondere Konstruktion von Schloss und Lauf wirken diese Pistolen schlank und anmutig. Der Knauf mit seiner beträchtlichen Wölbung am Ende ist mit Messingblech beschlagen, der Abzug ist leicht gebogen und hat einen Bügel. Diese „Queen Anne“-Pistole ist signiert mit Winn Londini und ist ein typischer Halbhinterlader mit einem „box lock“-Kastenschloss.

MARINA IN BRONZE

Gesamtlänge: 210 mm	
Lauflänge: 100 mm	
Jahr: 1750	
Glatter Lauf	
Gewicht: 360 g	
Kaliber: 10 mm	

In der ersten Hälfte des 18. Jahrhunderts durchlebten Pistolen wie die „Queen Anne" eine radikale Wandlung. Der Hahn wurde von seiner seitlichen Position in die Mitte gesetzt. Als Konsequenz daraus kamen auch die Zündpfanne, der Feuerstahl und die Zündpfannenabdeckung in diese zentrale Position. Diese Lösung erschwerte es allerdings, ein Ziel ins Visier zu nehmen.

Diese von James Freeman in London hergestellte Pistole ist ein Beispiel dafür: geeignet für die Tasche, gefertigt aus Bronze, mit Hahn und Feuerstahl aus Eisen, Holzgriff mit dünnen silbernen Verzierungen, kanonenförmiger Lauf mit Mündungsschmuck und dem „box lock"-Kastenschloss. Diese aus Bronze hergestellten Waffen waren für den Gebrauch auf See vorgesehen, da sie den Vorteil hatten, dass sie nicht rosten konnten wie die aus Eisen.

BALKANPISTOLE AUS ALBANIEN

Gesamtlänge: 513 mm	
Lauflänge: 335 mm	
Jahr: 1817	
Glatter Lauf	
Gewicht: 1170 g	
Kaliber: 17 mm	

DAS STEINSCHLOSS DER BALKANPISTOLE

Der Schlossmechanismus der typischen Balkanpistole ist eine Variante des spanischen Miqueletschlosses. Es unterscheidet sich durch den Riegel (A), der den Hahn mit dem Feuerstahl (B) verbindet. Die äußere Hahnfeder wirkt auf den hinteren Hahnfuß (C).

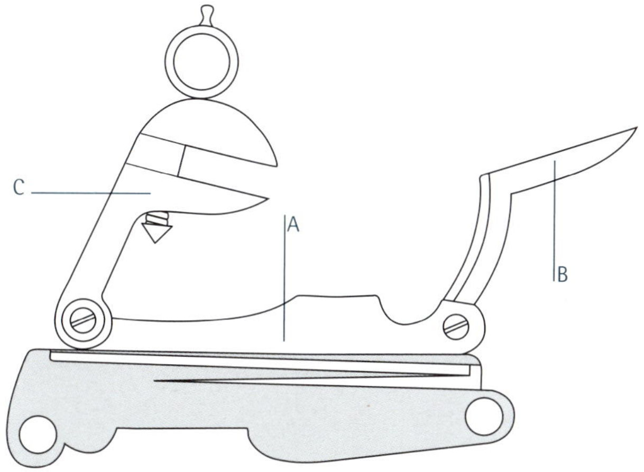

Diese ungewöhnliche Pistole mit Steinschloss wurde Anfang des 19. Jahrhunderts hergestellt und kommt aus dem Gebiet des heutigen Albanien, sie verbreitete sich aber über den gesamten Balkan und wurde deshalb auch Balkanpistole genannt. Diese Pistolen waren in der Regel mit Nachahmungen der europäischen Präzisionsschlösser, zum Beispiel des spanischen Miquelet-Schlosses, ausgestattet. Diese Waffen unterscheiden sich deutlich durch die Form, die Verzierungen und die Materialien von denen aus Italien, Deutschland und England. Das Griffstück der Waffe ist nur leicht angewinkelt und endet immer mit einer langgezogenen Knaufkugel. Der Abzug ist nach hinten gerichtet und wird durch einen halbovalen Abzugsbügel geschützt. Der Lauf der Balkanpistole wird mit einem Metallband im Schaft gehalten, der Ladestock ist in den meisten Fällen nur eine Attrappe. Den echten Ladestab aus Holz oder Metall hatte der Schütze um den Hals gehängt, eine Lösung, die schneller und müheloser in der Handhabung war.

KAUKASISCHE PISTOLE MIT LEDERGRIFF

Gesamtlänge: 535 mm	
Lauflänge: 400 mm	
Jahr: ca. 1800	
Glatter Lauf	
Gewicht: 920 g	
Kaliber: 18,5 mm	

Die abgebildete „Kaukasische Pistole" ist die typische Pistole, die um 1800 von den Kosaken benutzt wurde. Sie wurde hauptsächlich in der Region um Tula gebaut, ihre Verbreitung reichte jedoch bis in den nordpersischen Raum. Die Waffe ist ungewöhnlich schlank und lang, ihr Lauf wird von drei versilberten Messingbändern im Schaft gehalten. Bei vielen Pistolen dieser Art war der Schaft mit Silberbeschlägen verziert, die in der typischen Niellotechnik gefertigt waren. Die Silberschmiede in Tula waren berühmt für diese Technik der Oberflächenbehandlung des Silbers, bei der eine schwarze Schmelzmasse in die Rillen der Ziselierung eingebrannt wurde. Der lange Schaft der Kaukasischen Pistolen wurde aus Holz gefertigt, geht in einem scharfen Winkel in den Griff über und endete mit einer massiven Kugel, die am Griff angeschraubt war. Bei der abgebildeten Pistole ist der Griff mit Leder überzogen. Weitere Merkmale der Kaukasischen Pistole sind das Miquelet-Steinschloss und der knopfförmige Abzug ohne Abzugsbügel. Außerdem hat die Waffe keinen integrierten Ladestock. Die Kosaken des Kuban oder des Terek zum Beispiel führten zum Nachladen der Pistole kleine Behälter aus Silber mit, die mit Pulver und Kugeln gefüllt waren. Außer der Pistole gehörte noch ein langer Dolch, „Kindjal" genannt, zur Ausrüstung. Dieser Dolch besaß eine gerade Klinge mit doppelter Schneide und einen mit Leder überzogenen Griff. Die Länge des Dolches betrug etwa 30 bis 50 cm.

MORTIMER MIT ZÜNDLOCH AUS GOLD

Gesamtlänge: 360 mm	
Lauflänge: 233 mm	
Jahr: ca. 1790	
Glatter Lauf	
Gewicht: 840 g	
Kaliber: 16 mm	

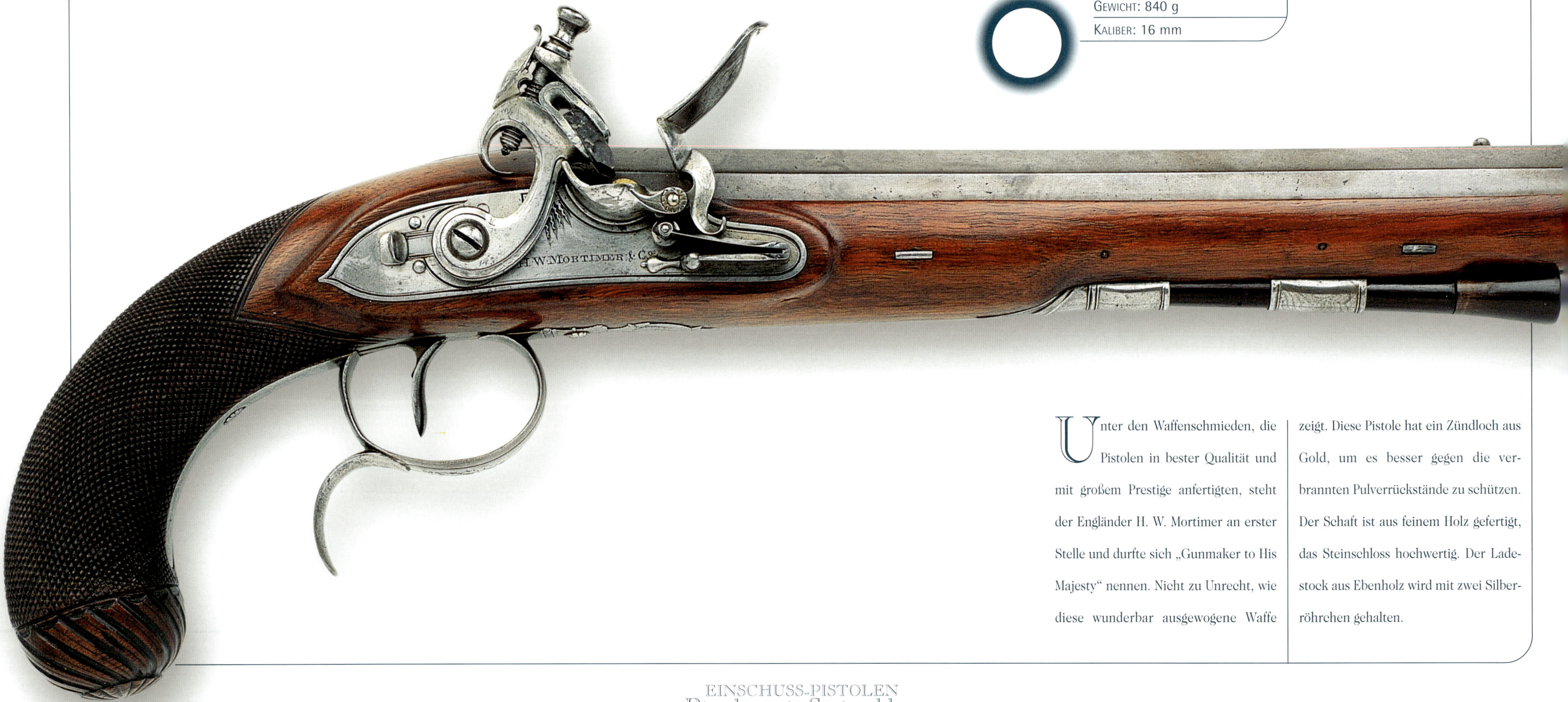

Unter den Waffenschmieden, die Pistolen in bester Qualität und mit großem Prestige anfertigten, steht der Engländer H. W. Mortimer an erster Stelle und durfte sich „Gunmaker to His Majesty“ nennen. Nicht zu Unrecht, wie diese wunderbar ausgewogene Waffe zeigt. Diese Pistole hat ein Zündloch aus Gold, um es besser gegen die verbrannten Pulverrückstände zu schützen. Der Schaft ist aus feinem Holz gefertigt, das Steinschloss hochwertig. Der Ladestock aus Ebenholz wird mit zwei Silberröhrchen gehalten.

ENGLISCHES POSAUNCHEN

GESAMTLÄNGE: 260 mm	
LAUFLÄNGE: 140 mm	
JAHR: ca. 1810	
Glatter Lauf	
GEWICHT: 400 g	
KALIBER: 13 mm	

Diese englische Waffe von anmutiger Form und eleganter Machart hat ein Kaliber von 13 mm mit einem Mündungsdurchmesser von 31 mm. Die kleine, posaunenförmige Pistole gehört zu den einläufigen Waffen, deren Konstruktionsprinzip sich aus der Überzeugung herleitete, mit einer weiten Mündung des Laufes die Schusswirkung zu verbessern. Die Idee der Waffenschmiede war, die Pistole mit mehreren Kügelchen, Metallstücken oder auch Nägeln zu laden, um dann durch die Streuung der Projektile beim Austritt aus dem Lauf das Ziel sicherer zu treffen. In Wirklichkeit hat sich dann sehr schnell gezeigt, dass diese Theorie keinerlei Wirkung hatte. Tatsächlich verfliegt die Kraft des Schusses und die Waffe hat nur eine geringe Wirkung. Der einzige wirkliche Vorteil ist, dass man die Waffe einfacher laden kann, da die weite Mündung diese Arbeit erleichtert.

TROMPETE DES MITTLEREN OSTENS

Mehr Eindruck als Kraft

Es gab viele Versuche, die Feuerkraft der Pistolen zu verstärken. Eine ursprüngliche Idee war, die Waffen mit vielen Bleikügelchen zu laden und den Lauf trompetenförmig zu bauen. Durch die enorme Streuung der Kügelchen beim Austritt aus dem Lauf erhoffte man sich eine hohe Treffsicherheit. So sollte auch jene Waffe funktionieren, die man „Posaune" nannte. Das Laufende der hier abgebildeten Pistole zeigt die übertriebenen Maße, die nach dem heutigen Ballistikwissen völlig nutzlos waren.
Unter den mittelgroßen und großen Posaunen findet man fein verarbeitete Exemplare. Tatsächlich waren diese Waffen in Persien und im Mittleren Osten sehr verbreitet.

Gesamtlänge: 450 mm
Lauflänge: 225 mm
Jahr: 1780
Glatter Lauf
Gewicht: 1720 g
Durchmesser der Mündung: 92 mm
Kaliber: 16 mm

Unter den mittelgroßen und großen Posaunen, noch mehr als unter den Posaunchen, findet man reich verzierte Beispiele. Im Gegensatz zu den allgemeinen Pistolen aus dieser Epoche, sind sie weniger perfektioniert, wie viele Posaunen aus französischer Herstellung, die für den östlichen Markt bestimmt waren. Tatsächlich war diese Waffenart in Persien und im Mittleren Osten sehr verbreitet. Das hier abgebildete Beispiel mit 16 mm Lauf und einem Mündungsdurchmesser von 92 mm, ist reich an jeder Stelle verziert und konnte mit Bleikügelchen geladen werden.

SÜDITALIENISCHE DI LEO CALCIO IMPERO

Gesamtlänge: 380 mm	
Lauflänge: 200 mm	
Jahr: 1840	
Glatter Lauf	
Gewicht: 750 g	
Kaliber: 18 mm	

Mit dieser Waffe, die zu einem Paar Reisepistolen gehört, betreten wir das Gebiet der Perkussionszündung, die zu den großen Erfindungen des 19. Jahrhunderts in der Waffenherstellung gehört. Die Pistole hat ein Perkussionsschloss, Schaft und Griff sind aus Holz gefertigt, der Knauf erinnert an die typisch französische Form im königlichen Stil. Im Knaufende ist ein Fach zur Aufbewahrung von Reservekugeln eingearbeitet. Die Pistole kommt aus Süditalien und ist eine Arbeit des Waffenschmieds Di Leo.

MARELLI MINIATUREN

GESAMTLÄNGE: 70 mm	
LAUFLÄNGE: 28 mm	
ZEITRAUM: zweite Hälfte des 19. Jahrh.	
Glatter Lauf	
GEWICHT: 20 g	
KALIBER: 4 mm	

Das Pistolenpaar wurde in einer feinen Schatulle geliefert. Beide Waffen haben einen abschraubbaren Lauf.

Diese wertvollen, perfekt funktionierenden Miniaturpistolen sind oberhalb des Griffs mit AG Marelli Milano signiert. Das war die Marke von Agostino Marelli, der zwischen 1851 und 1878 Lieferant der Real Casa war. Die beiden Waffen besitzen einen abschraubbaren Lauf mit Mündungsschmuck, reich graviert und in Gold tauschiert. Die Griffe sind aus Ebenholz gefertigt und enden mit vergoldeten Kappen. Die Perkussionsschlösser sind mit dem „box lock"-System ausgestattet, der Abzug kann in den Schaft geklappt werden.

PIETRO CALABRESI MIT HINTERLADER

Gesamtlänge: 405 mm
Lauflänge: 225 mm
Jahr: ca. 1845
Gezogener Lauf
Gewicht: 1000 g
Kaliber: 13 mm

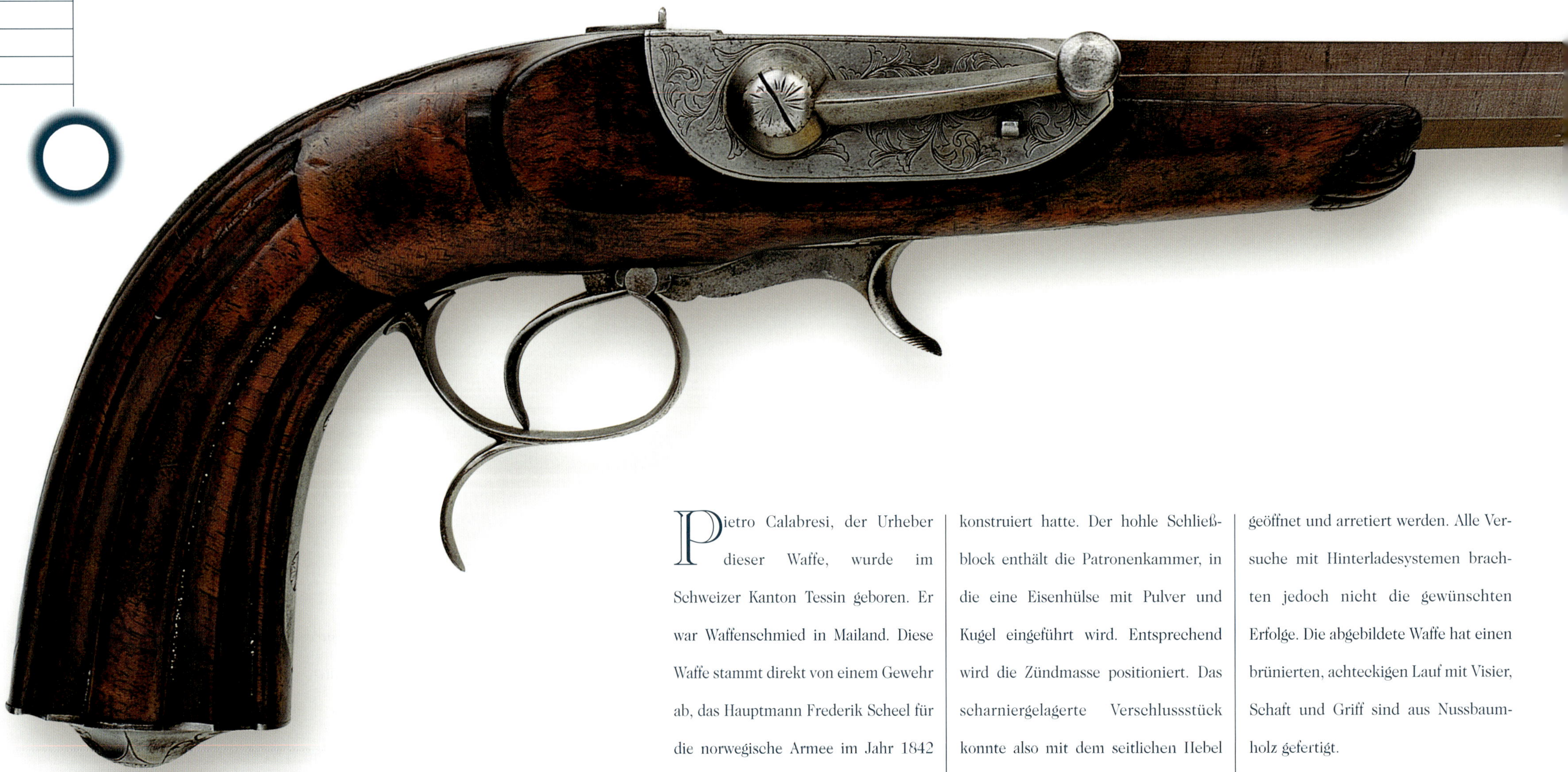

Pietro Calabresi, der Urheber dieser Waffe, wurde im Schweizer Kanton Tessin geboren. Er war Waffenschmied in Mailand. Diese Waffe stammt direkt von einem Gewehr ab, das Hauptmann Frederik Scheel für die norwegische Armee im Jahr 1842 konstruiert hatte. Der hohle Schließblock enthält die Patronenkammer, in die eine Eisenhülse mit Pulver und Kugel eingeführt wird. Entsprechend wird die Zündmasse positioniert. Das scharniergelagerte Verschlussstück konnte also mit dem seitlichen Hebel geöffnet und arretiert werden. Alle Versuche mit Hinterladesystemen brachten jedoch nicht die gewünschten Erfolge. Die abgebildete Waffe hat einen brünierten, achteckigen Lauf mit Visier, Schaft und Griff sind aus Nussbaumholz gefertigt.

Das Scheel-System

Um die Waffe zu laden, dreht man den rechten Hebel um 120° gegen den Uhrzeigersinn, um den Schießblock in vertikaler Position zu öffnen. Nach dem Einführen der Patrone und dem Positionieren der Zündkapsel dreht man den Hebel im Uhrzeigersinn nach vorn, bringt so den Schießblock in horizontale Position und lässt den kegelförmigen Teil des Schließblocks in den stumpfen, kegelförmigen Teil des Laufes einrasten. So erhält man einen sicheren Verschluss, der gasdicht ist.

DERINGER 1850

Gesamtlänger: 140 mm	
Lauflänge: 50 mm	
Jahr: ca. 1850	
Glatter Lauf	
Gewicht: 220 g	
Kaliber: 0,41" (10,41 mm)	

Diese abgebildete Pistole mit Perkussionszündung wurde etwa in der Mitte des 19. Jahrhunderts von dem Büchsenmacher Henry Deringer in Philadelphia in den USA gebaut. Deringer wurde durch den Bau von kleinen einschüssigen Taschenpistolen mit großem Kaliber bekannt. Man schätzt, dass er zwischen 1830 und 1868 ca. 15.000 Stück von diesen kleinen Waffen produziert hat, mit Läufen in verschiedenen Kalibern, aber hauptsächlich mit dem Kaliber 0.41" (das entspricht 10,41 mm).

Mit einer Waffe dieser Art wurde 1865, einige Tage nach dem Ende des Sezessionskriegs, US-Präsident Lincoln von J. W. Booth ermordet.

FRANZÖSISCHE MIT SEITLICHEM SCHLOSS

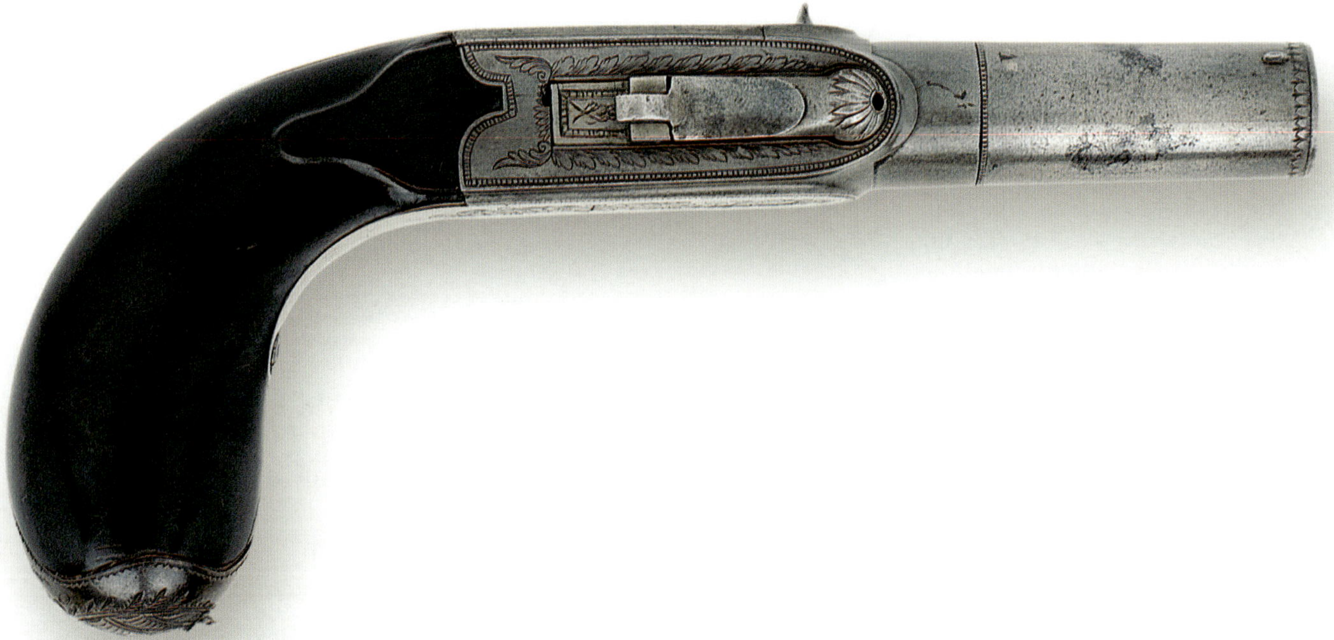

Gesamtlänge: 175 mm
Lauflänge: 43 mm
Jahr: 1830
Schraubbarer Lauf
Gewicht: 300 g
Kaliber: 13 mm

Dieses Pistolenpaar aus Frankreich wurde etwa in der ersten Hälfte des 19. Jahrhunderts hergestellt. Die beiden Waffen sind oberhalb des Laufes signiert mit dem Namenszug Le Lion Brevete a Paris. Sie haben eine technische Besonderheit: Wie man bei der zweiten Waffe besser sieht, sind die Schlösser in die rechte Seite des Schaftes eingebaut. Sie werden geladen, indem man das Schloss seitlich herausschwenkt. Die zwei Pistolen haben einen kurzen, runden Lauf mit einem kleinen Visier, der Abzug kann abgeklappt werden, die Metallteile sind graviert. Der Griff ist aus Ebenholz gefertigt, in ihm kann man einen Vorrat an Kugeln mitnehmen.

Die Ansicht von unten zeigt das schwenkbare Schloss und den hohlen Griff als Kugelreserve.

ENGLISCHE PISTOLEN BCP BIRMINGHAM

GESAMTLÄNGE: 175 mm	
LAUFLÄNGE: 75 mm	
JAHR: 1830	
Schraubbarer Lauf	
Glatter Lauf	
GEWICHT: 220 g	
KALIBER: 11 mm	

Dieses Pistolenpaar kommt aus England und wurde im frühen 19. Jahrhundert hergestellt. Die beiden Waffen haben ein Perkussionsschloss und sind sogenannte Halbhinterlader mit einem abschraubbaren Lauf. Die zwei Pistolen sind mit BCP Birmingham 1830 signiert. BCP Birmingham war die Bezeichnung einer Kontrolleinrichtung der Waffenschmiede. Dort wurden die Pistolen praktisch einer Materialprüfung unterzogen. Die Pistolen haben einen geriffelten Griff aus Holz, der Abzug konnte eingeklappt werden.

CONTRINER AUS WIEN

Gesamtlänge: 470 mm	
Lauflänge: 300 mm	
Zeitraum: erste Hälfte des 19. Jahrh.	
Gezogener Lauf	
Gewicht: 940 g	
Kaliber: 11 mm	

Dieses Pistolenpaar mit Perkussionsschloss kommt aus Österreich und wurde von Joseph Contriner gefertigt. Die beiden Waffen haben beachtliche Maße und sind Produkte eines großen Büchsenmachers, der in der ersten Hälfte des 19. Jahrhunderts mit seinem Vater Johann in Wien tätig war.

Die beiden Waffenschmiede waren ihrer Zeit weit voraus und entwickelten ein automatisches Verteilersystem für das Zündmittel, indem sie die ursprüngliche Idee des sogenannten drehbaren Flakons von Alexander Forsyth wieder aufnahmen und perfektionierten.

Diese zwei Waffen haben einen sechseckigen, ausgeschmiedeten und gezogenen Lauf mit Visier und einer

ovalen Goldpunze auf dem Schaft. Das Schloss ist reich mit Gravuren versehen, der Schaft ist aus Wurzelholz gefertigt, der Griff ist geriffelt und wird am Ende flach mit einem ausgestellten Sporn, um den Halt der Waffe beim Schuss zu verbessern. Die beiden Waffen sind mit einem doppelten „Schneller"-Abzug ausgestattet. Bei diesem Abzugssystem konnte man mit einer mikrometrischen Einstellschraube die Empfindlichkeit des Druckpunktes einstellen. Der große Abzugsbügel ist mit einer Fingerstütze ausgestattet.

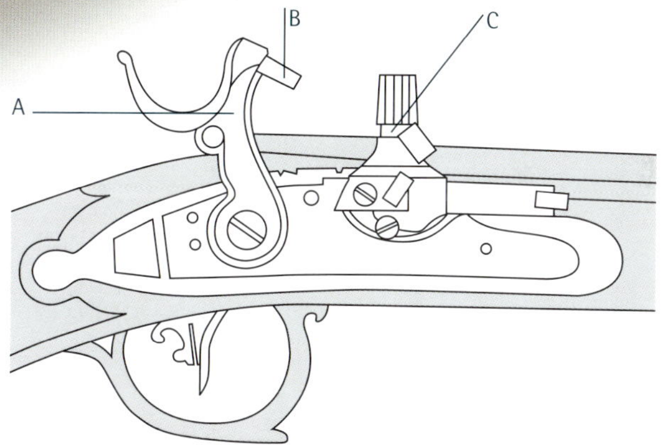

SYSTEM CONTRINER
Diese Zeichnung zeigt das System in dieser Waffe. Der Hahn (A) mit seinem Schlagbolzen (B) ist bereit, die Zündmasse in dem Behälter (C) zu entzünden.

KAVALLERIEPISTOLE CONSOLE

Das Foto zeigt deutlich die Besonderheiten des Systems von Console.

GESAMTLÄNGE: 435 mm	
LAUFLÄNGE: 262 mm	
JAHR: 1836	
Glatter Lauf	
GEWICHT: 1425 g	
KALIBER: 17,9 mm	

Der mailändische Waffenschmied und Erfinder Giuseppe Console präsentierte 1826 eine neue Perkussionszündung, die 10 Jahre später mit einigen Veränderungen von der Kavallerie der österreichisch-ungarischen Armee übernommen wurde. Consoles System ähnelte dem von Joseph Manton aus dem Jahr 1818. Der Unterschied war, dass bei dem englischen System der Hahn mit dem Schlagbolzen direkt auf ein Röhrchen mit Zündmasse im Zündloch niederschlug, während beim System von Console der Schlagbolzen auf einen Teller niederschlägt. Dieser Teller gibt den Schlag des Bolzens auf das Röhrchen mit Zündmasse weiter. Dieses System garantiert einen optimalen Schutz vor der Explosion der Zündmasse und vor den metallischen Bruchstücken, die bei der Zündung entstehen. Der größte Vorteil des Console-Systems jedoch ist, dass der Schussfall mit doppelter Schnelligkeit als beim Steinschloss fällt. Bei der hier abgebildeten Waffe kann man deutlich den originalen Hahn der Waffe sehen, in dessen Spannlaschen ein künstlicher Feuerstein geklemmt wurde, der jetzt als Schlagbolzen dient. Häufig wurde das Console-Patent zum Umbau der ursprünglichen Pistolen mit Steinschloss in Waffen mit Perkussionszündung verwendet.

PAULY

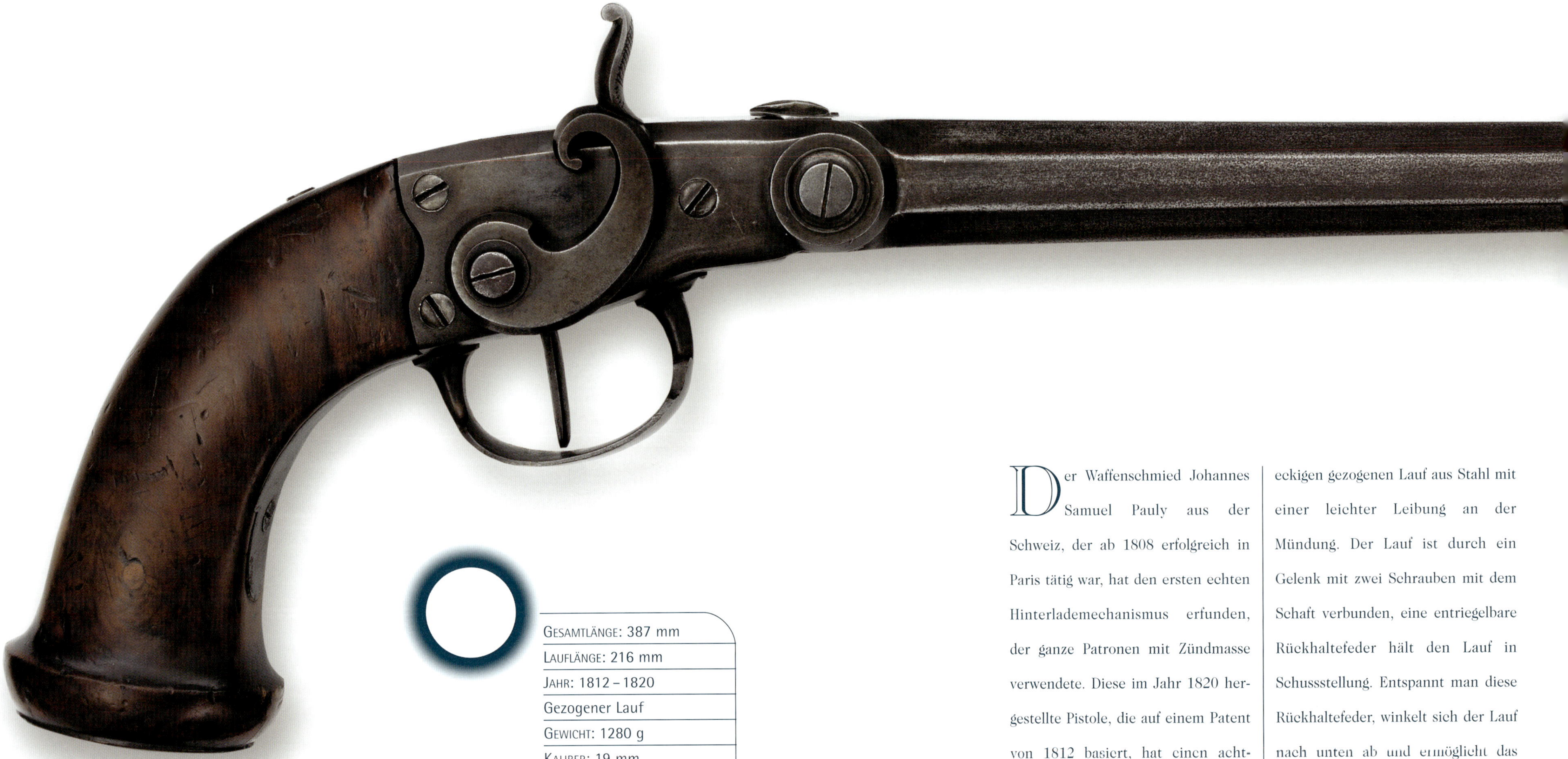

Gesamtlänge: 387 mm	
Lauflänge: 216 mm	
Jahr: 1812 – 1820	
Gezogener Lauf	
Gewicht: 1280 g	
Kaliber: 19 mm	

Der Waffenschmied Johannes Samuel Pauly aus der Schweiz, der ab 1808 erfolgreich in Paris tätig war, hat den ersten echten Hinterlademechanismus erfunden, der ganze Patronen mit Zündmasse verwendete. Diese im Jahr 1820 hergestellte Pistole, die auf einem Patent von 1812 basiert, hat einen achteckigen gezogenen Lauf aus Stahl mit einer leichter Leibung an der Mündung. Der Lauf ist durch ein Gelenk mit zwei Schrauben mit dem Schaft verbunden, eine entriegelbare Rückhaltefeder hält den Lauf in Schussstellung. Entspannt man diese Rückhaltefeder, winkelt sich der Lauf nach unten ab und ermöglicht das

sichere Einführen der Patrone. Diese frühe Patrone war aus dickem Papier gefertigt, sie besaß einen Boden aus Messing und war mit Pulver und dem Projektil gefüllt. Eine Wölbung im Messingboden ermöglichte die Positionierung der Zündmasse mit Wachs und eine gasdichte Verformung des Messingbodens beim Schuss. Mit dieser Pistole war es möglich, eine relativ schnelle Schussfolge abzugeben. Die schwere Waffe ist von ausgezeichneter Qualität, ihr Mechanismus ist ausgereift, sie hat einen schmucklosen Schaft aus Nussbaumholz.

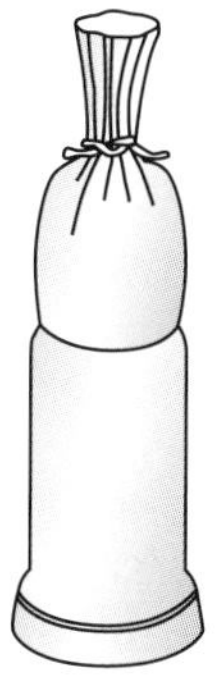

A. Verpackte Pauly-Patrone

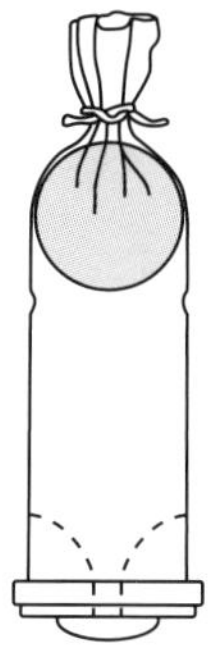

B. Diese Zeichnung zeigt die Positionierung der Zündmasse auf dem Boden, die gestrichelte Form zeigt die innere Verformung des Metallbodens beim Schuss.

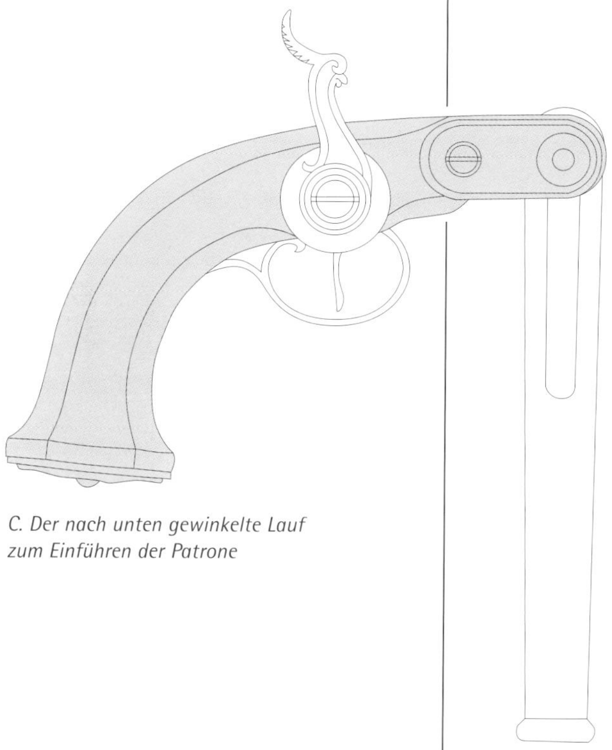

C. Der nach unten gewinkelte Lauf zum Einführen der Patrone

DER HINTERLADER UND DIE GANZE PATRONE

Das Hinterladesystem und die Patrone von Pauly waren zwei der wichtigsten Neuerungen in der Geschichte der tragbaren Waffen. Zum ersten mal waren Pulver, Kugel und Zündladung (Abb. A-B) in einer Patrone vereint und leicht durch den angewinkelten Lauf zu laden (Abb. C). Im Laufe einer Vorführung gelang es Pauly, 22 Schüsse in nur zwei Minuten abzugeben. Napoleon und der russische Kaiser waren an dem System sehr interessiert. Als die französische Regierung einen Preis für das beste Projekt ansetzte, den Pauly gewann, erhielt er als Ironie des Schicksals dennoch keinen Auftrag.

DREYSE FÜR NADELPATRONEN

Mit dieser Waffe befinden wir uns in der Gruppe der Pistolen mit Papierpatronen des Kufahl-Dreyse-Zündsystems. Diese Patrone mit Pulver und Kugel hat eine lange Zündnadel, die die Papierumwicklung durchschlägt und so die Zündmasse durch den Schlag zur Explosion bringt. Das Originalpatent von Nikolaus Dreyse wurde im Jahre 1838 perfektioniert. Die preußische Armee war von dem System so überzeugt, dass sie in großer Stückzahl Gewehre mit diesem Zündsystem kaufte. 1852 patentierte G. L. Kufahl in England eine sogenannte Posaunenpistole, die ein ähnliches Zündsystem benutzte. Als es ihm nicht gelang, diese Erfindung auf dem englischen Markt zu etablieren, setzte er sich mit Franz Dreyse, dem Sohn von Nikolaus

Gesamtlänge: 350 mm	
Lauflänge: 182 mm	
Jahr: ca. 1850	
Gezogener Lauf	
Gewicht: 1100 g	
Kaliber: 11,5 mm	

Dreyse, in Verbindung. Franz Dreyse produzierte diese Waffen dann von 1845 bis 1880. Der gleiche Dreyse baute auch die abgebildete Einschuss-pistole für Nadelpatronen mit schwenk-barem Lauf. Zu öffnen ist die Pistole durch einen langen Hebel, der unter dem Schaft angebracht ist. Auch diese Waffe konnte man schnell und einfach laden.

REMINGTON PARLOR

Gesamtlänge: 118 mm	
Lauflänge: 78 mm	
Jahr: 1860 – 1863	
Gezogener Lauf	
Gewicht: 140 g	
Kaliber: 4,5 mm	

Die amerikanische Firma Remington war beim Experimentieren mit kleinen Einschuss-Pistolen sehr erfolgreich und hat die hier abgebildete Waffe gebaut, die Remington Rider oder auch „Parlor Pistol“ genannt wurde. Es handelt sich um eine Einschusspistole, geladen wurde sie vom Schaft aus. In den Jahren zwischen 1860 und 1863 wurden etwa 1000 Exemplare dieser kleinen Waffe hergestellt.

Bei dieser Pistole besteht die Patrone aus einem Metallröhrchen mit Pulver, Kugel und Zündmasse. Eine kleine schlichte Waffe, wie geschaffen für die Tasche.

REMINGTON WEST POCKET

Gesamtlänge: 106 mm	
Lauflänge: 44 mm	
Zeitraum: 1865 – 1888	
Gezogener Lauf	
Gewicht: 110 g	
Kaliber: 0,32" RF (7,65 mm)	

Diese Pistole von William H. Elliot war eine sehr erfolgreiche Waffe, die in 35.000 Exemplaren hergestellt wurde. Sie ist sehr kompakt und mit einem ungewöhnlich geformten Hahn ausgestattet. Die Pistole ist klein und schmucklos, aber effizient. Abhängig von der Version, konnte sie Projektile vom Kaliber 5,6 mm bis zum Kaliber 10,4 mm verschießen. Die Signatur „RF" neben der Kalibergröße bei dieser Pistole bedeutet, dass es sich um eine konventionelle Waffe mit dem Kaliber 0.32" handelt.

Die Remington und „Rolling Block"-System

Die Remington Arms Company (früher Remington & Sohn) wurde 1816 in Illinois im Staat New York von Eliphalet Remington gegründet und begann mit der Produktion von Läufen. Der Erfolg der Firma setzte jedoch erst 1845 mit den ersten militärischen Aufträgen ein. 1855 tat sich der Inhaber mit seinen Kindern Philo, Samuel und Eliphalet junior zusammen und in den darauf folgenden zwei Jahren sicherte er sich die Patente eines alten Mitarbeiters, Fordyce Beals, die die Grundlage für die zukünftigen Revolver mit geschlossenem Gestell waren und die sich mit außergewöhnlichem Erfolg produzieren ließen. Bis 1888 gab es davon mehr als 15 Versionen. 1859 stellten die Remingtons William Elliot, der für seine Deringer bekannt war, und Joseph Rider, der 1865 Leiter der Firma wurde, ein. Die im Jahr 1865 eingeführte Pistole mit dem „rolling block"-System blieb bis 1909 in Produktion. Das war eine extrem solide Einschuss-Pistole und wegen ihres großen Kalibers (0.50", entspricht 12,7 mm), hatte sie eine große Schusskraft. Der Erfolg dieser Waffe, deren Patent von Leonard M. Geiger erlangt wurde, ist einfach zu erklären: Sie wich nicht von ihrem einfachen aber verlässlichen Konzept ab und sie war von einer legendären Robustheit. In mehr als 40 Jahren (von 1866 bis 1909) produzierte die Firma Remington zahlreiche Modelle, vor allem mit dem Kaliber 0.50" (wie die Navy 1865, die Navy 1867, Army 1871), aber auch mit dem Kaliber 0.22" (wie die Target 1891 und die Target 1901). Dieses System wurde auch bei der Produktion von Gewehren oft angewendet; außerdem wurde es als Lizenz der „Nagant" gewährt, die als eine doppelläufige Pistole mit „rolling block"-System für Auftraggeber in Belgien und Russland produzierte wurde.

REMINGTON NAVY ROLLING BLOCK

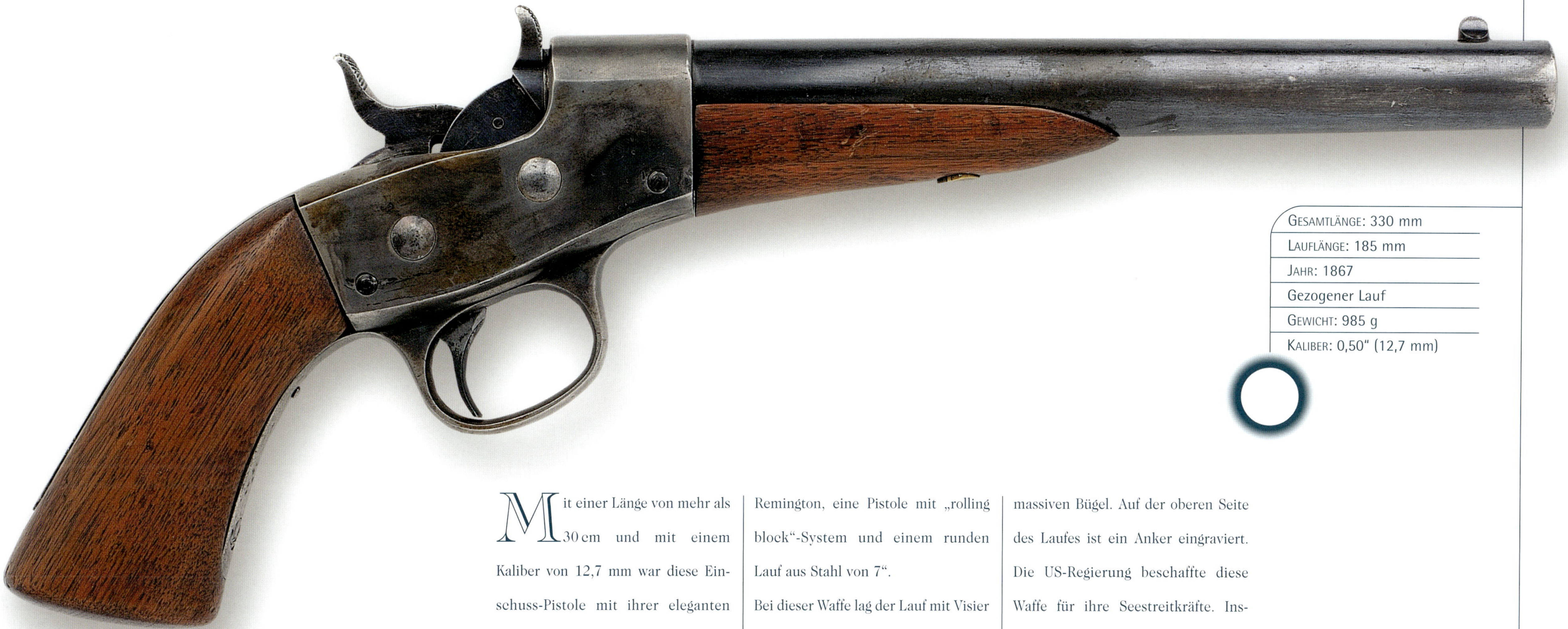

Gesamtlänge: 330 mm	
Lauflänge: 185 mm	
Jahr: 1867	
Gezogener Lauf	
Gewicht: 985 g	
Kaliber: 0,50" (12,7 mm)	

Mit einer Länge von mehr als 30 cm und mit einem Kaliber von 12,7 mm war diese Einschuss-Pistole mit ihrer eleganten Linie eine beachtliche Waffe für diese Zeit. Es handelt sich dabei um das Modell 1867 Navy der Firma Remington, eine Pistole mit „rolling block"-System und einem runden Lauf aus Stahl von 7".

Bei dieser Waffe lag der Lauf mit Visier in einem Schaft aus Holz, der Beschlag ist aus Stahl gefertigt, die Waffe hat einen langen Abzug mit einem massiven Bügel. Auf der oberen Seite des Laufes ist ein Anker eingraviert. Die US-Regierung beschaffte diese Waffe für ihre Seestreitkräfte. Insgesamt wurden von dem Modell „Navy" etwa 6500 Exemplare produziert.

BALKANPISTOLE MIT MARTINI-SYSTEM

GESAMTLÄNGE: 225 mm	
LAUFLÄNGE: 125 mm	
JAHR: 1880	
Glatter Lauf	
GEWICHT: 850 g	
KALIBER: 12 mm	

Diese einläufige Pistole ist ausgestattet mit dem sogenannten „Martini“-System. Die Waffe ist also ein einschüssiger Hinterlader mit Fallblockverschluss. Der Verschluss kann mit dem langen Hebel unterhalb der Waffe betätigt werden. Dieser Verschlusstyp wurde auch bei der Herstellung von Gewehren verwendet, Waffenschmiede in Südosteuropa übernahmen dann das „Martini“-System für die Herstellung von Pistolen. Heute ist das System noch bei Jagdgewehren zu finden, die in Österreich und der Schweiz hergestellt werden. Die abgebildete Waffe hat einen brünierten Eisenlauf, der Schaft ist aus Holz gefertigt, ebenso der Griff. Die Messingbeschläge sind fein graviert.

MOORE NO. 1 DERINGER UND NATIONAL ARMS NO. 2 DERINGER

Gesamtlänge: 125 mm
Lauflänge: 62,5 mm
Zeitraum: 1860 – 1865
Gezogener Lauf
Gewicht: 320 g
Kaliber: 0,41" (10,41 mm)

National Arms No. 2 Deringer

Gesamtlänge: 125 mm
Lauflänge: 62,5 mm
Zeitraum: 1865 – 1870
Gezogener Lauf
Gewicht: 320 g
Kaliber: 0,41"

Moore No. 1 Deringer

Auf dem Gebiet der Einschuss-Waffen wagten sich einige Hersteller in den USA an die Produktion von kleinen Waffen heran. Unter den ersten war die Moore's Patent Firearms Co. aus Brooklyn, New York. Sie produzierte die einschüssige No. 1 Deringer von 1860 bis 1865. Die Firma stellte etwa 5000 Stück dieser Pistolenart her. Die Waffe wurde komplett aus Metall gefertigt, fein graviert am Lauf und am Griff. Sie war eine der ersten kleinen Taschenpistolen mit großem Kaliber, die mit Metallpatronen schießen konnte. Der allgemeine Begriff „Deringer" stammt vom gleichnamigen nordamerikanischen Hersteller, der spezialisiert war auf diese Pistolenart und bis 1830 in Philadelphia Waffen produzierte (siehe Seite 91). Die National Arms Co. baute und verkaufte zwischen 1865 und 1870 weit über 5000 Stück des Modells „Single Shot No. 2 Deringer". Sie wurde in zahlreichen Varianten hergestellt. Die Konstruktion und das Profil dieser kleinen Waffe waren ähnlich wie bei der No. 1.

COLT NO. 1 DERINGER

Gesamtlänge: 125 mm
Lauflänge: 62,5 mm
Zeitraum: 1870 – 1890
Gezogener Lauf
Gewicht: 280 g
Kaliber: 0,41" (10,41 mm)

Als die Colt Company die National Arms gekauft hatte, setzte sie die Produktion von kleinen Einschuss-Pistolen mit großem Kaliber unter dem eigenen Namen fort. Besonders erfolgreich war das Modell Colt First Modell Deringer. Diese leichte Waffe blieb in den Jahren 1870 bis 1890 in Produktion und wurde insgesamt etwa 6500 mal hergestellt und verkauft. Die beiden hier abgebildeten Pistolen sind technisch vollkommen identisch, sie unterscheiden sich lediglich durch die Gravuren der Griffe und das auch nur im Detail. In den Vereinigten Staaten wurde die Deringer zu einer der gefragtesten Waffen. Sie war leicht, zuverlässig und man konnte sie unbemerkt tragen.

COLT NO. 2 DERINGER

Gesamtlänge: 120 mm	
Lauflänge: 62,5 mm	
Zeitraum: 1870 – 1890	
Gezogenerer Lauf	
Gewicht: 200 g	
Kaliber: 0,41"	

Die zweite von der Colt Company produzierte Deringer war noch leichter als die No. 2. Sie hatte die gleiche Form und die gleichen technischen Merkmale. Nur äußerlich war die Waffe etwas hochwertiger ausgestattet, zum Beispiel mit einem Holzgriff. Die Waffe wurde auch in einer vergoldeten Ausführung angeboten. Diese kleinen Pistolen waren auch in der Damenwelt durchaus verbreitet, weil man sie in der Tasche tragen oder ins Strumpfband stecken konnte.

COLT NO. 3 DERINGER

Gesamtlänge: 120 mm	
Lauflänge: 62,5 mm	
Zeitraum: 1875 – 1910	
Gezogener Lauf	
Gewicht: 200 g	
Kaliber: 0,41" (10,41 mm)	

Die Third Model, auch „Thuer" genannt, war die letzte produzierte Deringer der Firma Colt. Sie besaß einen seitlich schwenkbaren, brünierten Lauf, einen Holzgriff und ein Messinggestell. Diese Pistole wurde von 1875 bis 1910 produziert und etwa 45.000 mal verkauft. Die Waffe hatte einen kurzen Lauf, die Austrittsgeschwindigkeit der Kugel war nicht sehr hoch. Diese Waffe konnte nur auf einer kurzen Distanz gefährlich werden.

Die Pistolen wurden immer präziser und effizienter und das umständliche Nachladen der Waffen wurde ein immer größeres Problem. Um diese Schwierigkeiten zu überwinden, probierte man zwei verschiedene Wege aus: Der erste Weg war, den einen Lauf mit mehreren Schüssen zu laden, wie bei denen in diesem Kapitel gezeigten Waffen. Der zweite Weg war, die Pistole mit mehreren rotierenden Läufen auszustatten, was man im nächsten Kapitel sehen kann.

Die ersten und naiven Versuche, noch aus dem 16. Jahrhundert, bestanden darin, dass man mehrere Zündladungen, also Kugel und Pulver, hintereinander in den Lauf einführte, um sie dann in umgekehrter Reihenfolge zu zünden. Eine abenteuerliche und unsichere Angelegenheit. Zwischen dem 17. und 18. Jahrhundert wurden andere einfallsreiche und technisch ausgefeilte Systeme ausprobiert, die mit mehreren mit Pulver und Kugeln geladenen Läufen arbeiteten. Durch ausgefallene Mechanismen konnte man so das Laden der Waffe zwar nicht vereinfachen, aber die Schussfolge beschleunigen. Ein Ladesystem erwies sich dann als wirklich brauchbar jedoch nur für die ersten Papierpatronen. Aber nun befinden wir uns schon im 19. Jahrhundert und ein neuer, revolutionärer Mechanismus, der noch effizienter arbeitet, ist gerade dabei sich zu behaupten: die drehbare Trommel.

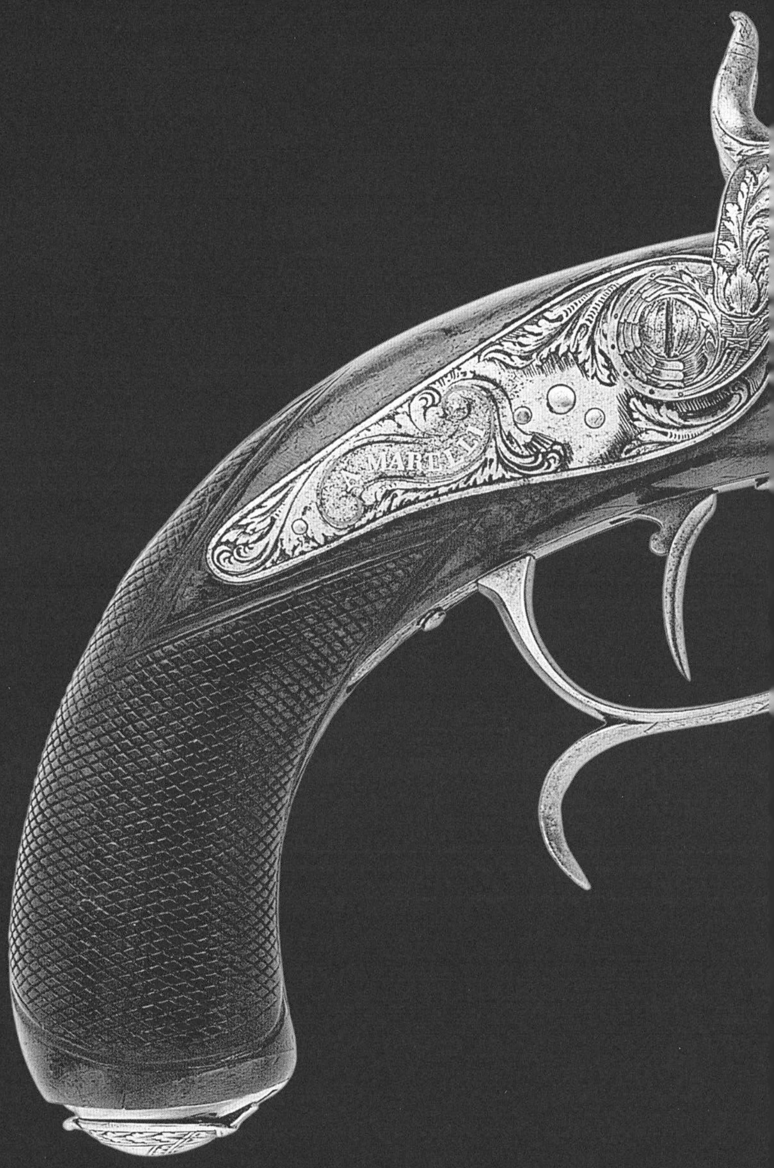

EINLÄUFIGE MEHRSCHUSS-PISTOLEN

DEUTSCHE PISTOLE MIT DREI RADSCHLÖSSERN

Gesamtlänge:	650 mm
Lauflänge:	404 mm
Jahr:	1565 – 1570
Mit drei übereinander liegenden Ladungen	
Gewicht:	2970 g
Kaliber:	12,5 mm

Gegen Mitte des 16. Jahrhunderts wurde diese ungewöhnlich große und schwere Pistole mit drei Radschlössern ausprobiert. Die hier abgebildete Waffe kann hintereinander drei Ladungen mit Pulver und Kugeln aufnehmen und ist mit drei Radschlössern ausgestattet, ein Radschloss auf der linken, die beiden anderen hier sichtbar auf der rechten Seite. Von dem linken Schloss ist nur die Spitze des Hahns zu sehen. Alle drei Radschlösser konnten durch den einen Abzug gezündet werden und zwar in der Folge rechts, links, rechts. Die Waffe hat einen sechseckigen Lauf, der Schaft ist aus Holz gefertigt. Die Schlösser sind schlicht gehalten, die Hähne sind verziert, der Knauf endet mit einem flachen Messingbeschlag. Die mächtige Waffe hat einen Abzug mit Bügel, der Ladestock ist aus Eisen.

BERSELLI 1680

Gesamtlänge:	560 mm
Lauflänge:	295 mm
Jahr:	1680
Mit Behälter für acht Schüsse	
Glatter Lauf	
Gewicht:	1150 g
Kaliber:	12 mm

Diese Pistole mit Steinschloss aus dem späten 17. Jahrhundert ist eine frühe Repetierpistole, sie ist technisch sehr interessant. Die Waffe basiert auf einem Ladesystem von Lorenzoni und wurde von Francesco Berselli hergestellt. Die Pistole hat ein graviertes Steinschloss, gut sichtbar ist der ungewöhnliche Repetiermechanismus, der auf der nächsten Seite erklärt wird. Die Waffe besitzt einen Schaft aus Nussbaumholz, der auch die beiden Kanäle für die Kugeln und das Pulver aufnimmt. Gefüllt werden die beiden Kanäle durch die Knaufkappe. Innen sind die Kanäle gekennzeichnet mit den Buchstaben „P“ für Polvere (Pulver) und „B“ für Balle (Kugeln). Die schöne Waffe hat einen erst eckigen, dann runden Lauf mit Visier. Die Knaufkappe ist abnehmbar zum Laden der beiden Kanäle für Pulver und Kugeln. Der Abzug ist leicht nach innen gerollt und hat einen massiven Abzugsbügel.

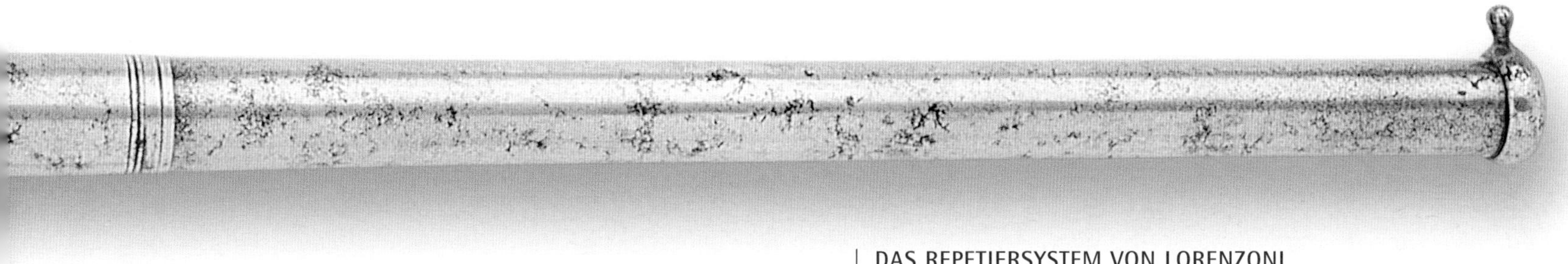

DAS REPETIERSYSTEM VON LORENZONI

In der ersten vertikalen Position (A) nimmt der Rotor die Kugel und die Pulverdosis in die dafür bestimmte Kammer auf. Dreht man den Rotor in horizontaler Lage der Waffe weiter, bringt er zunächst die Kugel (B) und dann das Pulver (C) in Position. Durch diese Bewegung wird übrigens auch der Hahn gespannt. Nach dem Schuss wiederholt man den Vorgang für die nachfolgenden Schüsse.

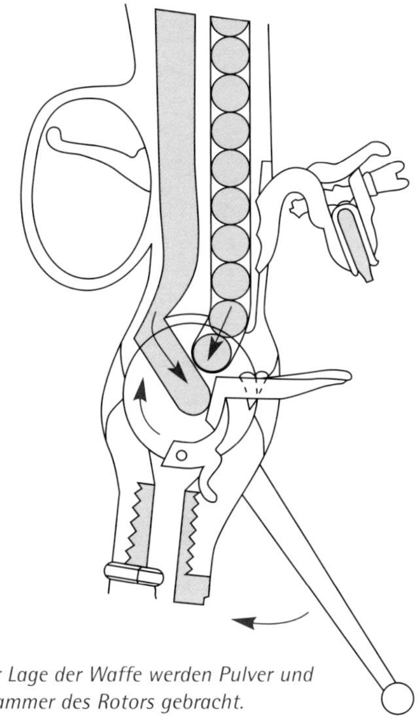

A. In vertikaler Lage der Waffe werden Pulver und Kugel in die Kammer des Rotors gebracht.

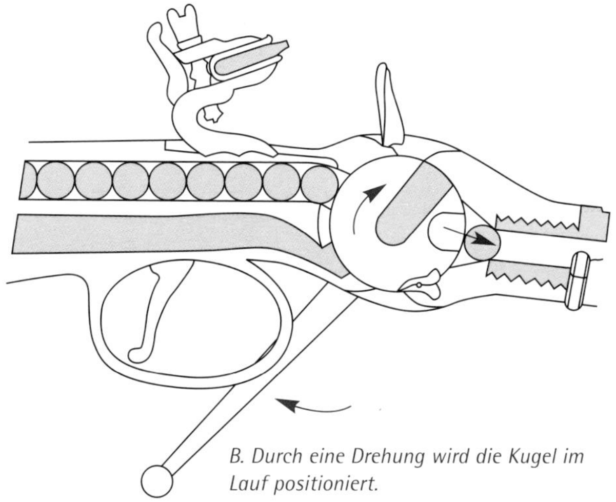

B. Durch eine Drehung wird die Kugel im Lauf positioniert.

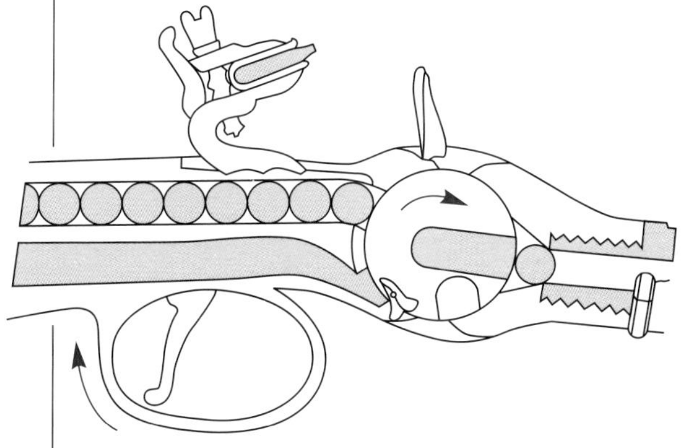

C. Durch eine weitere Drehung wird das Pulver in Position gebracht.

BUNNEY '700

Gesamtlänge: 360 mm	
Lauflänge: 140 mm	
Zeitraum: zweite Hälfte des 18. Jahrh.	
Glatter Lauf	
Behälter mit acht Schüssen	
Gewicht: 1230 g	
Kaliber: 13 mm	

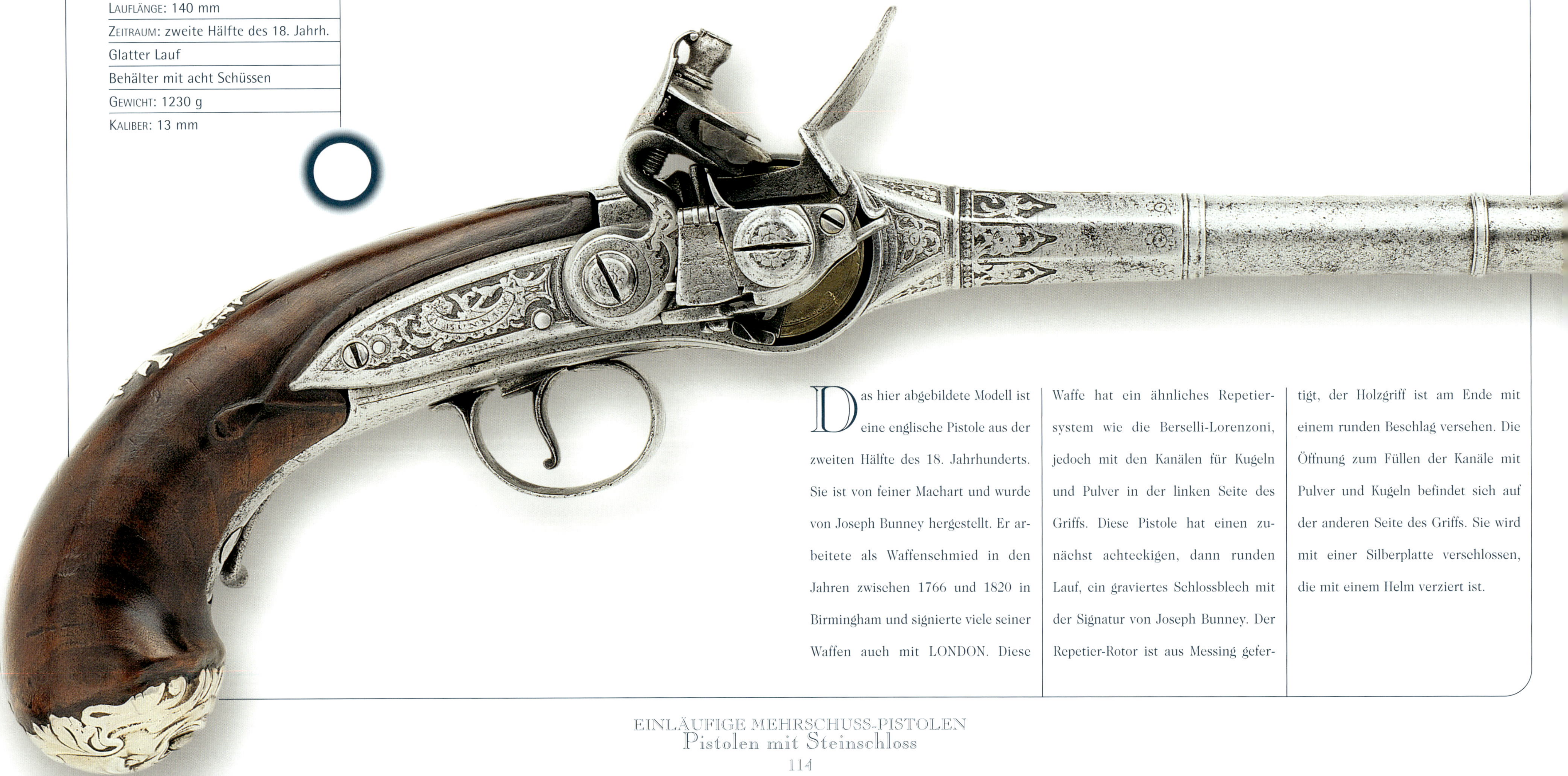

Das hier abgebildete Modell ist eine englische Pistole aus der zweiten Hälfte des 18. Jahrhunderts. Sie ist von feiner Machart und wurde von Joseph Bunney hergestellt. Er arbeitete als Waffenschmied in den Jahren zwischen 1766 und 1820 in Birmingham und signierte viele seiner Waffen auch mit LONDON. Diese Waffe hat ein ähnliches Repetiersystem wie die Berselli-Lorenzoni, jedoch mit den Kanälen für Kugeln und Pulver in der linken Seite des Griffs. Diese Pistole hat einen zunächst achteckigen, dann runden Lauf, ein graviertes Schlossblech mit der Signatur von Joseph Bunney. Der Repetier-Rotor ist aus Messing gefertigt, der Holzgriff ist am Ende mit einem runden Beschlag versehen. Die Öffnung zum Füllen der Kanäle mit Pulver und Kugeln befindet sich auf der anderen Seite des Griffs. Sie wird mit einer Silberplatte verschlossen, die mit einem Helm verziert ist.

MARELLI MIT ZWEI ZÜNDLADUNGEN

Gesamtlänge: 320 mm
Lauflänge: 180 mm
Jahr: 1850
Glatter Lauf
Gesicht: 820 g
Kaliber: 15 mm

Diese seltene Pistole wurde konstruiert, um zwei hintereinander liegende Ladungen, also Pulver, Kugel, Pulver, Kugel, in einem Lauf abzufeuern. Die Waffe mit Perkussionszündung wird entsprechend von vorne geladen, gezündet werden die Ladungen mit zwei Schlaghähnen und durch zwei unterschiedlich lange Zündkanäle. Diese Pistole hat einen achteckigen Lauf mit Visier aus Eisen, der brüniert wurde. Schlösser und Hähne sind fein graviert, die Signatur A. Marelli ist auf beiden Seiten der Waffe angebracht. Die Pistole hat einen klassischen Abzug mit einem Abzugsbügel, der wiederum mit einer Fingerstütze versehen ist. Der Pistolengriff ist aus Nussbaumholz mit einem Abschlussblech aus Messing. In einer Kammer des Griffs können Reservekugeln untergebracht werden.

VOLCANIC 3 1/2"

Gesamtlänge: 232 mm	
Lauflänge: 93 mm	
Jahr: 1857 – 1860	
Gezogener Lauf	
Patronenkammer unter dem Lauf	
Gewicht: 660 g	
Kaliber: 0,30" (7,62 mm)	

Neben Pistolen mit einem Lauf von 6" produzierte die Firma Volcanic in den Jahren zwischen 1855 und 1857 Waffen, die das gleiche Repetiersystem hatten, etwa diese sechsschüssige Lever Action No. 1 Pocket Pistole mit einem Lauf von 3 ½". Es war die Lever Action No. 2 Navy Pistole mit einem Lauf von 8", die auch in diesem Buch vorgestellt wird. Außerdem entwickelte Volcanic mehrere Karabiner mit Läufen von bis zu 25" Länge, von denen dann die weltberühmte Winchester abgeleitet wurde.

Diese Waffen waren genauer gesagt Unterhebel-Repetierpistolen. Das Rohrmagazin war mit sechs oder acht Geschossen bestückt und lag parallel unterhalb des Laufes. Die Geschosse waren mit einen Messingfolie versehen, die auch den Zündsatz abdichtete, sie wurden vom Schlagbolzen durchstoßen und dann ausgeworfen.

VOLCANIC 6"

Gesamtlänge: 300 mm
Lauflänge: 160 mm
Gezogener Lauf
Patronenkammer unter dem Lauf
Gewicht: 1200 g
Kaliber: 0,38" (9,65 mm)

Mit den Waffen auf diesen und auf den nächsten Seiten kommen wir zu den frühen Repetierpistolen, die schon ein Magazin hatten, aber noch nicht die Rückstoßkraft für den nächsten Schuss ausnutzen konnten. 1854 hatten H. Smith und D. B. Wesson das Patent einer Waffe mit „Hebeltätigkeit und Behälter unter dem Lauf" hinterlegt. Diese Patentschrift skizzierte zunächst nur die Grundlagen für die Repetierwaffen. Von diesen Waffen mit einem Lauf von 4" wurden in den Jahren 1854 bis 1855 etwa 1000 Stück produziert. Die schwere Pistole der Volcanic Repeating Arms Company wurde in der Mitte des 19. Jahrhundert in zahlreichen Versionen hergestellt, so auch diese Pistole mit einem Rohrmagazin für acht Patronen unter dem achteckigen Lauf von 6" Länge. Die Waffe hat einen gebläuten Lauf, das Mittelteil ist aus graviertem Messing gefertigt und der Griff besteht aus Holz.

VOLCANIC REPEATING ARMS 8"

Die Funktionsweise der Volcanic ist bis ins kleinste Detail in der Reproduktion der Patentzeichnung von Smith & Wesson aus dem Jahr 1854 zu sehen.

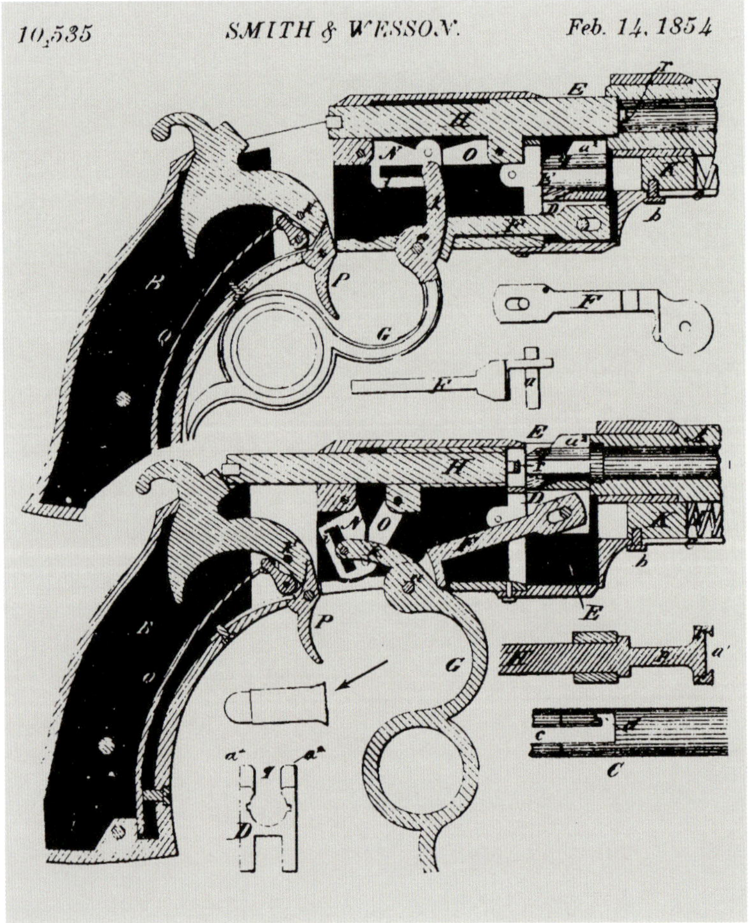

Gesamtlänge:	400 mm
Lauflänge:	200 mm
Jahr:	1855 – 1857
Gezogener Lauf	
Patronenkammer unter dem Lauf	
Gewicht:	2300 g
Kaliber:	0,38" (9,65 mm)

Die hier abgebildete und mit The Volcanic Repeating Arms Co. signierte Waffe ist vom Kaliber 0.38“ mit einem Lauf von 8“ Länge. Die Pistole hat einen eckigen Lauf, darunter liegt das Rohrmagazin, das Mittelteil ist aus Messing, der Griff ist aus einfachem Holz gefertigt. Diese Pistole und andere Exemplare der Modellfamilie wurden mit der gleichen Mechanik gebaut, aber mit verschiedenen äußeren Details angeboten. Man fand sie mit fein gravierten Mittelteilen aus Messing, mit Beschlägen aus Silber, mit mehr oder weniger verzierten Griffen aus Rosenholz, aus Nussbaumwurzelholz oder gar aus Elfenbein.

Diese Zehnschuss-Pistole ist eine der großen und schweren Pistolen aus der bewegten und interessanten Geschichte der Volcanic. Die Waffen wurden zwischen den Jahren 1855 und 1857 gebaut, man konnte aber nur 3000 Stück von ihnen verkaufen. Tatsächlich war die Funktion der Pistole nicht so zufriedenstellend wie erwartet und wie die Werbung in dieser Zeit versprach. Trotz des finanziellen Engagements von Oliver Winchester, der Präsident der Firma Volcanic wurde, ging die Firma in Konkurs. Aus den Resten des Unternehmens wurde dann die neue New Haven Arms Company gegründet.

VENDITTI MIT DREI MAGAZINEN

Gesamtlänge: 320 mm
Lauflänge: 178 mm
Jahr: 1875
Gezogener Lauf
Drei Patronenkammern mit insg. 25 Schüssen
Gewicht: 840 g
Kaliber: 0,41" (10,41 mm)

Im Jahr 1875 hinterlegte der italienische Handwerker Pietro Venditti, geboren in Cerreto Sannita (Benevento) und mit einer Werkstatt in Lancusi (Neapel), ein Patent für eine Waffe, die der Volcanic ähnelt. Diese Pistole hatte aber einen Vorrat von 26 Patronen. Eine Patrone war im Lauf, neun befanden sich in dem Rohrmagazin unter dem Lauf und je acht Patronen waren in einem Rohrmagazin links und rechts am Lauf untergebracht. Die auch „Venditti primo modello“ genannte Waffe verschoss Patronen mit einer Länge von 14 mm. Die abgebildete Pistole ist aus Eisen gefertigt, sie hat ein Mittelteil aus Messing und Eisen, die Griffwangen sind aus geriffeltem Holz, sie werden durch eine Schraube in der Mitte gehalten.

VENDITTI MIT EINEM MAGAZIN

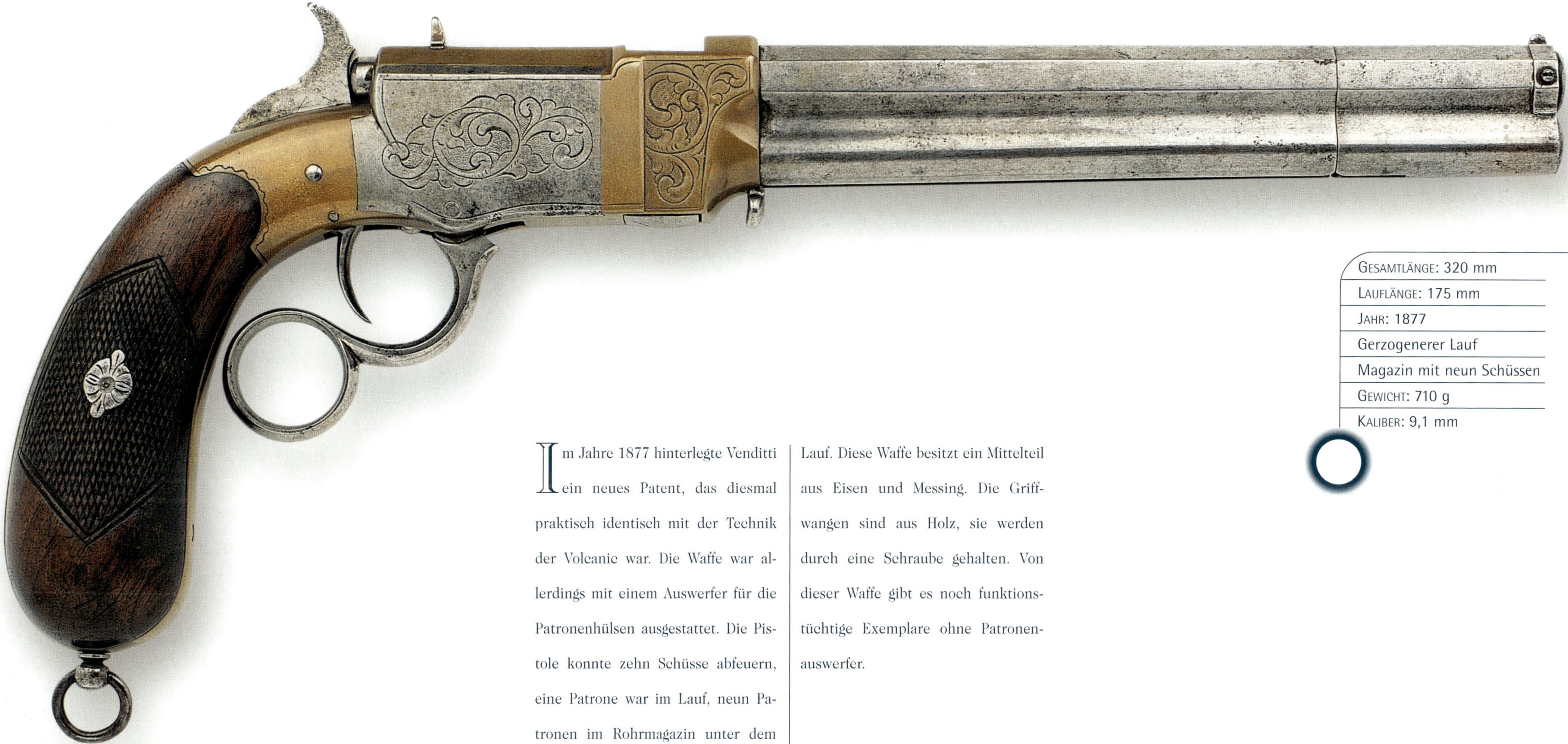

Gesamtlänge: 320 mm	
Lauflänge: 175 mm	
Jahr: 1877	
Gerzogenerer Lauf	
Magazin mit neun Schüssen	
Gewicht: 710 g	
Kaliber: 9,1 mm	

Im Jahre 1877 hinterlegte Venditti ein neues Patent, das diesmal praktisch identisch mit der Technik der Volcanic war. Die Waffe war allerdings mit einem Auswerfer für die Patronenhülsen ausgestattet. Die Pistole konnte zehn Schüsse abfeuern, eine Patrone war im Lauf, neun Patronen im Rohrmagazin unter dem Lauf. Diese Waffe besitzt ein Mittelteil aus Eisen und Messing. Die Griffwangen sind aus Holz, sie werden durch eine Schraube gehalten. Von dieser Waffe gibt es noch funktionstüchtige Exemplare ohne Patronenauswerfer.

Die in diesem Kapitel vorgestellten Modelle sind die Antwort auf die Notwendigkeit, die Feuerkraft zu verstärken, indem man die Waffe mit zwei oder mehr Läufen ausstattete und die Munition so einlegte, dass einer nach dem anderen bereit für den Schuss war. Schon im 16. Jahrhundert wurden die ersten Pistolen mit Luntenschloss und Radschloss mit zwei oder drei Läufen hergestellt, doch diese Typologie wurde bei den Waffen mit Steinschloss noch reicher und verschiedener. Letztere hatten anfänglich zwei Steinschlösser mit zwei Hähnen, einer für jeden Lauf, und unterschieden sich nicht wesentlich von zwei zusammengeschweißten Pistolen. Später, bedingt durch den technischen Fortschritt, gelangte man zu den wirklichen „Zweiläufern", die drehbar waren und an denen ein Schloss positioniert wurde.

Im 19. Jahrhundert übernahmen die mehrläufigen Pistolen mit Patronen das System der drehbaren Läufe als auch der festen Läufe mit zwei Schlössern, um alternativ auf den einen oder den anderen Lauf zu wirken. Offensichtlich waren analoge Überlegungen auch der Hintergrund für das Entstehen jener skurrilen und interessanten Pistolen mit drei, vier, sechs, sieben oder mehr Läufen, die in der zweiten Hälfte dieses Kapitels vorgestellt werden.

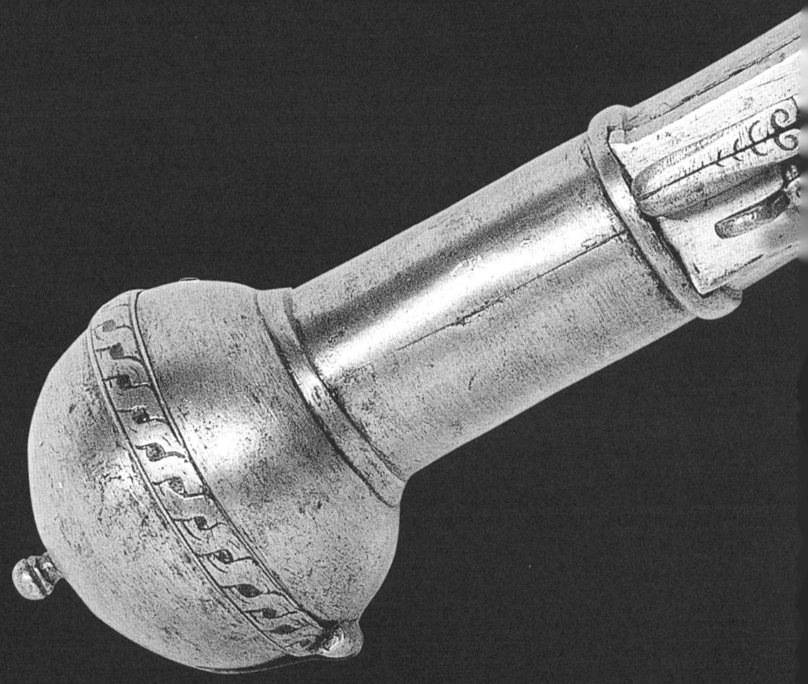

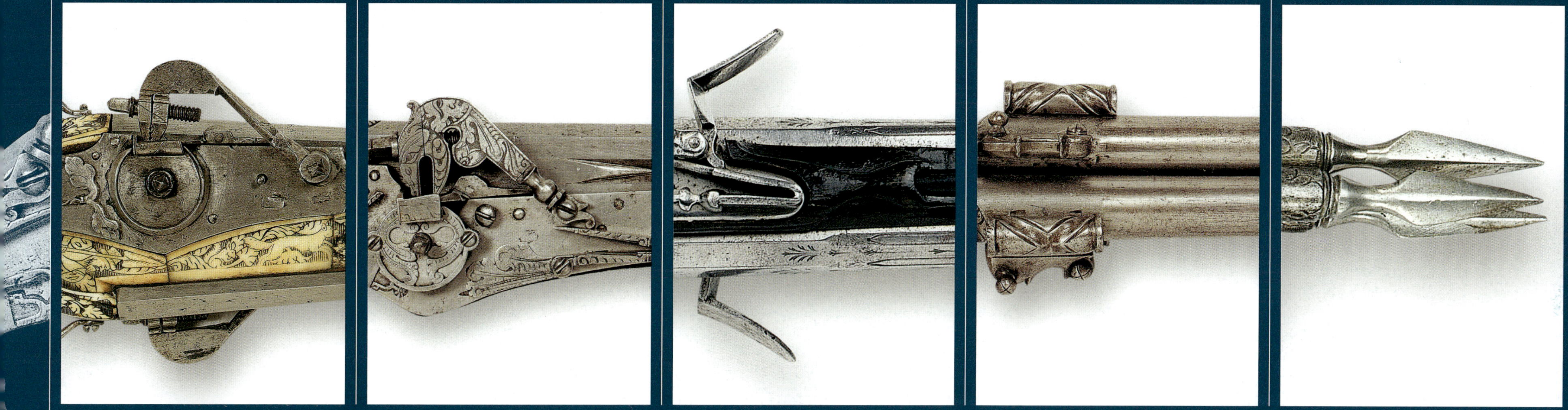

PISTOLEN MIT ZWEI ODER MEHR LÄUFEN

DEUTSCHE „STIMMGABEL" 1570

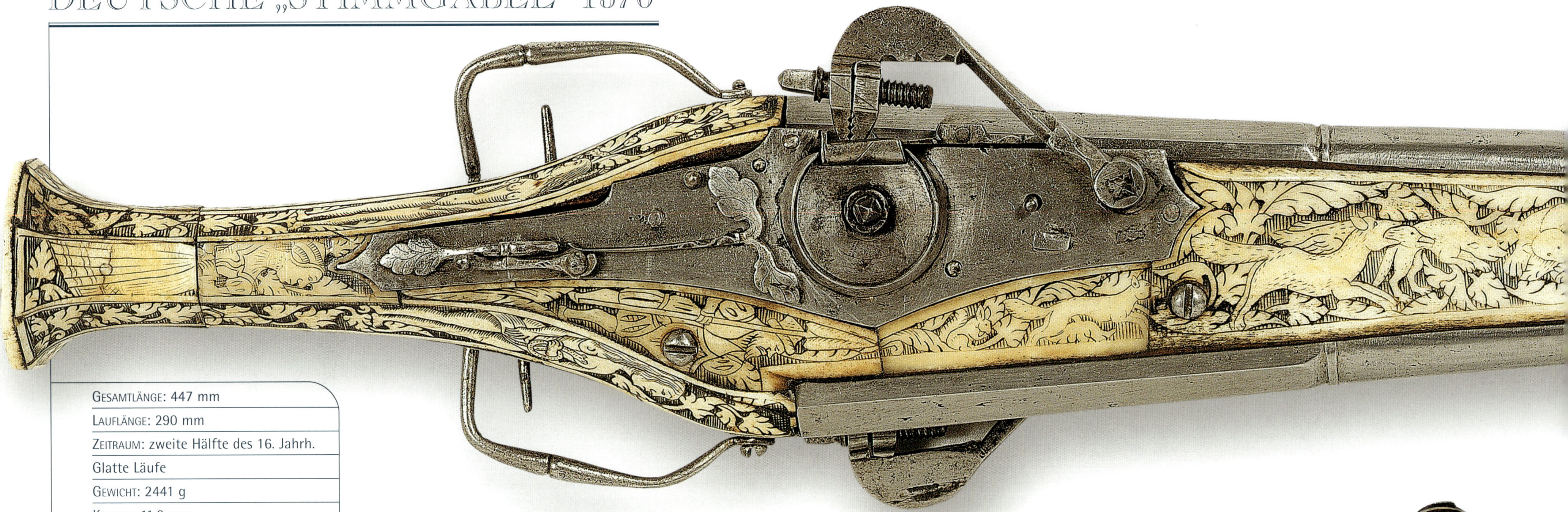

Gesamtlänge: 447 mm	
Lauflänge: 290 mm	
Zeitraum: zweite Hälfte des 16. Jahrh.	
Glatte Läufe	
Gewicht: 2441 g	
Kaliber: 11,2 mm	

Bei der Suche nach einer Waffe mit schnellerer Schussfolge kam man auf die Idee, zwei Läufe übereinander zu positionieren. Diese deutsche Pistole hat gewaltige Maße, sie ist auf der linken und auf der rechten Seite mit einem Radschloss versehen, gezündet werden die Schlösser mit zwei einzelnen Abzugshebeln. Wegen der Anordnung der beiden Läufe, die zur Mündung hin zueinander liefen, wurde diese frühe Pistolenart auch „Stimmgabel" genannt. Die hier abgebildete Waffe ist reich verziert mit Jagdszenen aus Elfenbein, die beiden Läufe sind zunächst eckig, werden dann aber rund.

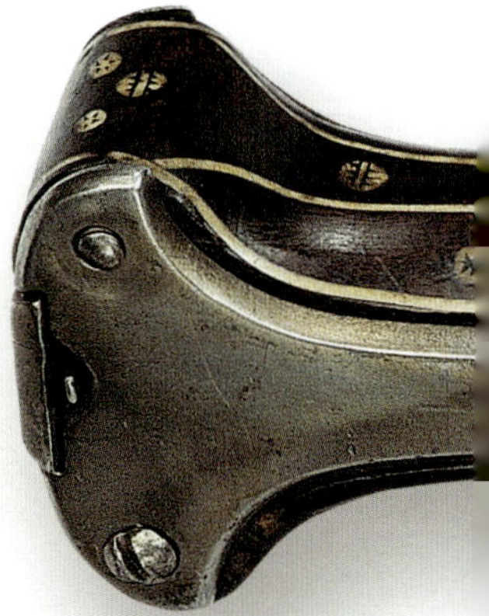

DEUTSCHE „STIMMGABEL“ 1550

Diese Waffe aus den Jahren um 1550 ist vermutlich eine der ältesten Stimmgabelpistolen. Obwohl sie in Italien, in Turin, aufgetaucht ist, kann man sie deutlich als eine deutsche Waffe identifizieren. Vermutlich wurde sie in Süddeutschland hergestellt. Die übereinander liegenden Läufe sind rechteckig, das Radschloss auf der rechten Seite ist gut erkennbar. Eine Besonderheit sind die beiden massiven Beschläge, die nach hinten bis zum Knauf verlängert sind.

GESAMTLÄNGE: 360 mm
LAUFLÄNGE: 205 mm
JAHR: ca. 1550
Glatte Läufe
GEWICHT: 1410 g
KALIBER: 15 mm

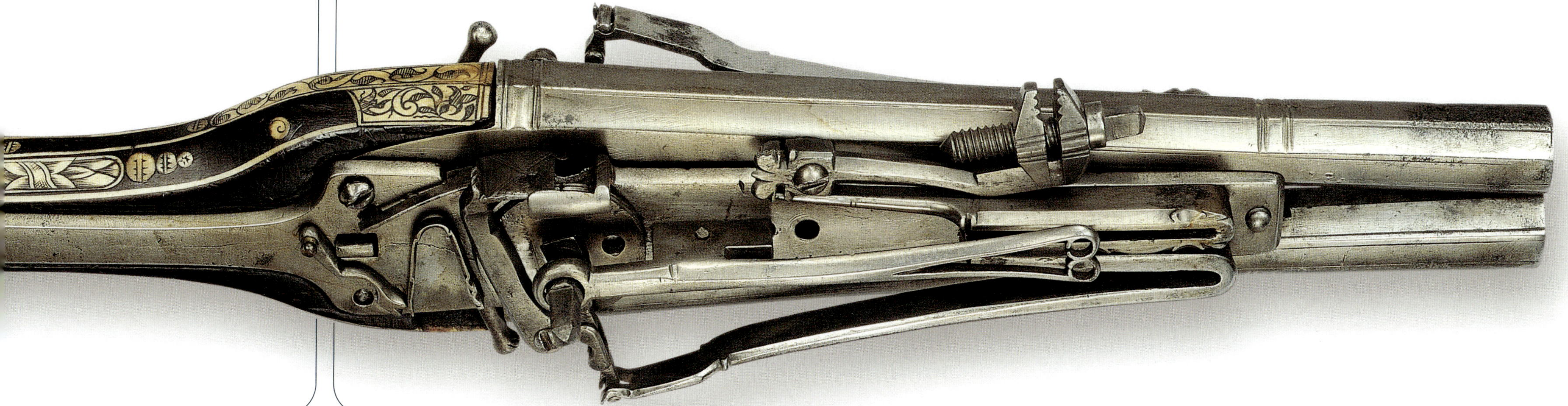

DEUTSCHE PISTOLE MIT ZWEI LÄUFEN

Gesamtlänge: 632 mm
Lauflänge: 480/426 mm
Zeitraum: zweite Hälfte des 16. Jahrh.
Glatte Läufe
Gewicht: 2180 g
Kaliber: 11,5 mm

Diese außergewöhnlich große und schwere Waffe ist eine deutsche Radschlosspistole, die am Anfang der zweiten Hälfte des 16. Jahrhunderts hergestellt wurde. Sie ist die Arbeit von zwei fähigen und bekannten deutschen Waffenschmieden, die in Nürnberg tätig waren: Hans Danner, Meister für Läufe, und Wolf Stopler, Konstrukteur der Radschlossmechanismen.

Die Waffe besitzt die zwei übereinander liegenden Läufe und zwei unabhängige Radschlösser. Im Gegensatz zu den stimmgabelförmigen Pistolen sind die beiden Radschlösser auf der rechten Seite der Waffe angeordnet und werden von nur einem einzigen Abzug betätigt. Die reich verzierten Hähne stehen gegeneinander, der obere Lauf ist rund mit Schmuck auf der Mündung, der untere Lauf eckig. Der kugelförmige Knauf lässt sich abschrauben, um einen Vorrat an Kugeln mitzuführen.

KUTSCHENPISTOLE DES 18. JAHRHUNDERTS

Gesamtlänge: 406 mm	
Lauflänge: 246 mm	
Jahr: ca. 1740	
Glatte Läufe	
Gewicht: 1330 g	
Kaliber: 14 mm	

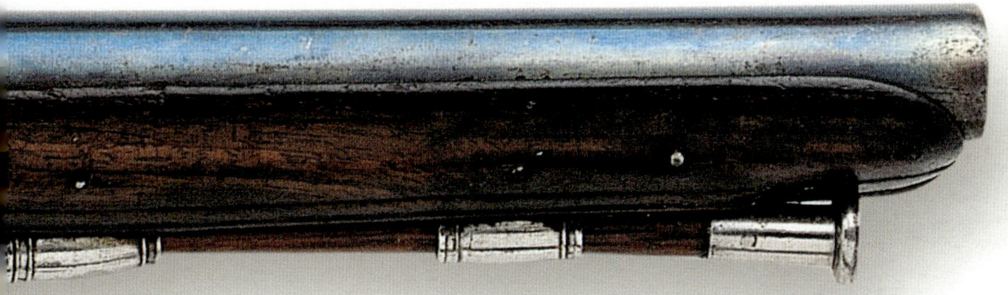

Hier ist eine typisch französische Pistole aus dem 18. Jahrhundert abgebildet. Der in Linnée tätige Waffenschmied Barthélemy Piaud ist der Hersteller der beiden Steinschlösser. Zwischen den beiden Läufen ist auf blauem Grund der Schriftzug Gauves a Mamer eingeätzt. Es handelt sich um eine Pistole für den persönlichen Schutz, um eine sogenannte Kutschenpistole, die aber auch als kleine Doppelpistole für die Jagd benutzt wurde.

Die Waffe hat zwei Läufe mit zwei Steinschlössern links und rechts und zwei Abzugshebel. Die Pistole ist von feiner Qualität, so wie sie in der Zeit in Frankreich gepflegt wurde. Zum Beispiel sind einige Metallteile hochglanzpoliert und der Griff ist mit feinen Silberfäden verziert.

Die Ansicht von oben zeigt die Ästhetik dieser französischen Pistole.

WIENERISCHE BALTHASAR

Gesamtlänge: 473 mm	
Lauflänge: 295 mm	
Zeitraum: Anfang des 18. Jahrh.	
Glatte Läufe	
Gewicht: 1020 g	
Kaliber: 11,5 mm	

Um den Doppelschuss dieser Pistole österreichischer Herkunft zu erreichen, probierte man die Möglichkeit aus, das Drehen des Laufes zu vereinfachen, indem man die Waffe mit einem Hahn, jedoch zwei Zündpfannen und zwei Feuerstählen ausstattete. Das System ist logisch, befreit aber den Schützen nicht vom Nachladen der Kugel und des Pulvers, nachdem er den ersten Schuss abgegeben hat. Schaft und Griff der Pistole sind aus Holz, der Griff hat eine Kappe aus graviertem Eisenblech. Die Läufe der Waffe sind zunächst eckig und werden schließlich rund. Der Ladestab befindet sich bei dieser Position des Laufes auf der

rechten Seite, er besteht aus Holz und hat eine Spitze aus Horn. Diese Waffe ist die Arbeit des Waffenschmieds Johann Balthasar aus der Büchsenmacherfamilie Zelner, von 1659 bis 1730 in Salzburg tätig, deren Sohn Marcus in Wien sehr bekannt wurde.

ENGLISCHE NOCK

GESAMTLÄNGE: 160 mm	
LAUFLÄNGE: 50 mm	
JAHR: ca. 1700	
Glatte schraubbare Läufe	
GEWICHT: 250 g	
KALIBER: 9 mm	

Eine andere Art der zweiläufigen Waffen ist diese Pistole mit zwei nebeneinander liegenden Läufen mit einem Steinschloss.

Die Pistole hat den Hahn und den Feuerstahl auf der linken Seite. Der Sicherungshebel ist auf der Mitte des Griffs, der Abzug kann eingeklappt werden. Die beiden kurzen Läufe bestehen aus Eisen, der Griff ist aus Holz gefertigt. Auf dem Mittelteil ist die Waffe signiert.

Die Firma London H. Nock nennt den Londoner Waffenschmied Henry Nock als Urheber.

BELGISCHE NIQUET

Gesamtlänge: 140 mm
Lauflänge: 65 mm
Zeitraum: Anfang des 18. Jahrh.
Gezogene Läufe
Gewicht: 300 g
Kaliber: 8 mm

Diese belgische Pistole aus der ersten Hälfte des 18. Jahrhunderts ist eine Waffe mit Halbhinterladung für den persönlichen Schutz. Sie ist mit zwei übereinander liegenden Läufen und zwei Steinschlössern links und rechts ausgestattet. Die Waffe hat gezogene Läufe, die nicht miteinander verbunden sind. Das rechte Schloss wirkt auf den oberen Lauf, das linke auf den unteren Lauf. Diese Pistole besitzt eine doppelte Sicherung auf der Oberseite, je eine Sicherung für jeden Hahn. Die beiden Abzugshebel haben keinen Bügel.

Der Griff ist aus ziseliertem und graviertem Silber. Auf dem unteren Lauf ist die Pistole mit Niquet signiert, was sich wahrscheinlich auf den belgischen Waffenschmied Claude Niquet bezieht, der während der ersten Hälfte des 18. Jahrhunderts in Lüttich tätig war und auch große Pistolen mit Kalibern bis rund 17 mm herstellte.

DIE BEIDEN UNABHÄNGIGEN LÄUFE

Bei den auf der rechten Seite abgebildeten Beckwith, ist der obere Lauf direkt durch das Zündloch mit der Zündpfanne verbunden. Wenn das Pulver eingefüllt, der Hahn gezogen und der Feuerstahl niedergeschlagen wird, löst sich der Schuss im oberen Lauf. Der untere Lauf ist blockiert. Um ihn zu zünden, verbindet man den unteren Lauf mit der Zündpfanne.

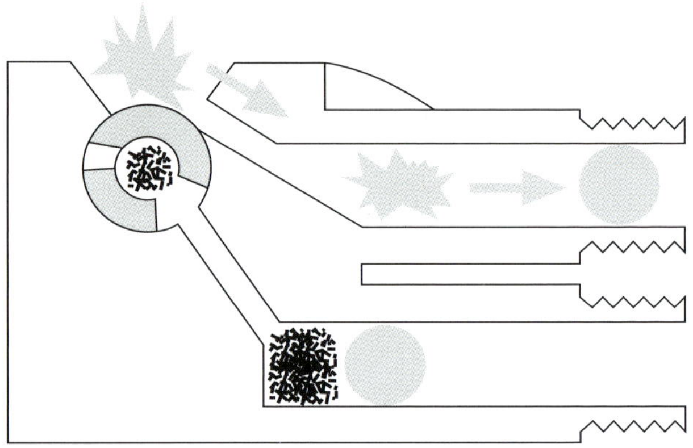

Position für den Schuss des oberen Laufs.

Position für den Schuss des unteren Laufs.

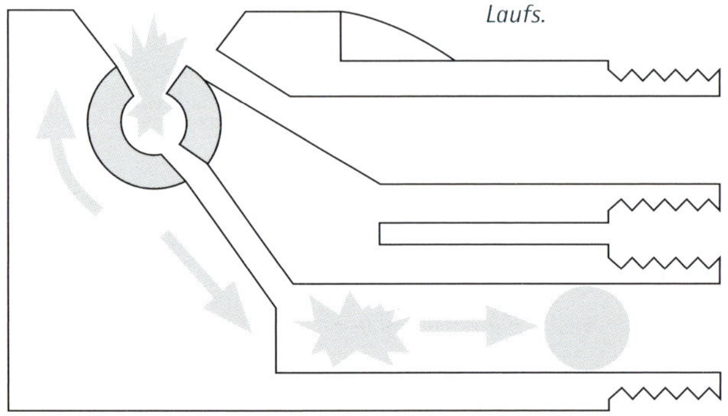

ENGLISCHE PISTOLEN MIT KURZEM LAUF

GESAMTLÄNGE: 140 mm	
LAUFLÄNGE: 27 mm	
ZEITRAUM: Anfang d. 19. Jahrh.	
Glatte Läufe	
GEWICHT: 320 g	
KALIBER: 12 mm	

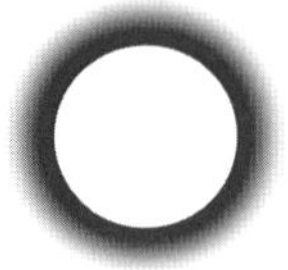

Diese beiden englischen Pistolen mit Steinschloss haben sehr kurze, übereinander liegende Läufe, die brüniert und mit feinen Gravuren in Spiralenform versehen sind.

Die Pistolen verfügen über das „box lock"-Schloss, die Sicherung auf der Oberseite und einen einklappbaren Abzug. Die Waffen haben einen geriffelten Holzgriff mit silbernen Innenbeschlägen. Die Signatur Beckwith London auf dem oberen Lauf bedeutet, dass die beiden Waffen dem Büchsenmacher William Andrew Beckwith (1801-1861) zuzuschreiben sind.

DOPPELLÄUFIGE PISTOLE MIT STEIN- UND PERKUSSIONSSCHLOSS

Gesamtlänge: 370 mm	
Lauflänge: 222 mm	
Zeitraum: erste Hälfte des 19. Jahrh.	
Glatte Läufe	
Gewicht: 960 g	
Kaliber: 13 mm	

Diese Pistole mit zwei übereinander liegenden Läufen wurde auf ungewöhnliche Weise konzipiert. Auf der rechten Seite besitzt sie ein Steinschloss, während sich auf der linken Seite ein Perkussionsschloss befindet. Diese Pistole ist vermutlich aus Frankreich, der Feuerstahl und die beiden Hähne zeigen typisch französische Formen. Beide Hähne haben eine komplette Sicherung. Die Läufe sind erst sechseckig

Diese Dreiviertelansicht in Originalgröße zeigt die Einzigartigkeit dieser Waffe.

und dann rund, ihr oberer Teil ist flach, um die Sicht auf das Eisenvisier zu erleichtern. Der Abzugsbügel ist aus graviertem Messing, ebenso wie die Halterungen, die den Ladestock aufnehmen, der sich zwischen den zwei Läufen befindet. Sie werden auf der anderen Seite von Plättchen ausgeglichen, auf denen die Köpfe der Abschnittschrauben befestigt sind.

Eine ungewöhnliche Verbindung

Was verbirgt sich hinter einer Pistole mit zwei Zündsystemen, einem Stein- und einem Perkussionsschloss? Auf diese Frage gibt es zwei mögliche Antworten. Entweder traute der Auftraggeber den neuen Perkussionsschlössern noch nicht und zog es vor, einen erprobten und zuverlässigen Mechanismus, nämlich das Steinschloss, hinzuzufügen. Oder aber die Waffe ist ursprünglich mit zwei Steinschlössern gebaut und später umgearbeitet worden.

PISTOLE MIT DREHBAREM LAUF

GESAMTLÄNGE:	122 mm
LAUFLÄNGE:	56 mm
ZEITRAUM:	zweite Hälfte des 19. Jahrh.
Gezogene Läufe	
GEWICHT:	160 g
KALIBER:	7 mm

Diese zweiläufige Pistole kommt aus England. Die beiden Läufe können bei dieser Waffe auf ihrer Mittelachse gedreht werden. Die Vertiefung auf der rechten Seite der Pistole ermöglicht nach der Drehung der beiden Läufe um 90° ein einfaches Einführen der Patrone. Nach Abgabe des ersten Schusses, muss man den Hahn noch einmal ziehen und die Läufe um 180° drehen, um den anderen Lauf abzufeuern.

REMINGTON DOUBLE DERINGER

GESAMTLÄNGE:	115 mm
LAUFLÄNGE:	75 mm
JAHR:	ca. 1870
Gezogener Lauf	
GEWICHT:	250 g
KALIBER:	0,41" RF (10,41 mm)

Bei dieser Remington mit übereinander liegenden Läufen positioniert sich der Mechanismus bei jedem Laden so, dass alternativ die Patrone des oberen oder des unteren Laufs gezündet wird. Die Waffe hat einen spornförmigen Abzug, der halb gezogene Hahn sichert die Waffe. Der Patronenauswerfer liegt zwischen den beiden Läufen. Diese Pistole wurde in den Jahren zwischen 1860 bis 1935 in etwa 150.000 Exemplaren hergestellt.

NAGANT ROLLING BLOCK

GESAMTLÄNGE: 214 mm	
LAUFLÄNGE: 110 mm	
JAHR: ca. 1877	
Gezogene Läufe	
GEWICHT: 650 g	
KALIBER: 11 mm	

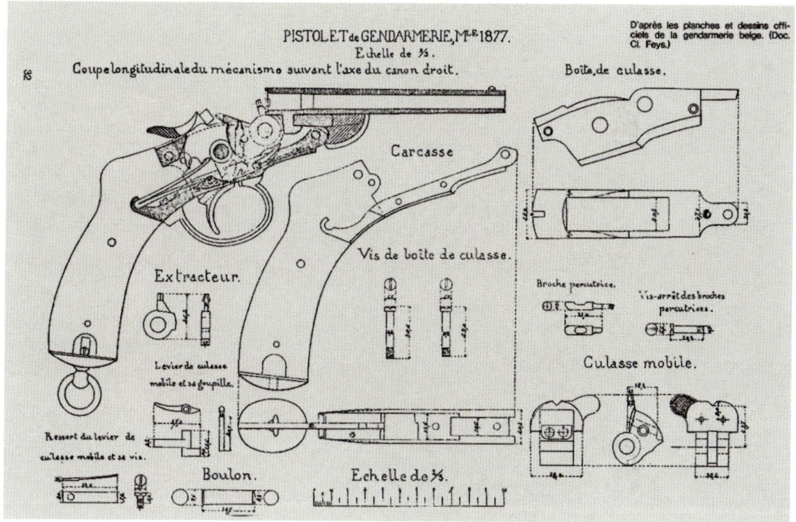

Ein zeitgenössisches Dokument über die Pistolet de Gendarmerie (1877).

Diese außergewöhnliche Pistole ist eine Waffe mit zwei gepaarten Läufen und einem zentralen Schlagmechanismus. Die Pistole besitzt ein „rolling-block"-Schloss und wurde von der belgischen Firma Nagant in Lüttich in Lizenz von Remington hergestellt. Mit dieser Waffe wurde die belgische Gendarmerie ausgestattet. Später wurde sie auch die Pistole der Leibwächter von Zar Alexander III.

Ein komplexer Mechanismus, seiner Zeit voraus

Napoleon, der einiges von Waffen verstand, sagte zu Recht: „Die Erfindungen, die vor ihrer Zeit kommen, bleiben unnütz, bis das allgemeine Wissen ihren Stand erreicht hat." Genau das ist der Fall bei dieser besonderen Waffe, sicherlich aus der ersten Hälfte des 16. Jahrhunderts (die bereits in einem Dokument von 1548 erwähnt wurde). Sie stellte den Versuch der Realisierung einer theoretisch brillanten Idee dar, die aber erst zwei oder drei Jahrhunderte später ihre wahre Vollendung fand. Die Idee über eine Serie von Schüssen zu verfügen, die in schneller Folge hintereinander abgegeben werden können, indem man eine Batterie mit mehreren Läufen sich drehen lässt, war auf jeden Fall genial. Man fand hierfür aber keine der Zeit entsprechenden technischen Lösungen. Auch erwies sich das technische Konzept als zu komplex und nicht wirklich funktionssicher, ebenso war die Herstellung der Waffe zu teuer und zu unwirtschaftlich.

GESAMTLÄNGE: 530 mm	
LAUFLÄNGE: 299 mm	
ZEITRAUM: erste Hälfte des 16. Jahrh.	
Glatte Läufe	
GEWICHT: 1490 g	
KALIBER: 10 mm	

Die hier abgebildete Waffe ist eine dreiläufige Pistole mit Luntenschloss, aufgetaucht im Italien des 18. Jahrhunderts. Sie wurde in der ersten Hälfte des 16. Jahrhunderts – vielleicht in Brescia – hergestellt. Wegen des zu dieser Zeit fortschrittlichen Konzepts, ist sie ein wirklich seltenes Stück. Tatsächlich unterscheidet sie sich deutlich von andern Pistolen ihrer Zeit, da sie mit drei runden, miteinander verschweißten Läufen ausgestattet ist, die sich auf einer Hauptachse drehen, und über einen einzigartigen Schussmechanismus verfügt. Alle Läufe können geladen und dann in Schussposition gebracht werden (mit erstaunlicher Geschwindigkeit für diese Zeit), indem man sie per Hand dreht.

Die Läufe sind mit je einer Zündpfanne mit Deckel ausgestattet. Der Hahn wird durch einen Abzug ohne Bügel betätigt. Die Rotationsachse der Läufe ist auf einer am Griff befestigten Platte eingehängt. Der Griff ist aus Holz ohne Verzierungen mit einem erhöhten Abschluss für den festen Halt der Hand.

DREILÄUFIGE EISENPISTOLE

GESAMTLÄNGE: 415 mm
LAUFLÄNGE: 205 mm
JAHR: ca. 1540
Glatte Läufe
GEWICHT: 1810 g
KALIBER: 7,2 mm

Diese hier abgebildete beachtliche Waffe mit Radschloss zeigt eine andere Variante der vielen Neuerungen, die man ausprobierte, um eine schnellere Schussfolge zu erreichen, indem man die Anzahl der Läufe erhöhte. In diesem Fall aber konzentriert sich das Interesse an dieser Pistole auf andere Aspekte. Es handelt sich um eine Waffe, die Kaiser Karl V. gehörte. Sie ist mit vergoldeten Blumenmotiven und kaiserlichen Symbolen verziert. Unter ihnen sind das oft wiederholte Symbol des Adlers und die kaiserliche Krone mit dem Motto PLUS ULTRA. Wie das soeben gezeigte Exemplar hat auch sie drei drehbare Läufe, die einzeln geladen werden und für den Schuss einzeln gedreht werden können. Die Waffe unterscheidet sich dadurch, dass sie nicht zum Abfeuern von Kugeln gebaut wurde, sondern zum Abfeuern von Eisenpfeilen. Sie hat einen doppelköpfigen Hahn, der zwei Zündsteine halten kann. Gedreht werden die Läufe durch die Flügelschraube am Ende des Schaftes, nachdem ein Sicherungsmechanismus freigegeben wurde. Eine geschickte Konstruktion stellt immer sicher, dass das Zündloch in Höhe der Zündpfanne liegt. Die Waffe ist sehr schwer und ganz aus Eisen gefertigt, sie hat einen geraden Abzug mit Abzugsbügel.

Besondere Pfeile als Projektile

Kommandanten der Reiterregimenter bemerkten sehr schnell, dass beim Angriff die Kugel im Lauf der Waffe verloren ging. So hatte der Reiter zwar eine mit Pulver geladene Waffe (in Ladestellung gehalten), aber ohne Kugel. Aus diesem Grund übernahm man also die Besonderheit, die Reiterpistolen mit pfeilförmigen Metallprojektilen auszustatten. Ragte die Pfeilspitze aus dem Lauf, konnte der Reiter sehen, dass seine Pistole schussbereit war. Die noch erhaltenen Projektile sind rar und können nur selten einer bestimmten Waffe zugeordnet werden.

ENGLISCHE DREILÄUFIGE PISTOLE

GESAMTLÄNGE: 140 mm
LAUFLÄNGE: 55 mm
JAHR: ca. 1800
Glatte Läufe
GEWICHT: 240 g
KALIBER: 9 mm

Die Ansicht von oben zeigt den Hahn auf der linken Seite und die beiden oberen Läufe.

Unter den mehrläufigen Pistolen ist ohne Zweifel die doppelläufige Waffe die beste Lösung. Aber auch die Pistolen mit drei, vier oder mehr Läufen dürfen in diesem Kapitel nicht fehlen. Die abgebildete Waffe ist eine kleine dreiläufige englische Pistole, ein Halbhinterlader. Bei dieser Waffe liegen die oberen beiden Läufe ganz normal nebeneinander, der dritte Lauf ist zentral unter ihnen angeordnet. Der Hahn ist zwar auf der linken Seite, er wirkt aber auf den Feuerstahl in der Mitte der Waffe. Die Sicherung befindet sich auf dem Waffenrücken; der Abzug ist mit einem Bügel ausgestattet.

Durch die Signatur Parker Holbon London kann man diese Waffe dem Londoner Waffenschmied William Parker (1794-1841) zuordnen.

VIERLÄUFIGE MAZZAGATTI

Gesamtlänge: 225 mm	
Lauflänge: 77 mm	
Zeitraum: Anfang des 19. Jahrh.	
Glatte Läufe	
Gewicht: 800 g	
Kaliber: 10 mm	

Die Ansicht von oben zeigt die beiden Steinschlösser und den Drehmechanismus für die Läufe der Waffe.

Diese Mazzagatti ist ein typisches Beispiel einer vierläufigen Pistole vom Anfang des 19. Jahrhunderts. Die Waffe hat zwei übereinander angeordnete Laufpaare und zwei Steinschlösser nebeneinander. Die Läufe sind aus Eisen gefertigt und durch Markierungen von eins bis vier gekennzeichnet. Sie können durch einen Mechanismus auf der linken Seite der Waffe gedreht werden. Die Sicherung der beiden Steinschlösser befindet sich auf dem Waffenrücken, das Mittelstück ist aus Eisen gefertigt und verziert. Die Pistole besitzt zwei Abzugshebel und einen runden Abzugsbügel, der geriffelte Holzgriff ist mit feinen Nägeln aus Silber verziert und an der Verbindung zum Mittelstück mit Schnitzereien versehen. Diese nicht signierte Waffe stammt wahrscheinlich aus französischer Herstellung.

ENGLISCHE VIERLÄUFIGE PISTOLE

GESAMTLÄNGE: 215 mm	
LAUFLÄNGE: 36 mm	
JAHR: ca. 1780	
Glatte Läufe	
GEWICHT: 620 g	
KALIBER: 8 mm	

Die Frontansicht zeigt den ungewöhnlichen Anblick dieser Waffe mit vier Läufen. Der Furcht erregende Eindruck, den sie hinterließ, stimmte mit ihrer wahren Feuerkraft nicht überein.

Diese nicht signierte, vierläufige englische Pistole wurde gegen Ende des 18. Jahrhunderts gebaut. Die außergewöhnliche Waffe zeigt ebenfalls die Lösung mit den zwei Hähnen, zwei Abzugshebeln und vier unabhängigen Feuerstählen. Die vier Läufe haben die Form von Kanonenrohren, auf jedem ist die dazugehörige Zündpfanne und der Feuerstahl angeordnet. Das verleiht der Waffe ein Ehrfurcht gebietendes Aussehen. Die Drehung der vier Läufe wird manuell vorgenommen. Diese Waffe verfügt über einen Griff aus glattem Nussbaumwurzelholz.

SIEBENLÄUFIGE PISTOLE

GESAMTLÄNGE: 200 mm
LAUFLÄNGE: 55 mm
JAHR: ca. 1800
Glatte Läufe
GEWICHT: 970 g
KALIBER: 8 mm

Diese nur 20 cm lange Pistole, die jedoch fast ein Kilogramm schwer ist, hat nur ein Steinschloss für sieben Läufe. Letztere sind kreisförmig um eine zentrale Achse angeordnet und können sich um diese frei drehen. Bei dieser Waffe werden die sieben Läufe manuell gedreht, ein seitlicher Mechanismus erlaubt das Drehen und Arretieren der Läufe. Diese Sicherung verhindert das versehentliche Bewegen der Läufe, die Sicherung des Steinschlosses ist auf dem Oberteil der Waffe angebracht. Der Griff ist aus glattem Holz gefertigt. Die Waffe kommt aus England und ist nicht signiert, vermutlich wurde sie am Anfang des 19. Jahrhunderts hergestellt. Sie ist der erste Versuch einer „Pepperbox"-Pistole. Waffen dieser Art werden in den nächsten Kapiteln gezeigt.

VIERLÄUFIGE SHARPS

GESAMTLÄNGE: 125 mm	
LAUFLÄNGE: 63 mm	
JAHR: 1859	
Gezogene Läufe	
GEWICHT: 250 g	
KALIBER: 0,32" RF (8,13 mm)	

Dieses Exemplar ist eine kleine, vierläufige Pistole für Patronen mit dem Kaliber 8 mm und einem Gewicht von nur 250 g. Sie basiert auf dem System der nach vorne beweglichen Läufe. Nach dem Entsichern kann also das Laufbündel zum Laden und zum Entladen nach vorne gezogen werden. Das System basiert auf einem Patent von Christian Sharps von 1849, das im Jahr 1859 perfektioniert wurde. Diese Waffen waren sehr erfolgreich, sie wurden zwischen 1859 und 1874 in fast 22 Versionen nachgebaut. Dieses mit C. Sharps Patent auf der rechten Rahmenseite signierte Exemplar ist das Modell 4 C. Die Waffe besitzt einen Griff mit Wangen aus schwarzem Holz, einen spornenförmigen Abzug und ein Messinggestell.

FÜNFLÄUFIGE ELLIOT

GESAMTLÄNGE: 140 mm	
LAUFLÄNGE: 73 mm	
ZEITRAUM: 1863 – 1888	
Gezogene Läufe	
GEWICHT: 250 g	
KALIBER: 0,22" RF (5,6 mm)	

Neben der Zig-Zag Deringer mit sechs Läufen und der Elliot Deringer mit vier Läufen hat die Firma Remington auch diese hier abgebildete Elliot Deringer für Patronen und mit fünf Läufen produziert. Die Waffe besitzt einen verdeckten Hahn, zum Laden und zum Entladen rutschte das Laufbündel nach vorne aus dem Rahmen. Die Waffen wurden für die Kaliber 0.22“ und 0.32“ und mit Läufen von 2 1/2“ und 3 1/2“ hergestellt.

RÖMISCHE TONI

GESAMTLÄNGE: 245 mm
LAUFLÄNGE: 172 mm
JAHR: ca. 1855
Gerzogene Läufe
GEWICHT: 600 g
KALIBER: 8 mm

Der lange Stab diente zum Entfernen der Patronenhülsen und zum Reinigen der Läufe.

In Europa begann die Herstellung von mehrläufigen Waffen kurz nach 1850. In Italien widmete sich der Waffenschmied T. Toni diesen Pistolen. Er stellte auch diese vierläufige Pistole her, die der Remington sehr ähnlich ist. Sie besitzt jedoch vier nach unten schwenkbare Läufe, die durch einen Hebel am Rahmen gesichert wurden, und einen sporenförmigen Abzug. Eine andere Besonderheit dieser Waffe ist ein in der Mitte der vier Läufe positionierter, langer herausschraubbarer Stab. Er diente zum Entfernen der Patronenhülsen und auch zum Reinigen der Läufe.

Die fünf- und sechsläufigen Pistolen besaßen ein sehr gutes Schusspotenzial, sie hatten aber den großen Nachteil, dass sie sperrig und schwer waren. Dieses Problem wird durch die in diesem Kapitel abgebildeten Modelle überwunden, indem die drehbaren Teile auf eine einzige Trommel von erträglicher Dimensionierung reduziert wurden. Sie ermöglichte fünf oder sechs Schüsse in perfekter Folge und zwar mit einem einzigen Feuersystem und einem einzigen Lauf. Nach einigen seltenen Exemplaren mit Steinschloss aus der ersten Hälfte des 19. Jahrhunderts, sind die ersten Trommelrevolver mit Perkussionszündung sowohl mit Kugeln als auch mit Patronen ladbar. Sehr bald aber kam die klassische durchbohrte Trommel mit Metallpatronen komplett mit Pulver, Kugel und Zündladung gefüllt auf den Markt. Es handelte sich dabei um voll funktionsfähige Pistolen; manche Modelle werden tatsächlich beinahe unverändert bis in unsere Tage genutzt. Sie sind durchaus noch in der Lage, mit den heutigen Pistolen zu konkurrieren. Diesen bedeutsamsten Waffen dieser Bauart vor dem 1. Weltkrieg sind die letzten Seiten dieses Kapitels gewidmet.

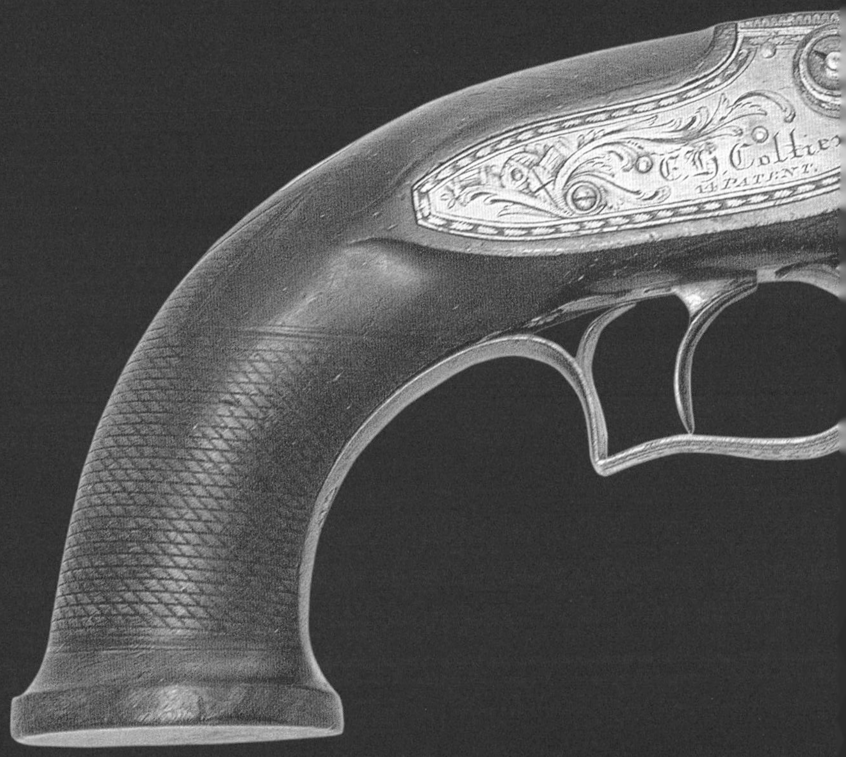

TROMMELREVOLVER UND SELBSTLADEPISTOLEN

PISTOLE MIT TROMMEL VON COLLIER

Gesamtlänge: 375 mm
Lauflänge: 160 mm
Jahr: ca. 1820
Trommel mit fünf Schüssen
Gewicht: ca. 1500 g
Kaliber: 12,5 mm

Der Ball der Patente

Im Juni 1818 wurde dem Hauptmann Artemus Wheeler aus Concorde in Massachusetts das amerikanische Patent für eine Pistole zuerkannt, die mit einem Drehmechanismus und Dosierungsbehälter für das Pulver ausgestattet war. Elisha Haydon Collier, seinem Konkurrenten, gelangt es, sich dieses Patentes zu bemächtigen. Er brachte ein Exemplar der Wheeler Pistole nach Europa und ließ sich diese Pistole im November des gleichen Jahres in London auf seinen eigenen Namen patentieren. In Frankreich wurde das gleiche Patent von Cornelius Coolidge, wahrscheinlich Teilhaber von Collier, eingereicht. Der gab an, den Prototyp der Wheeler verbessert zu haben.
Der Ursprung der von Collier und seinen Teilhabern vorgenommenen Verbesserungen ist nicht klar. Sie könnten den Drehmechanismus oder den Selbstzündmechanismus betreffen. Sicherlich verbesserten sie das mechanische System mit der Trommelkammer, die nach der Drehung bei einem kegelähnlichen Vorsprung des Bodenstücks anhielt. Es folgten noch weitere Verbesserungen und das Ergebnis war eine Waffe, die guten Absatz bei Privatleuten fand, aber nicht dem Standard der englischen Armee entsprach. Collier hatte versucht, fur seine Waffe einen Großauftrag von der Armee zu bekommen.

Hier ist eine außergewöhnliche Waffe, die schon mit einer Trommel ausgestattet war… aber noch das Steinschloss hatte! Sie wird von Experten als eines der ersten Exemplare mit Trommel und Steinschloss angesehen, aber nicht als das absolut erste.

Diese Pistole aus dem frühen 19. Jahrhundert verfügt über eine Trommel mit fünf Kammern, die nach jedem Schuss gedreht werden musste, indem man manuell den Hahn zog. Gezündet wird mit einem System des Feuerstahls, das praktisch mit einer Pulverdosierung arbeitet, sodass vor jedem Schuss die richtige Menge Pulver in die Zündpfanne gelangte. Die Waffe hat einen achteckigen Lauf mit kleinem Visier. Das Schloss ist mit der Gravur E. H. Collier 14 Patent. versehen.

Der Holzgriff ist geriffelt mit einem Boden aus Messing, der Ladestock ist aus Ebenholz gefertigt, er hat einen Kopf aus Messing und wird unter dem Lauf durch zwei Eisenrohrstücke gehalten.

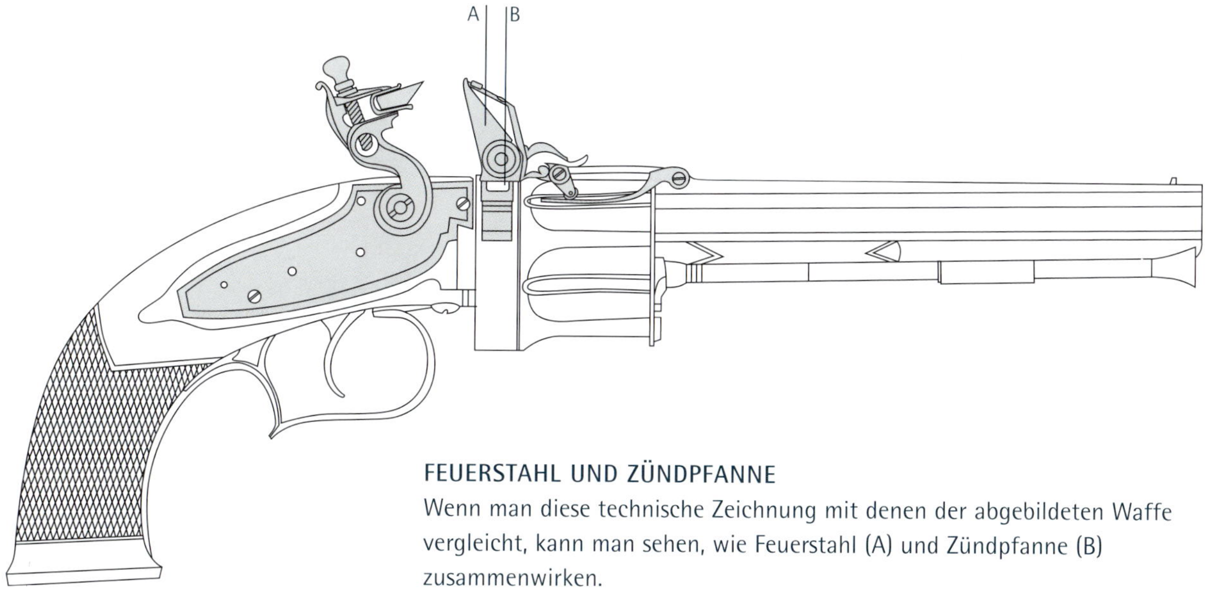

FEUERSTAHL UND ZÜNDPFANNE
Wenn man diese technische Zeichnung mit denen der abgebildeten Waffe vergleicht, kann man sehen, wie Feuerstahl (A) und Zündpfanne (B) zusammenwirken.

PEPPERBOX MARSTON

Gesamtlänge: 194 mm	
Lauflänge: 101 mm	
Zeitraum: 1850 – 1863	
Trommel mit sechs Schüssen	
Gewicht: 680 g	
Kaliber: 0,31" (7,87 mm)	

Diese Sechsschuss-Pistole wurde kurz nach der Hälfte des 19. Jahrhunderts in den Vereinigten Staaten hergestellt. Es handelt sich um einen kleinen Revolver, bei dem der Laufblock mit seiner Länge von 10 cm die typische verlängerte Form der amerikanischen Produktion erlangt hat. Hersteller dieser Waffe ist der in New York tätige Waffenschmied Wiliam W. Marston, der auch für eine andere Besonderheit bekannt ist. Marston baute zahlreiche mehrschüssige Pistolen unter verschiedenen Namen, von der W.W. Marston zur Sprage & Marston und zur Phenix Armory.

Der Erfolg der Pepperbox

Die bekanntesten Waffen in jener abenteuerlichen Zeit des technischen Wettlaufs waren die kleinen Revolver, im Allgemeinen auf englisch „Pepperbox" (Pfefferstreuer) genannt, weil sie eine entsprechende Form besaßen.
Sie konnten mehrere Schüsse hintereinander abgeben, da sie mit vier oder mehr drehbaren Läufen und mit einem Perkussionsschloss ausgestattet waren. In der Praxis ähnelten sie dem Revolver, aber ohne Lauf. Bei diesen Waffen übernahm die verlängerte Patronenkammer die Funktion des Laufes.
1837 hinterlegte Ethan Allen ein Patent für den Pfefferstreuer mit doppelter Funktion, das heißt, mit der Weiterführung der Trommel durch das Bewegen des Hahns, der vom Abzug betätigt wird. Die Waffen hatten normalerweise vier oder sechs Läufe. Aber in einigen besonderen Ausführungen konnten sie bis zu 24 Läufe haben. Wegen der schlechten Gewichtsverteilung in Richtung Mündung schossen diese Waffen aber ungenau.
Der wahre Vorteil der Pepperbox war der Preis, der im Vergleich zu den klassischen Revolvern des Typs Colt absolut konkurrenzlos war. Er variierte in den Vereinigten Staaten sehr. Im Osten kostete eine gute Pepperbox ca. $ 15,-, im Gegensatz zu dem fast doppelt so hohen Preis einer Colt Pocket. In Kalifornien dagegen musste man für eine Waffe dieser Art ca. $ 30,- ausgeben, im Gegensatz zu einem Colt, der $ 250,- kostete.

ZANOTTI MIT 24 LÄUFEN

Gesamtlänge:	205 mm
Lauflänge:	70 mm
Jahr:	ca. 1848
Gezogene Läufe	
Gewicht:	1200 g
Kaliber:	032" (8,13 mm)

Diese gigantische Pepperbox ist äußerst selten und ungewöhnlich. Sie wurde um die Mitte des 19. Jahrhunderts von den Brüdern Zanotti aus Bologna hergestellt. Die Waffe mit ihren 24 runden und brünierten Läufen war natürlich schwer und unausgewogen. Die Pistole hat einen ringförmigen Abzug, einen äußeren Schlaghahn mit einem gravierten, delphinförmigen Kopf und einen stark abgewinkelten Griff mit schwarzen Griffschalen aus Ebenholz. Das Mittelstück der Waffe ist aus Neusilber gefertigt und ebenfalls fein graviert.

Überraschend und verblüffend ist die Frontansicht des Laufbündels mit 24 Läufen und einem Durchmesser von fast 6 cm.

COLT PATERSON HOLSTER

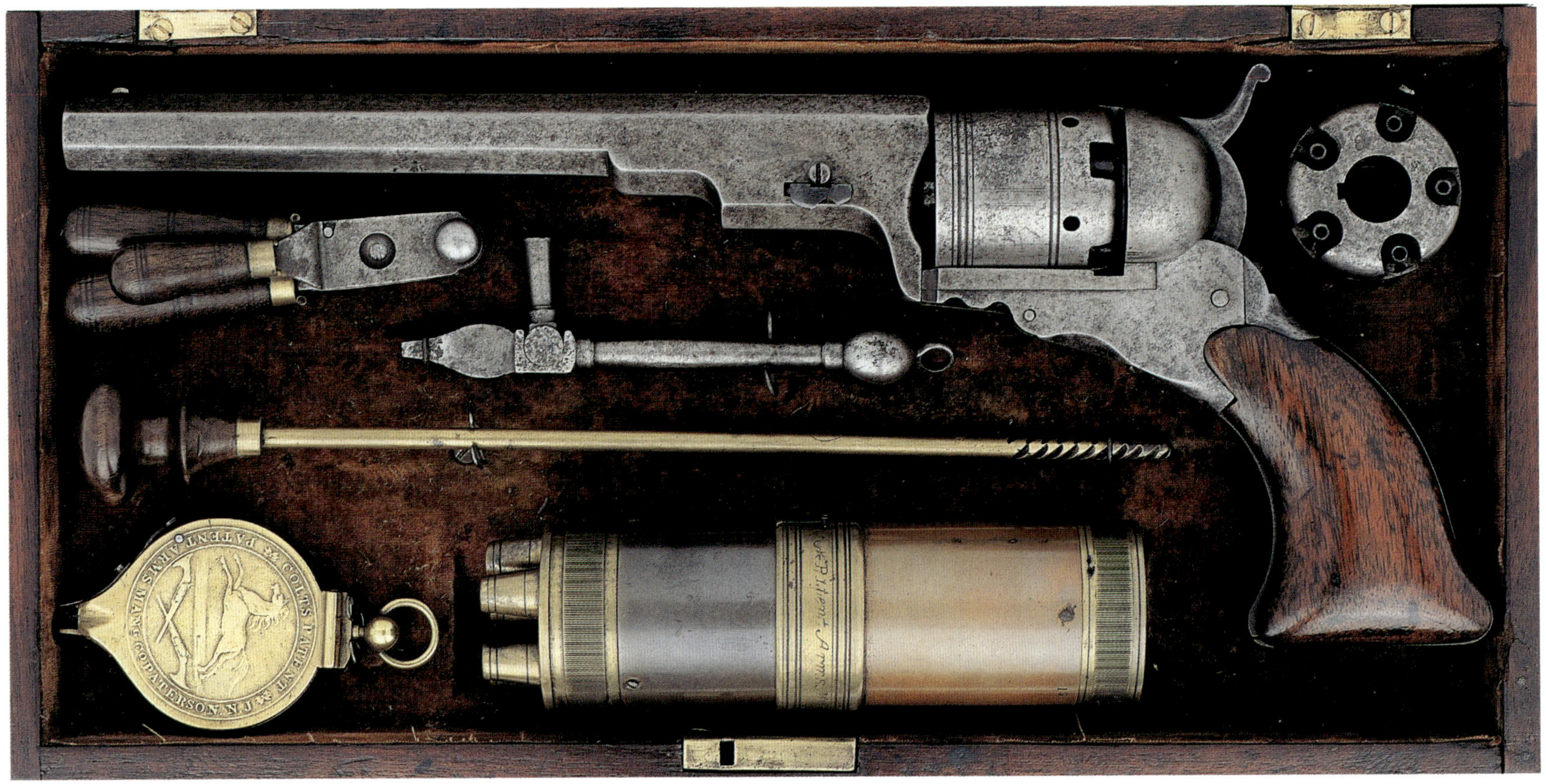

Die schöne Kiste aus Nussbaumholz für den Colt, Maße: 340 x 170 x 70 mm. Komplett mit allen originalen Werkzeugen trägt sie dazu bei, den Sammlerwert der Waffe zu steigern.

Ein Klassiker... im Kasten

Oberst Samuel Colt war nicht der Erfinder des Trommelrevolvers, aber er war fähig, die Erfindungen seiner Zeit perfekt umzusetzen. Colt hatte sehr lange das Monopol zur Herstellung dieser Waffen. Die Colt Revolver haben einige wesentliche Eigenschaften: Das Ziehen das Hahns ermöglichte nicht nur das Drehen der Trommel, sondern auch die perfekte Anpassung jeder Kammer der Trommel an den Lauf. Die Trommel war so konstruiert, dass die ungewollte Zündung einer Patrone verhindert wurde.
Der erste Revolver, der die Fabrik Colt verließ, war der Colt Pocket Paterson No. 1 mit Einzelschuss, mit 5-Kammer-Trommel und Läufen von $2^{1}/_{2}$" bis $4^{3}/_{4}$". Die verbreitetste Waffe mit langem Lauf war dann der Colt Holster, Model Paterson Revolver, zwischen 1838 und 1840 1000 mal hergestellt, mit Läufen von $7^{1}/_{2}$" bis 12".
Diese klassischen Waffen wurden in einer hochwertigen Schatulle verkauft, die folgenden Inhalt hatte: Eine Reservetrommel mit der gleichen Seriennummer, einen Ladestock mit hölzernem Griff, einen kombinierten Werkzeugsatz (Schraubenzieher und Bolzenzieher), einen Zündkapselbehälter mit Relieffiguren (einem galoppierendem Pferd und zwei Pistolen). Diese Kiste enthielt auch ein zylinderförmiges Fläschchen zur Aufbewahrung des Pulvers und der Kugeln.

GESAMTLÄNGE: 300 mm	
LAUFLÄNGE: 190 mm	
JAHR: 1838 – 1840	
Trommel mit fünf Schüssen	
Gezogener Lauf	
GEWICHT: 1090 g	
KALIBER: 0,36" (9,14 mm)	

Die vorgestellte Waffe mit der Seriennummer 285, ist einer der ersten Colt Revolver, auch „Colt Holster, Model Paterson Revolver" genannt. Die Waffe hat ein Kaliber von 0.36" mit Einzelschuss, eine Trommel für fünf Schüsse und einen abklappbaren Abzug, ausgestattet mit einem Lauf von 7 ½" (aber es gibt auch Ausführungen mit 12"-Läufen).

Der Griff dieser Waffe ist aus amerikanischen Nussbaumholz gefertigt mit eingeprägter Seriennummer, der Lauf ist achteckig, die Trommel hat nur eine schlichte Rillenverzierung. Auf der Trommel sind runde Blockadebohrungen zu sehen, die aus diesem Exemplar ein besonders seltenes Stück machen, da die Bohrungen normalerweise eine quadratische Form haben.

COLT DRAGON ZWEITES MODELL

Gesamtlänge:	343 mm
Lauflänge:	190 mm
Jahr:	1851
Einzelschuss	
Trommel mit sechs Schüssen	
Gewicht:	1930 g
Kaliber:	0,44" (11,18 mm)

Diese interessante Zeichnung zeigt, mit welchen Komponenten der Colt zusammengebaut wurde.

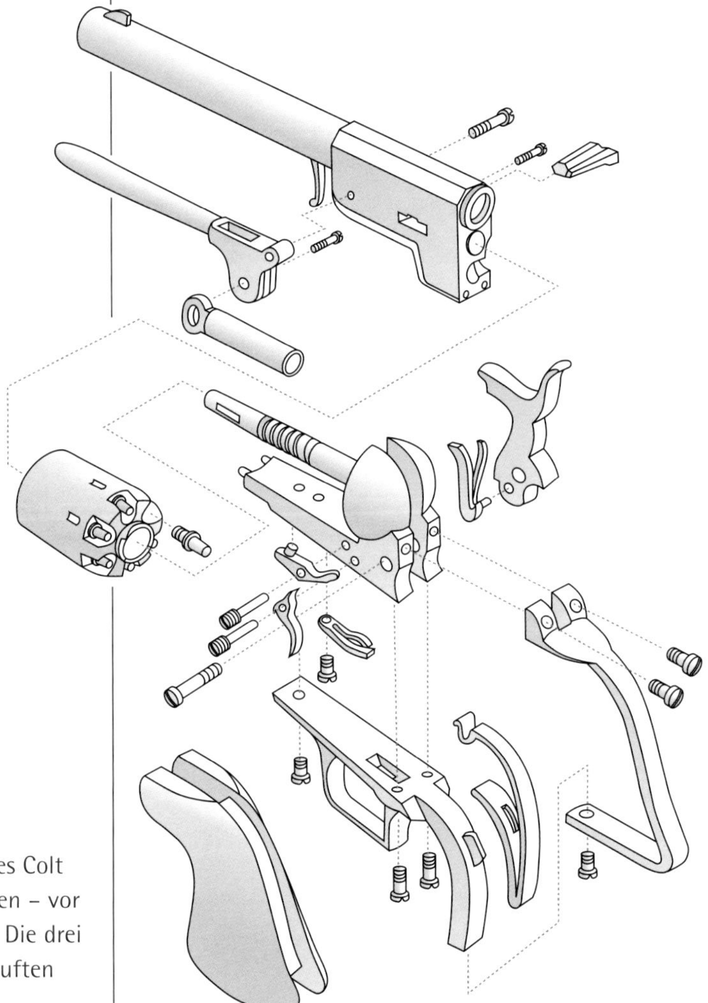

ALLE KOMPONENTEN DES NEUEN COLT

Die Zeichnung zeigt alle einzelnen Komponenten des Basismodells des Colt Walker von 1847, von der – abgesehen von manchen Überarbeitungen – vor allem das Vergleichsmodell „Whitneyville Harford Dragon" abweicht. Die drei Colt Modelle, die zwischen 1848 und 1861 hergestellt wurden, verkauften sich über 20.000 mal.

Die Revolver der Dragoner

Trotz der deutlich überlegenen Konzeption der Trommelrevolver, entwickelten sich die ersten Produktionsjahre des Colts aus wirtschaftlicher Sicht zur Katastrophe und die Firma ging pleite. Aber die Gültigkeit des Patents verfiel nicht und durch die neue Zusammenarbeit mit dem Hauptmann Sam Walker, der einige Verbesserungen einführte, wurde die Produktion 1847 mit dem gigantischen Colt Walker mit dem Kaliber 0.44" wieder aufgenommen. Diese Waffe funktionierte mit Einzelschuss und besaß einen durch einen Bügel geschützten Abzug.

1847 wurden 1100 Exemplare dieses neuen Revolvers hergestellt, 1000 Stück waren dabei alleine für die US-Regierung reserviert. Die Trommel verfügte über sechs Kammern, die Waffe hatte eine Gesamtlänge von 395 mm und einen Lauf von 9" (230 mm). Diese große Waffe, gebaut um Bleikugeln von 14,25 g durch eine Ladung von 3,24 g abzufeuern, hatte ein Leergewicht von über zwei Kilogramm (2100 g).

Wegen dieser guten Ergebnisse gedachte die Firma Colt diese Konzeption vorerst beizubehalten und verbesserte nur einige Details sowie das Gewicht zum Zwecke einfacherer Handhabung. Das war der Anfang der Produktion des Colt Dragon, der in seinen drei Versionen mehr als 20.000 mal verkauft wurde. Sein Gewicht wurde Schritt für Schritt von anfangs 1930 g auf später nur noch 1870 g reduziert. Diese Waffe bekam den Namen „Dragon", da sie von den Dragonern, der Kavallerie, benutzt wurde. Die Dragoner benutzen sie normalerweise immer paarweise, sie war an einer Öse des Sattelknaufs befestigt und diente zur Unterstützung der alten großen einschüssigen Pistolen.

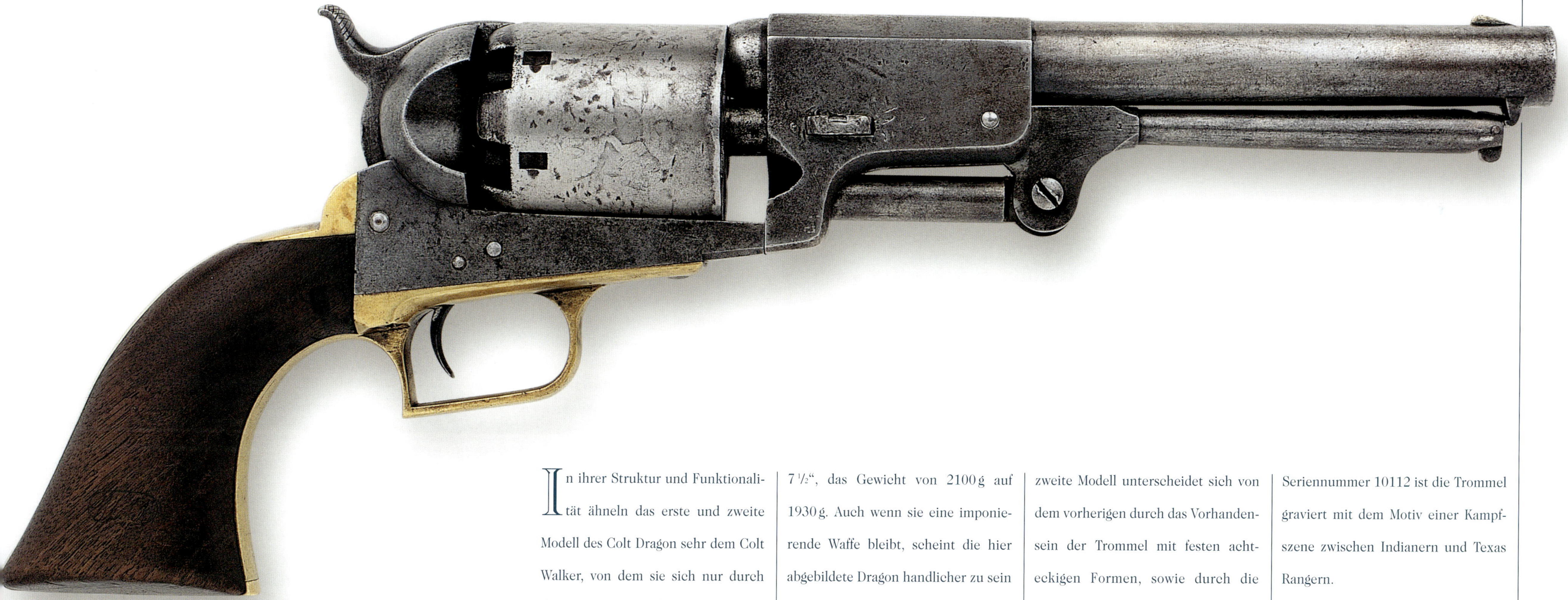

In ihrer Struktur und Funktionalität ähneln das erste und zweite Modell des Colt Dragon sehr dem Colt Walker, von dem sie sich nur durch ihre reduzierten Maße leicht abheben. Die Länge verringerte sich von 395 mm auf 343, die Lauflänge von 9“ auf 7 ½“, das Gewicht von 2100 g auf 1930 g. Auch wenn sie eine imponierende Waffe bleibt, scheint die hier abgebildete Dragon handlicher zu sein als die Walker, von der sie ja kaum abweicht. Zwischen 1850 und 1851 wurde sie 2700 mal hergestellt. Das zweite Modell unterscheidet sich von dem vorherigen durch das Vorhandensein der Trommel mit festen achteckigen Formen, sowie durch die gerade Hahnfeder, die die vorherige v-förmige ersetzt. Bei der abgebildeten Waffe aus dem Jahr 1851 mit der Seriennummer 10112 ist die Trommel graviert mit dem Motiv einer Kampfszene zwischen Indianern und Texas Rangern.

COLT DRAGON, DRITTES MODELL

Gesamtlänge:	355 mm
Lauflänge:	190 mm
Jahr:	1855
Einzelschuss	
Trommel mit sechs Schüssen	
Gewicht:	1870 g
Kaliber:	0,44" (11,18 mm)

Mit dem dritten Modell der Dragon erleichterte die Colt Company noch einmal diese Waffe im Verhältnis zu der vorherigen um 60 g, obwohl die Waffe nun etwa 1 cm länger ist. Interessant ist eine neue technische Besonderheit, die den Hahn in Sicherungsstellung nicht auf einer Zündkapsel, sondern in einer mittleren Position zwischen zwei Zündkapseln hält.

Die hier abgebildete Waffe besitzt die Seriennummer 14299, der Lauf ist mit einem kleinen Visier versehen, die Beschläge des Gestells sind aus Messing gefertigt, ebenso aus Messing ist der Abzugsbügel. Auf der Trommel sind noch feine Gravuren zu erkennen.

COLT POCKET 1849

Gesamtlänge: 233 mm	
Lauflänge: 101 mm	
Jahr: 1863	
Einzelschuss	
Trommel mit fünf Schüssen	
Gewicht: 690 g	
Kaliber: 0,31" (7,87 mm)	

Neben der „Root" oder der „Sidehammer", gehören auch kürzere und leichtere Waffen zur Colt-Familie. Darunter ist auch die Baby Dragon mit einem Kaliber von 0.31", die zwischen 1847 und 1850 etwa 5000 mal hergestellt wurde. Dazu gehört auch der Colt 1849 Pocket, der zwischen 1850 und 1873 fast 325.000 mal gebaut wurde – neben den 11.000 Waffen, die in der Londoner Fabrik der Colt Co. hergestellt wurden. Es gibt fast 200 Varianten von diesem Modell, von fünf bis sechs Schüssen mit Läufen von 3" bis 6". Sie war eine leicht zu verbergende Waffe und wurde ein unentbehrliches Werkzeug für die persönliche Verteidigung der Goldgräber, Pioniere, Glücksspieler, Politiker und Geschäftsmänner sowie für Soldaten der Union und der Konföderation, die sie persönlich kauften. Das abgebildete Exemplar hat einen Lauf von 4" und eine Trommel mit einer umlaufenden Gravur, die den Angriff auf eine Kutsche zeigt.

COLT NAVY 1851

Gesamtlänge:	330 mm
Lauflänge:	190 mm
Jahr:	1856
Einzelschuss	
Trommel mit sechs Schüssen	
Gewicht:	1170 g
Kaliber:	0,36" (9,14 mm)

Drei Jahre nach der Dragon begann die Colt Company mit der Herstellung einer neuen Waffe. Es war der sehr erfolgreich verkaufte Colt Navy 1851 – das beweisen die 250.000 Exemplare, die zwischen 1850 und 1873 gebaut wurden. Nach dem guten Start bei der Weltausstellung in London 1851 war sie auch in Europa sehr geschätzt und gefragt. Die Waffe hat ein Kaliber von 0.36", eine Trommel mit sechs Kammern und einen achteckigen Lauf von 7 1/2" Länge, der mit einem Visier ausgestattet ist.

Sie wird als die Waffe angesehen, die im Westen der USA die größte Verbreitung gefunden hat. Sie ist auch die klassische Waffe der Westernfilme. Nicht zuletzt aus diesem Grund wird sie noch heute als Nachbau hergestellt.

COLT ROOT 1855

Gesamtlänge: 220 mm	
Lauflänge: 87,5 mm	
Jahr: 1860	
Einzelschuss	
Trommel mit sechs Schüssen	
Gewicht: 430 g	
Kaliber: 0,31" (7,87 mm)	

1855 begann die Colt Company mit der Produktion der Waffe, die von Elisha Root, dem Leiter der Fabrik von Colt in Hartford, konzipiert wurde. Deshalb wird sie „Colt 1855 Root" oder auch „Sidehammer" genannt. Im Gegensatz zu den anderen Modellen der Colt Co., handelt es sich hier um eine kleine Waffe, die die Möglichkeit bietet, die Trommel durch einen zentralen Bolzen schnell zu entfernen.

Die Waffe hat einen sporenförmigen Abzug und den typischen seitlichen Hahn. Sie ist das einzige Colt Modell mit einem geschlossenen Rahmen. Einer der bekanntesten Freunde dieser kleinen Waffe war General Robert E. Lee., Anführer der Südstaatenarmee. Die Waffe wurde zwischen 1855 und 1870 etwa 40.000 Mal in verschiedenen Varianten produziert.

Das abgebildete Exemplar mit der Seriennummer 44 ist eines der ersten. Sie besitzt ein Kaliber von 0.31" mit einem achteckigen Lauf. Es gibt aber auch Modelle mit Kaliber 0.28" und rundem Lauf.

COLT ARMY 1860

GESAMTLÄNGE: 346 mm	
LAUFLÄNGE: 203 mm	
JAHR: 1862	
Einzelschuss	
Trommel mit sechs Schüssen	
GEWICHT: 1200 g	
KALIBER: 0,44" (11,18 mm)	

Im Jahr 1860 wird das neue Modell Colt Army auf den Markt gebracht. Charakteristisch für diese Waffe ist ihre abgerundete Form und die leicht nach vorne geneigte Trommel. Sie wurde von 1873 bis 1873 etwa 200.500 mal produziert und zwar mit Läufen von 7 ½" bis 8" Länge. In der Gesamtproduktionsstatistik sämtlicher Colt-Modelle belegt sie den dritten Platz. Die Regierung der Nordstaaten kaufte 127.156 Stück von diesem Modell, es war die meist genutzte Waffe während des Sezessionskriegs. Es gibt Versionen auch mit gravierter Trommel. Das hier gezeigte Exemplar hat eine schmucklose glatte Trommel, einen runden Lauf von 8" Länge. Am Ende des Griffs befindet sich eine Konstruktion, um sie in ein kleines Gewehr umzuwandeln.

COLT NAVY 1861

- Gesamtlänge: 330 mm
- Lauflänge: 187,5 mm
- Jahr: 1867
- Einzelschuss
- Trommel mit sechs Schüssen
- Gewicht: 1180 g
- Kaliber: 0,36“ (9,14 mm)

Im Herbst des Jahres 1861 begann die Produktion des Colt Modells Navy oder New Model Navy, auch „Belt“ genannt. Bei dieser Waffe mit Kaliber 0.36“ wurden die im Jahr zuvor beim Modell Army mit größerem Kaliber von 0,44“ eingeführten Neuerungen übernommen. Der neue kürzere und leichtere Revolver wurde zwischen 1861 und 1873 etwa 39.000 mal produziert. 3000 Stück davon hatten einen abnehmbaren Lauf und 100 Exemplare eine gravierte Trommel. Das abgebildete Stück hat den typisch abgerundeten Lauf von 7 ½“ Länge und die nach vorne geneigte Trommel. Bei dieser Waffe wurde die Trommel graviert. Die Gravur zeigt eine Kampfszene auf See.

REMINGTON NEW ARMY MODEL

Gesamtlänge:	350 mm
Lauflänge:	203 mm
Jahr:	1863
Einzelschuss	
Trommel mit sechs Schüssen	
Gewicht:	1240 g
Kaliber:	0,44" (11,18 mm)

Noch bevor die ersten Revolver offiziell vorgestellt worden waren, hatte die Firma Remington die Möglichkeit genutzt, sich zwischen den Jahren 1857 und 1862 mit der Produktion dieser Waffen zu beschäftigen. Remington brachte zunächst die bescheidene Beals 1st Pocket Revolver auf den Markt und dann die verbesserten Modelle Army, Navy und schließlich eine der schönsten Waffen dieser Zeit: die Remington New Army Model. Aufgrund der hohen Zahl von an die Nordstaaten-Armee verkauften Colt Modellen, konnte diese Waffe im Konkurrenzvergleich nur den zweiten Platz in den Verkaufszahlen erreichen. Hauptsächlich wegen der Solidität ihres geschlossenen Rahmens wurde sie sehr geschätzt. Diese klassische Waffe des Bürgerkriegs wurde zwischen 1861 bis 1865 in 125.300 Exemplaren hergestellt. Die Begriffe „Army" (Armee) und „Navy" (Marine) weisen nicht nur auf die Hauptbenutzer der Waffen hin, sondern auch auf die verschiedenen Kaliber: 0.44" für die Armee und 0.36" für die Marine. Die abgebildete Army hat ein Kaliber von 0.44" und einen achteckigen Lauf mit einer Länge von 8".

REMINGTON RIDER POCKET

Gesamtlänge: 200 mm	
Lauflänge: 94 mm	
Jahr: 1862	
Doppelschuss	
Trommel mit sechs Schüssen	
Gewicht: 270 g	
Kaliber: 0,31" (7,87 mm)	

Die abgebildete Waffe stammt von der Firma Remington und wurde „Rider Pocket" genannt. Sie ist eine der ersten Revolver-Waffen mit Doppelschuss. Das bedeutet, dass mit einer einzigen Betätigung des Abzugs – die durch die fortgeschrittene angewinkeltere Position instinktiver und schneller vorgenommen wurde – das Ziehen des Hahns und sein darauf folgender Schlag den Schuss auslöste. Die Waffe ist ein Revolver mit Schlagbolzen und einer pilzförmigen Trommel mit fünf Schüssen, der Abzug besitzt einen Bügel, die geriffelten Griffschalen sind aus Hartgummi gefertigt. Zwischen den Jahren 1860 und 1873 wurden ca. 20.000 Exemplare mit verschieden langen Läufen hergestellt.

REMINGTON NEW MODEL POCKET

Gesamtlänge: 230 mm	
Lauflänge: 117 mm	
Jahr: ca. 1870	
Einzelschuss	
Trommel mit fünf Schüssen	
Gewicht: 380 g	
Kaliber: 0,31" (7,87 mm)	

Neben den neuen Waffen mit Doppelschuss konnten noch sehr lange die Modelle mit Einzelschuss existieren, wie diese Remington „New Model Pocket" zeigt. Zwischen 1863 und 1873 wurden ca. 25.000 Stück von dieser Waffe mit achteckigem Lauf von 3", 3 ½", 4" und 4 ½" Länge hergestellt. Es handelt sich um einen kleinen Revolver mit einer Trommel für fünf Schüsse, ausgestattet mit einem sporenförmigen Abzug und einem verkleinerten Hahn, um das Spannen zu erleichtern. Die Firma Remington kam auf die Idee, wohlhabenden Privatleuten anzubieten, diese Waffe speziell für sich herstellen zu lassen, zum Beispiel mit feinen Einlegearbeiten aus Perlmutt oder Elfenbein.

ROGER & SPENCER 44

Gesamtlänge: 340 mm	
Lauflänge: 190 mm	
Jahr: 1864	
Einzelschuss	
Trommel mit sechs Schüssen	
Gewicht: 1370 g	
Kaliber: 0,44" (11,18 mm)	

Eine Waffe, die den „großen" Colt- und Remington-Modellen sehr ähnelte, war die abgebildete mit dem Kaliber 0.44" von Roger & Spencer aus Utica, New York. Dieser Revolver wurde von Kennern sehr geschätzt. In den Jahren von 1863 bis 1865, in der Endphase des amerikanischen Bürgerkrieges, wurden ca. 5800 Stück davon hergestellt, von denen 5000 Stück für die Armee des Nordens bestimmt waren. Der Revolver war eine Einzelschuss-Waffe mit eckigem Lauf, einem geschlossenen Rahmen, einem Griff aus Nussbaumholz und mit brünierten Feinarbeiten. Vor der Herstellung dieser Waffe hatte die Roger & Spencer Company einige Produktionen von der C. S. Pettengill aus New Haven und auch die der Revolver Hammerless Pettengill in den drei Ausführungen Pocket, Navy und Army übernommen.

ADAMS

GESAMTLÄNGE: 303 mm
LAUFLÄNGE: 170 mm
JAHR: ca. 1855
Trommel mit fünf Schüssen
GEWICHT: 870 g
KALIBER: .500" (12,7 mm)

Robert Adams produzierte Waffen mit für die damalige Zeit großem Kaliber, wie die hier abgebildete mit dem Kaliber 0.500" (12,7 mm). Sie ist mit einem robusten geschlossenen Rahmen ausgestattet. Diese verbesserte Version hatte schon einen sogenannten Kugelsetzer. Im Griff der Waffe befindet sich ein kleiner Hohlraum für einen Munitionsvorrat. Eine andere Besonderheit ist die Feder, die hinter der Trommel auf der linken Seite positioniert ist und die das Blockieren des Hahns in der Sicherungsstellung ermöglicht. Dadurch konnte sich ein unbeabsichtigter Schuss nicht lösen. Ein leichter Druck auf den Abzug löst die Sicherung.

ADAMS POCKET

DER DOPPELSCHUSS DER ADAMS

Neben dem Erfolg der Colt Revolver auf der Weltausstellung 1851 im Hyde Park in London gesellte sich noch der Erfolg eines Londoner Herstellers hinzu. Robert Adams und sein Partner John Deane stellten Revolver von bester Qualität vor, die das Ergebnis sorgfältiger Feinarbeit waren. Zumeist waren sie noch manuell Teil für Teil zusammengebaut und mit einem anderen Schussmechanismus als dem der Colt Revolver ausgestattet. Diese Letzteren waren Einzelschussrevolver, das heißt, man musste den Hahn manuell ziehen und der Druck auf den Abzug war nur dazu da, um ihn nach vorn schnellen zu lassen und dadurch den Schuss auszulösen. Bei den Adams Revolvern konnte man den Hahn nicht manuell ziehen, aber automatisch mit dem Abzug. Gleichzeitig erfolgte eine entsprechende Drehung der Trommel. Dieses Prinzip hatte allerdings einen Nachteil: Der Abzug hatte einen sehr hohen Druckpunkt, was ein genaues Zielen erschwerte.

GESAMTLÄNGE: 185 mm
LAUFLÄNGE: 80 mm
JAHR: ca. 1860
Trommel mit fünf Schüssen
GEWICHT: 370 g
KALIBER: 10 mm

Dieser Revolver von Adams ist deutlich leichter als seine Vorgänger, nicht nur vom Gewicht, sondern auch vom Kaliber her, ein Revolver mit Kaliber 10 mm und mit fünf Schüssen. Die Waffe besitzt einen achteckigen Lauf, einen geschlossenen Rahmen mit Gravuren und sie hat einen langen Griff mit einem Ende aus Horn. Wie die auf der gegenüber liegenden Seite abgebildete Waffe, ist auch diese mit einem Visier ausgestattet. Der Revolver ist mit Adams 1851 Patent auf dem Rahmen signiert, begleitet von der Seriennummer 4999 sowie von Punzen der Prüfbank von Liege, die einen Export nach Belgien vermuten lassen.

TRANTER DRITTES MODELL

Gesamtlänge: 295 mm
Lauflänge: 152 mm
Jahr: 1855
Trommel mit fünf Schüssen
Gewicht: 1000 g
Kaliber: 11,25 mm

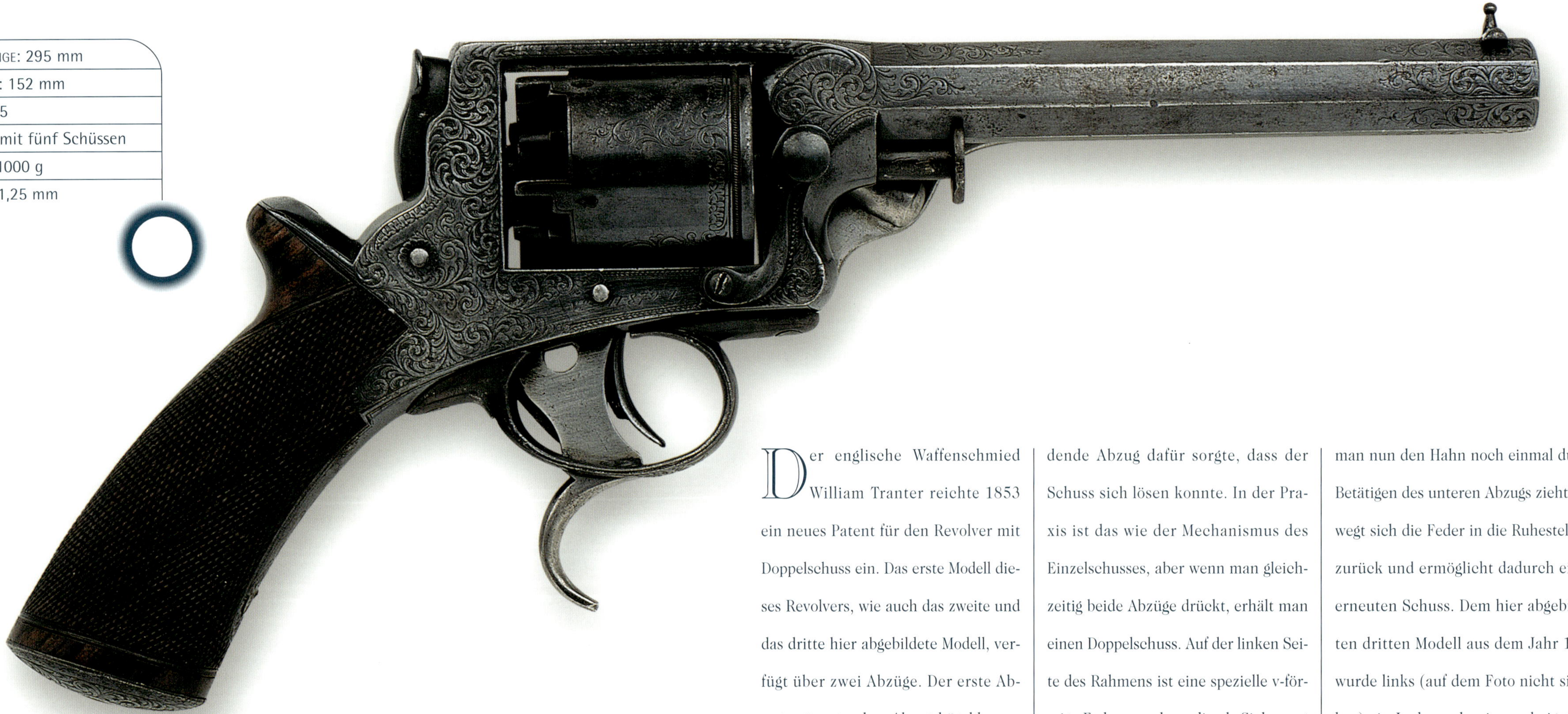

Der englische Waffenschmied William Tranter reichte 1853 ein neues Patent für den Revolver mit Doppelschuss ein. Das erste Modell dieses Revolvers, wie auch das zweite und das dritte hier abgebildete Modell, verfügt über zwei Abzüge. Der erste Abzug ragt unter dem Abzugsbügel hervor und wird für das Ziehen des Hahns und das Drehen der Trommel benötigt, während der zweite sich im Bügel befindende Abzug dafür sorgte, dass der Schuss sich lösen konnte. In der Praxis ist das wie der Mechanismus des Einzelschusses, aber wenn man gleichzeitig beide Abzüge drückt, erhält man einen Doppelschuss. Auf der linken Seite des Rahmens ist eine spezielle v-förmige Feder zu sehen, die als Sicherung dient. Nach dem Schuss bleibt diese Feder in angehobener Position und blockiert dadurch den Hahn. Wenn man nun den Hahn noch einmal durch Betätigen des unteren Abzugs zieht, bewegt sich die Feder in die Ruhestellung zurück und ermöglicht dadurch einen erneuten Schuss. Dem hier abgebildeten dritten Modell aus dem Jahr 1855 wurde links (auf dem Foto nicht sichtbar) ein Lademechanismus beigefügt, der im Originalpatent nicht vorgesehen war.

TRANTER VIERTES MODELL

Gesamtlänge: 300 mm	
Lauflänge: 145 mm	
Jahr: 1856	
Trommel mit fünf Schüssen	
Gewicht: 1100 g	
Kaliber: 11 mm	

Das hier abgebildete vierte Modell des Tranter Revolvers aus dem Jahre 1856 besaß keinen zweiten langen Abzug. Dieser wurde durch einen versteckten Abzug ersetzt, der durch ein vorderes Zähnchen des Hauptabzuges betätigt wird. Das ist nun wirklich ein System mit Doppelschuss, sehr dem System der Starr Revolver Pistole ähnlich.

Bei dieser Waffe befindet sich der Hebel des Kugelsetzers auf der linken Seite des Laufs. Auf der rechten Seite hingegen, hinter der Trommel, ist eine Art Hahn, der, wenn er nach vorne geschoben ist, die Trommel in der Sicherungsstellung blockiert. So wie die Waffen von Adams, wurden auch die von Tranter produzierten Waffen von den Konföderierten während des Sezessionskriegs importiert.

Wie die vorherigen Waffen, so konnte auch das vierte Modell der Tranter in einer schönen Schatulle mit den Maßen 370 x 190 x 60 mm geliefert werden.

PETTENGILL NAVY

GESAMTLÄNGE: 267 mm	
LAUFLÄNGE: 117 mm	
JAHR: 1858	
Trommel mit sechs Schüssen	
GEWICHT: 660 g	
KALIBER: 0,31" (7,87 mm)	

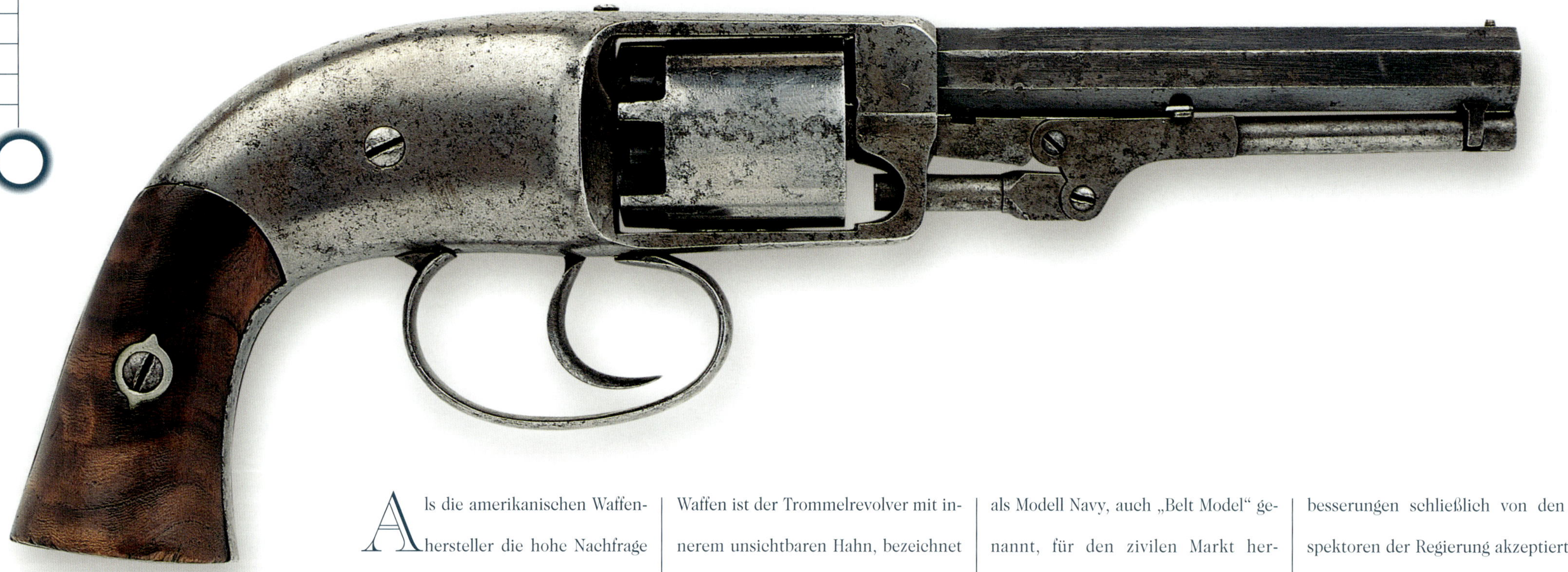

Als die amerikanischen Waffenhersteller die hohe Nachfrage auf dem Heimmarkt bemerkten, bemühten sie sich, neue Versionen von Waffen herzustellen, indem sie manchmal nur kleine Modifikationen mit dem Ziel vornahmen, den Patenten von Colt und Smith & Wesson auszuweichen, die das Monopol besaßen. Eine dieser Waffen ist der Trommelrevolver mit innerem unsichtbaren Hahn, bezeichnet als Hammerless Revolver. Dieser Vorderlader mit Schlagbolzen und Doppelschuss der C. S. Petengill basiert auf einem Patent aus dem Jahr 1858 von Raymond & Robitaille, Hersteller des Roger & Spencer Revolvers. Die Waffe wurde 900 mal mit dem Kaliber 0.34" als Modell Navy, auch „Belt Model" genannt, für den zivilen Markt hergestellt. Mit dem Kaliber 0.44" des Modells Army wurde sie 30.400 mal produziert, auch für den zivilen Markt, aber hauptsächlich für die US-Bundesregierung. Die Waffe wurde allerdings zunächst von der Regierung abgelehnt und nur nach einigen technischen Verbesserungen schließlich von den Inspektoren der Regierung akzeptiert. Es wurde ebenfalls eine Serie von 415 Exemplaren als Modell Pocket mit dem Kaliber 0.31" produziert. Dieser entstammt auch die hier abgebildete Waffe.

Der Wert der Pistolen und der Fall Manhattan

Der Sammlerwert einer Waffe hängt von vielen Faktoren ab, aber die Preisentwicklung und der Marktverlauf sind sehr wichtige Elemente.
Der Zustand einer Waffe wirkt sich mit großer Sicherheit auf die Preisfestlegung aus und kann durch genaue Bewertungskriterien wie folgt klassifiziert werden: „mäßig", „schön", „sehr schön", „ausgezeichnet", ja sogar bis „perfekt". Die anderen sehr wichtigen Faktoren sind die Gesetze des Marktes, das heißt der Verlauf von Anfrage und Angebot. Dies ist ein Parameter, der auf mittlerer und langer Sicht zyklischen Schwankungen unterliegt und häufig dazu führt, dass zu einem bestimmten Zeitpunkt ein bestimmtes Modell einem anderen vorgezogen wird. Manchmal aber erweisen sich auch andere Faktoren als wichtig, wie im Fall der Manhattan, deren Sammlerwert plötzlich im Jahre 1958 durch die erste Veröffentlichung der Produktgeschichte des Herstellers in die Höhe schnellte.

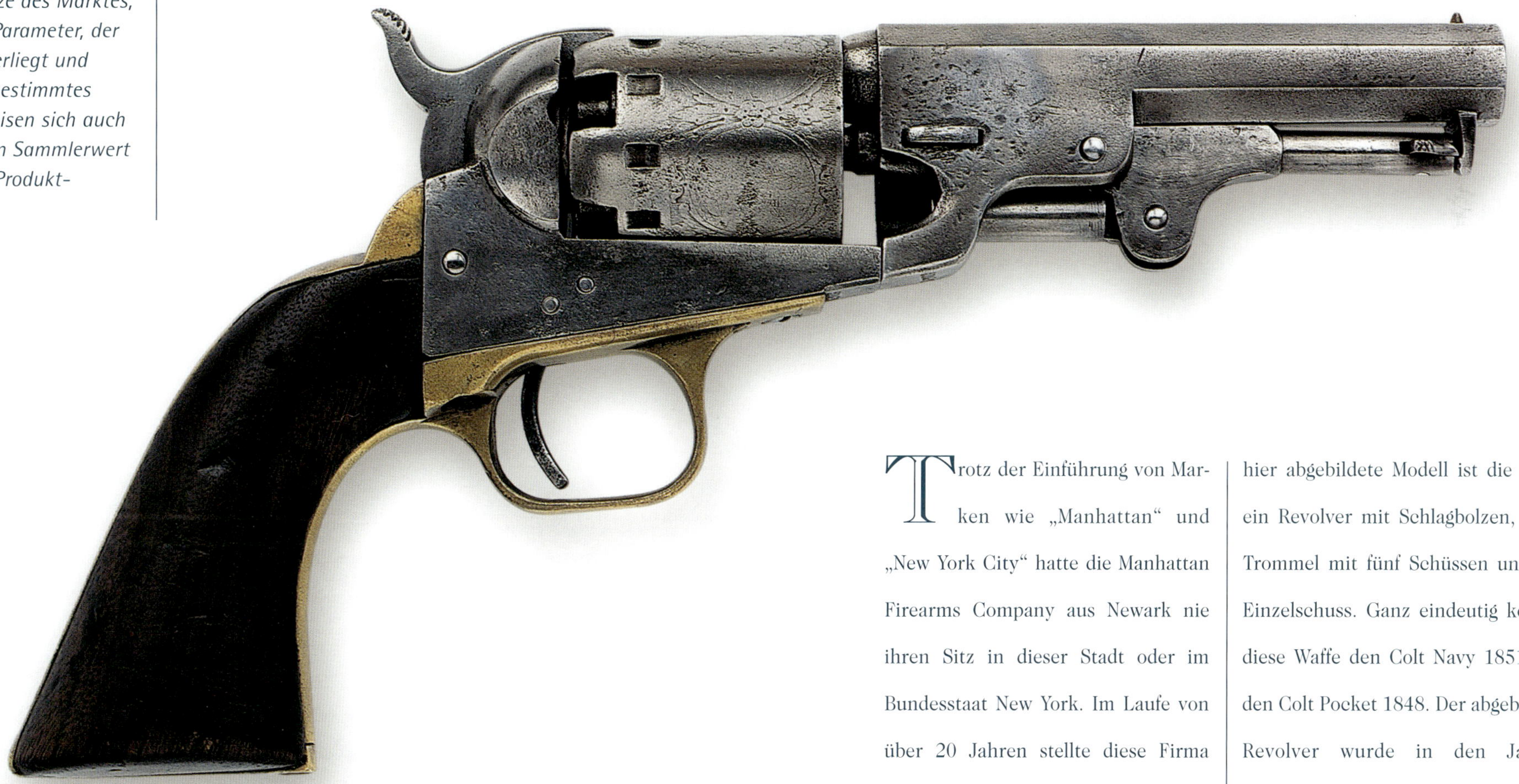

Gesamtlänge: 230 mm
Lauflänge: 100 mm
Jahr: ca. 1863
Einzelschuss
Trommel mit fünf Schüssen
Gewicht: 770 g
Kaliber: 0,36" (9,14 mm)

Trotz der Einführung von Marken wie „Manhattan" und „New York City" hatte die Manhattan Firearms Company aus Newark nie ihren Sitz in dieser Stadt oder im Bundesstaat New York. Im Laufe von über 20 Jahren stellte diese Firma eine große Anzahl von Pistolen in verschiedenen Ausführungen her. Das hier abgebildete Modell ist die Navy, ein Revolver mit Schlagbolzen, einer Trommel mit fünf Schüssen und mit Einzelschuss. Ganz eindeutig kopiert diese Waffe den Colt Navy 1851 und den Colt Pocket 1848. Der abgebildete Revolver wurde in den Jahren zwischen 1859 und 1868 78.000 mal hergestellt.

LE MAT

Gesamtlänge: 330 mm	
Lauflänge: 168 mm	
Zeitraum: 1860 – 1866	
Trommel mit neun Schüssen	
Gewicht: 1400 g	
Kaliber: 16 mm	

Ein patriotischer Südstaatler französischen Ursprungs, J. A. F. Le Mat, ließ sich im Jahr 1856 diesen außergewöhnlichen Trommelrevolver mit gezogenem Lauf patentieren. Die große Trommel mit neun Kammern dreht sich auf einer massiven Achse unter dem eigentlichen Lauf. Die Waffe besitzt einen offenen Rahmen und einen langen Griff aus Holz. Sie funktionierte praktisch so wie alle anderen Revolver, nur konnte sie neun Schüsse abfeuern. Die in New Orleans gefertigte Waffe war die Waffe der Südstaatler, die hauptsächlich während des Sezessionskriegs benutzt wurde.

SAVAGE

Gesamtlänge:	365 mm
Lauflänge:	187 mm
Jahr:	1860
Trommel mit sechs Schüssen	
Gewicht:	1430 g
Kaliber:	0,36" (9,14 mm)

Das Gegenstück zu der von den Südstaatlern am häufigsten benutzten Waffe, der Le Mat auf der vorherigen Seite, ist dieser Revolver mit sechs Schüssen, hergestellt von der Savage Revolving Fire-Arms Company. Dieser außerordentlich eigenwillig konstruierte Revolver war eine der vielen Waffen, die der Armee der Nordstaaten zur Verfügung standen. Tatsächlich wurde die erste Serie der Waffe in einer Stückzahl von nur etwa 4000 Exemplaren produziert. Die zweite Serie wurde 20.000 mal hergestellt, wovon 12.000 Stück für die Armee gedacht waren. Die Waffe besitzt einen achteckigen Lauf, einen geschlossenen Rahmen und eine ungewöhnliche Form des Abzugs und des Bügels. Der ringförmige Abzugshebel leitete die Umsetzung der Trommel ein und spannte den Hahn, der kleine Abzugshebel löste den Schuss aus.

COOPER

GESAMTLÄNGE: 246 mm
LAUFLÄNGE: 125 mm
JAHR: 1863
Doppelschuss
Trommel mit fünf Schüssen
GEWICHT: 720 g
KALIBER: 0,31" (7,87 mm)

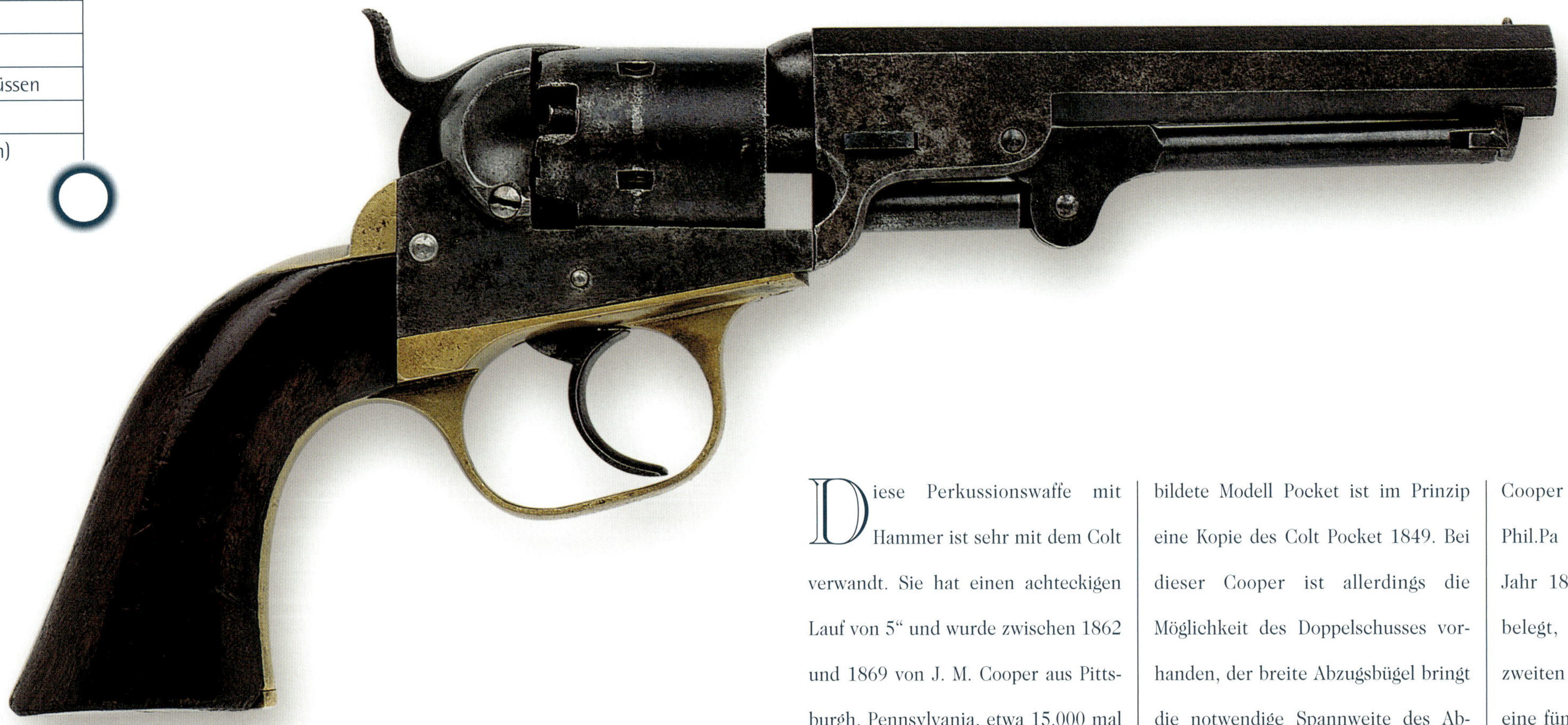

Diese Perkussionswaffe mit Hammer ist sehr mit dem Colt verwandt. Sie hat einen achteckigen Lauf von 5“ und wurde zwischen 1862 und 1869 von J. M. Cooper aus Pittsburgh, Pennsylvania, etwa 15.000 mal produziert.

Es handelt sich um einen mittelgroßen Revolver mit einer Trommel für fünf Schüsse im Kaliber 0.31“. Das abgebildete Modell Pocket ist im Prinzip eine Kopie des Colt Pocket 1849. Bei dieser Cooper ist allerdings die Möglichkeit des Doppelschusses vorhanden, der breite Abzugsbügel bringt die notwendige Spannweite des Abzugs.

Diese Waffe zeigt brünierte Feinarbeiten, einen offenen Rahmen, der Griff ist aus Holz gefertigt. Sie ist mit Cooper Firearms Co. Frankford. Phil.Pa signiert und stammt aus dem Jahr 1863. Die Seriennummer 2375 belegt, dass diese Waffe aus der zweiten Serie entspringt. Sie besitzt eine fünfschüssige Trommel, während die Waffen der dritten Serie über eine Trommel mit sechs Schüssen verfügen.

ALLEN & WHEELOCK

GESAMTLÄNGE: 185 mm	
LAUFLÄNGE: 75 mm	
JAHR: 1860 mm	
Trommel mit fünf Schüssen	
GEWICHT: 405 g	
KALIBER: 0,28" (7,11 mm)	

SMITH & WESSON GEGEN ALLEN & WHEELOCK

Kurz nach der Mitte des 19. Jahrhunderts, kam die Firma Smith & Wesson mit verschiedenen Modellen auf den amerikanischen Markt. Das Unternehmen zeigte eine ganze Serie von Neuerungen. Einige Beispiele sind der schwenkbare Lauf und die von Rollin White erfundene, völlig durchbohrte Trommel zur Benutzung von runden Schlagbolzenpatronen. Es waren Verbesserungen, die ordnungsgemäß durch Patente geschützt waren.

Die Effektivität der Neuerungen brachte einige Hersteller dazu sie nachzuahmen, wobei sie die gültigen Patente umgingen. Smith & Wesson zögerte nicht, rechtliche Schritte gegen einige dieser Konkurrenten einzuleiten, zum Beispiel gegen die Massachusetts Arms Company sowie gegen Allen & Wheelock.

Ethan Allen, der bis in die dreißiger Jahre des 19. Jahrhunderts mit Charles Thurber, Hersteller einiger geschätzter Pepperboxen, zusammengearbeitet hatte, gründete nach dem Ausscheiden seines alten Partners eine neue Firma mit Thomas Wheelock. Diese vermochte sich im Bereich der einschüssigen Revolver zu behaupten. Die Allen & Wheelock wurde auch von Rollin White erwähnt, der persönlich damit beschäftigt war, sein eigenes, von Smith & Wesson beanspruchtes Patent zu schützen und 1863 seine eigenen Verbesserungen in der Waffe von Allen wiedererkannte.

Dieser Sidehammer Pocket Revolver ist eine Waffe mit fünf Schüssen im Kaliber 0.28" und einem achteckigen Lauf. Zwischen den Jahren 1858 und 1861 wurde diese Waffe nur 1000 mal von Allen & Wheelock in Worcester, Massachusetts, produziert. Sie war mit einem geschlossenen Rahmen ausgestattet, der Hahn auf der rechten Seite identifiziert die Waffe als sogenannten Sidehammer-Revolver. Die glatte Trommel ist graviert. Um sie zu entfernen muss der hintere Schraubbolzen entfernt werden.

STARR ARMY

Gesamtlänge: 300 mm
Lauflänge: 153 mm
Jahr: ca. 1860
Trommel mit sechs Schüssen
Gewicht: 1225 g
Kaliber: 0,44“ (11,18“)

Diese Waffe ist eine Abwandlung der Starr Navy. Der erste Revolver Navy mit Kaliber 0.36“ und Einzelschuss wurde etwa 3000 mal hergestellt und das zweite, hier abgebildete Modell mit Doppelschuss, „Army“ genannt, mit sechs Schüssen und rundem 6“-Lauf wurde zwischen 1858 und 1861 etwa 23.000 mal produziert. Beide Waffen hatten das gleiche System zum Öffnen der Trommel.

Dieses doppelschüssige Modell verfügte über eine Technik, die der des dritten Modells der Tranter – abgebildet auf Seite 170 –, ähnelte. Diese Waffe besitzt einen geschlossenen Rahmen, die Trommel liegt parallel zum Lauf, der Griff ist aus Holz.

DEVISME

Gesamtlänge: 315 mm

Lauflänge: 150 mm

Jahr: 1855

Einzelschuss

Trommel mit sechs Schüssen

Gewicht: 1160 g

Kaliber: 7 mm

Im Jahr 1854 ließ sich der französische Hersteller F. P. Devisme diesen Trommelrevolver patentieren. Das Unternehmen Devisme war in den Jahren zwischen 1834 bis 1871 in Paris tätig. Die Waffe zeigt ein hohes Maß an Innovationen, sie war ausgestattet mit zahlreichen technischen Kabinettstückchen. Eine Besonderheit ist der Rahmen, der geschlossen zu sein scheint, obwohl man ihn in Wirklichkeit durch das Entfernen des Laufs vom Mittelstück trennen kann. Die Waffe ist typisch französisch gearbeitet, der Lauf ist sechseckig, die Trommel fein graviert, die Griffschalen sind aus Holz und werden von zwei Schrauben aus Silber gehalten. Die Waffe ist sechsschüssig mit Kaliber 7 mm.

ALLEN & WHEELOCK LIP FIRE

Dies ist ein sechsschüssiger Revolver, für die Ethan Allen eine besondere Patronenart, die sogenannte „Lipfire", ersonnen hatte. Die Patronen verfügten über eine leichte rundliche Verbreiterung am Boden zur besseren Gasabdichtung, deshalb nannte man sein Kaliber „44 lipfire". Die Waffe hat einen gezogenen Hauptlauf, erst eckig, dann rund, mit einem Visier aus Messing. Der Rahmen der Waffe ist geschlossen, die Trommel liegt parallel zum Lauf, die Schalen des Griffs sind aus Holz gefertigt.

Gesamtlänge: 330 mm
Lauflänge: 188 mm
Jahr: 1862
Trommel mit sechs Schüssen
Gewicht: 1140 g
Kaliber: 0,44" lipfire (11,18 mm)

LEFAUCHEUX MIT DOPPELTER TROMMEL

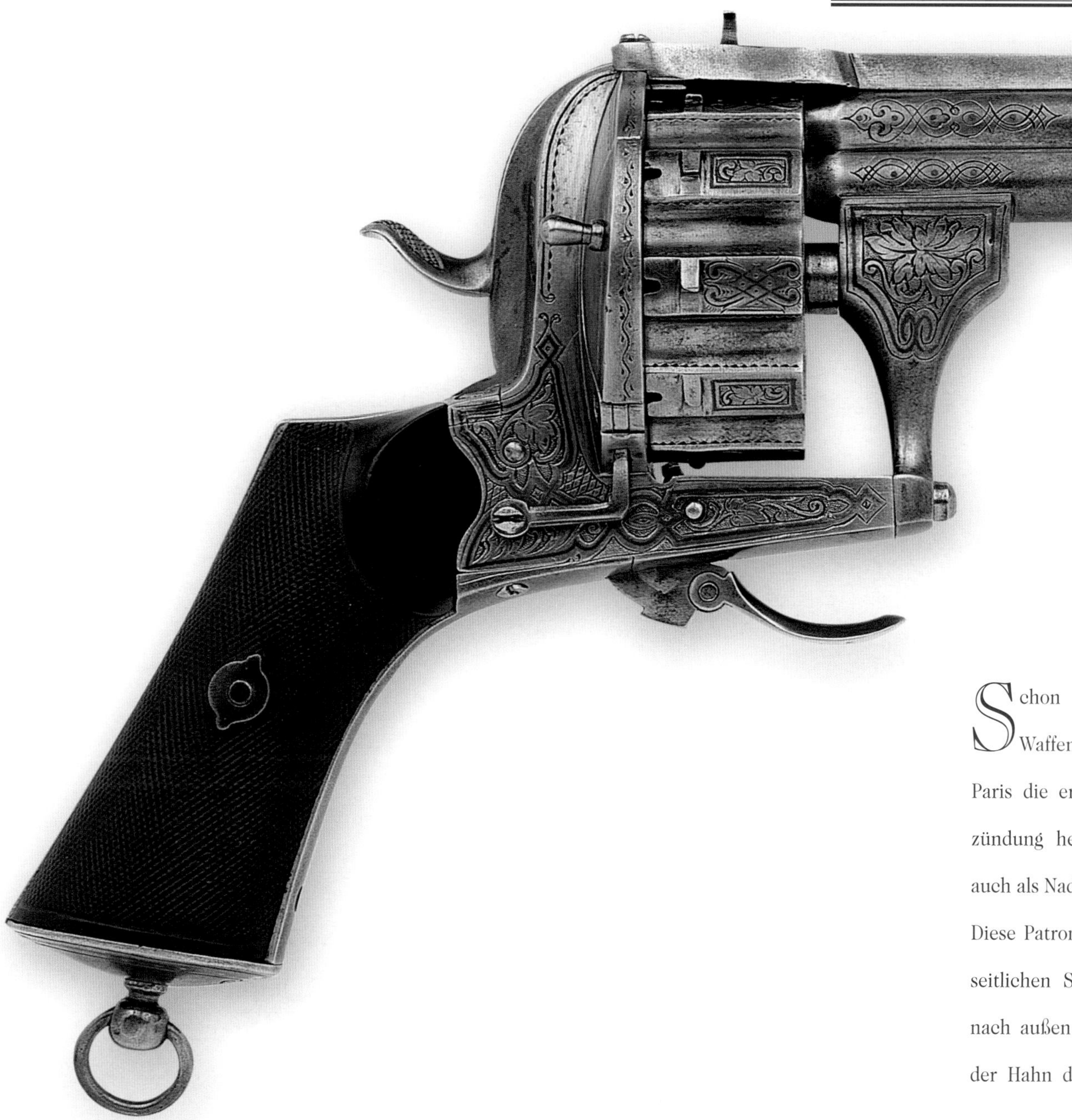

Gesamtlänge: 270 mm	
Lauflänge: 150 mm	
Jahr: ca. 1870	
Doppelschuss	
Trommel mit 20 Schüssen	
Gewicht: 1050 g	
Kaliber: 7 mm	

Schon im Jahre 1836 hatte die Waffenschmiede Lefaucheux in Paris die erste Patronenart mit Stiftzündung hergestellt, die gelegentlich auch als Nadelpatrone bezeichnet wird. Diese Patrone besitzt am Boden einen seitlichen Stift, der in der Trommel nach außen zeigt. Beim Schuss treibt der Hahn diesen Stift in die Patrone und zündet dort die Zündmasse. Eine einfallsreiche Lösung, die aber mit einer gewissen Skepsis aufgenommen wurde. Der wirkliche Erfolg kam mit dem Modell 1858, das an die französische Marine geliefert wurde.

Danach wiederholte Lefaucheux den Erfolg mit dem abgebildeten Modell 1870, die das Projektil mit einer höheren Geschwindigkeit abschoss. Die hier abgebildete Lefaucheux ist ein spezieller Revolver mit zwei runden, gezogenen und übereinander liegenden Läufen, die Trommel ist so konstruiert, dass sie 20 Stiftpatronen aufnehmen kann. Weitere Merkmale sind ein offener Rahmen, Ladeklappe und Patronenauswerfer.

PEPPERBOX MIT ABSCHRAUBBAREM LAUF

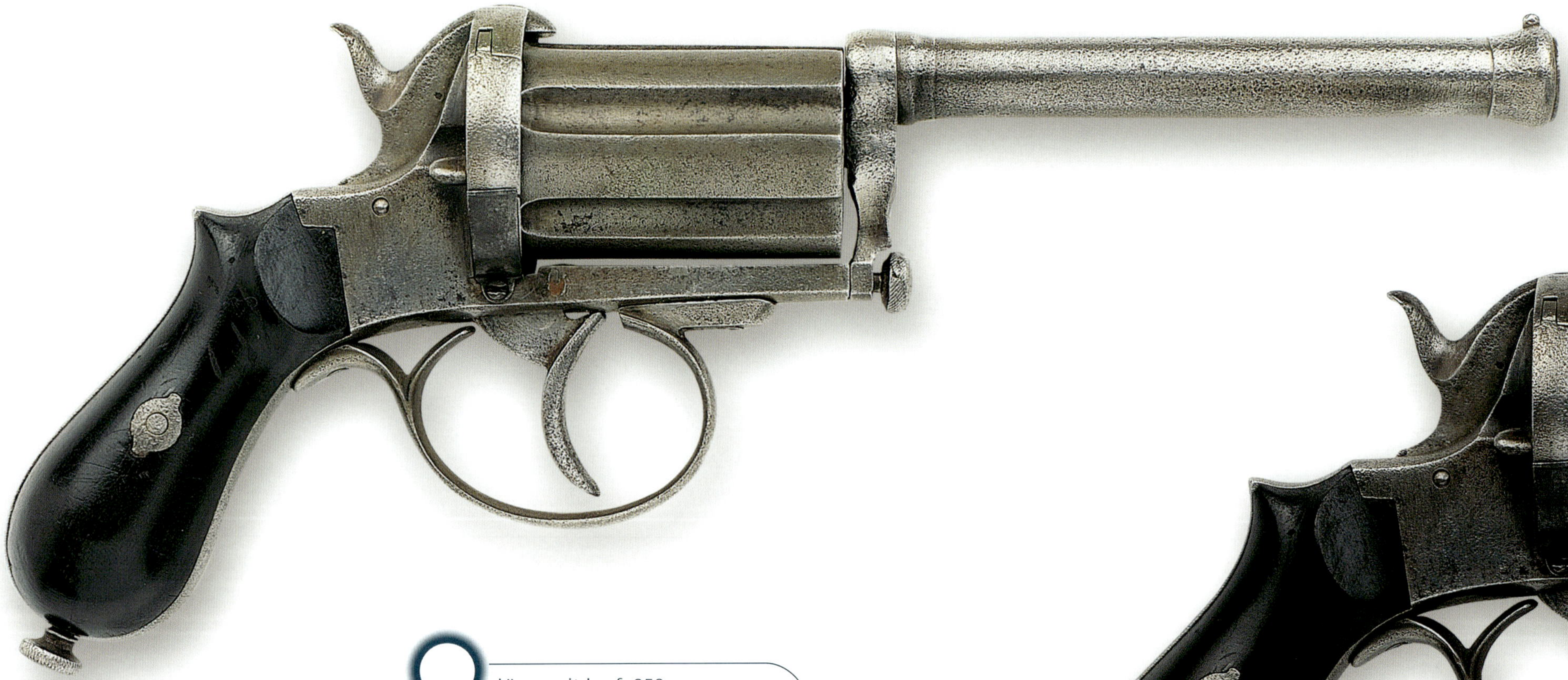

Die Waffe montiert mit Lauf.

Länge mit Lauf: 250 mm
Länge nur mit Trommel: 145 mm
JAHR: ca. 1860
Doppelschuss
Trommel mit sechs Schüssen
GEWICHT: 460 g ohne Lauf
GEWICHT: 540 g mit Lauf
KALIBER: 9 mm

Diese belgische Waffe ist eigentlich ein ganz normaler Revolver. Nach dem Entfernen des Laufs kann diese Waffe jedoch auch als „Pepperbox“, also als Bündelrevolver benutzt werden. Diese Waffe

revolver benutzt werden. Diese Waffe wurde gebaut, um belgische Vorschriften zu unterlaufen. In der Mitte des 19. Jahrhunderts galten in Belgien Revolver mit einem besonders kurzen Lauf und Waffen ohne Lauf als tückisch. So wurde diese Waffe mit einem langen Lauf verkauft. Mit wenigen Handgriffen konnte der Lauf jedoch entfernt werden und die Waffe wurde zu einer „Pepperbox" mit sechs Schüssen mit Kaliber 9 mm.

Nach dem Lösen einer Schraube am Rahmen konnte der Lauf abgenommen werden.

SPANISCHE PEPPERBOX

GESAMTLÄNGE: 125 mm	
LAUFLÄNGE: 48 mm	
JAHR: ca. 1860	
Doppelschuss	
Tommel mit sechs Schüssen	
GEWICHT: 235 g	
KALIBER: 7 mm	

Die Idee einer Waffe mit einem Laufbündel, das sich nach jedem Schuss dreht und sofort wieder eine neue Schussposition einnehmen kann, wurde in Europa und in den USA gleichzeitig entwickelt. In Europa wurden die dazugehörenden Patente zwischen 1836 und 1837 in England und Belgien angemeldet. In Nordamerika etablierte sich diese Waffe in der Ära des Goldrausches. In dieser bewegten Zeit benötigte man oft eine Waffe, die einfach und zuverlässig war und mit der man schießen konnte, ohne ein guter Schütze zu sein. Die Bündelrevolver wurden auch in Europa in großen Stückzahlen produziert und teilweise nach Amerika exportiert. Dieser „Pfefferstreuer" aus dem Jahr 1860 ist eine spanische Waffe. Der Revolver besitzt eine sechsschüssige Trommel, den Abzug kann man im Rahmen versenken.

COLT OPEN TOP POCKET

GESAMTLÄNGE: 145 mm	
LAUFLÄNGE: 72 mm	
JAHR: 1871	
Einzelschuss	
Trommel mit sieben Schüssen	
GEWICHT: 275 g	
KALIBER: 0,22" (5,59 mm)	

DAS AUFHOLEN DER COLT CO.: VOM COLT OPEN TOP ZUM PEACEMAKER

Im Kampf um die Führung auf dem expandierenden amerikanischen Waffenmarkt, machten die Hersteller der Colt Company einen großen Fehler, indem sie das enorme Potenzial der neuen geschlossenen Metallpatrone sowie des 1855 Rollin White erteilten Patents für eine völlig durchbohrte Trommel nicht erkannten.

Diese beiden Innovationen bestimmten jedoch den Erfolg der Waffenschmiede Smith & Wesson und machte sie zu einem Respekt einflößenden Rivalen der Colt Company. Durch den 1855 erfolgten Eintritt General Franklins in die Colt Company beabsichtigte man, die verlorene Zeit durch angemessene Innovationen wieder wett zu machen. Man versuchte, den Colt Revolver immer weiter zu modifizieren, da die Verhandlungen um die Patente mit Smith & Wesson fehlgeschlagen waren.

Viele technische Probleme wurden von Alexander Thuer, einem kreativen Techniker und Erfinder, aus der Welt geschafft. Er war ein enger Mitarbeiter und Freund von Oberst Colt und ließ sich zwischen 1868 und 1870 das System der traditionellen Revolver mit Metallpatrone patentieren. Er erfand eine neue manuelle Ladevorrichtung für diese Munitionsart, wobei er auch eine spezielle Patrone mit zentraler Zündvorrichtung und Bodenstück ohne Ring präsentierte, die an die modifizierten Waffen angepasst werden konnte.

Der erste mit dem neuen System realisierte Colt Revolver war der auf dieser Seite abgebildete Open Top mit Kaliber 0.22", der 1871 auf den Markt kam. Auch für die größere Open Top Version mit Kaliber 0.44" wurde das neue Zündsystem adaptiert, die Waffe war aber wenig erfolgreich und wurde 1873 vom Markt genommen, als dann endlich der Colt Peacemaker angeboten wurde, der auf der nächsten Seite vorgestellt wird.

Der hier abgebildete Colt Open Top mit Einzelschuss ist eine Übergangswaffe zwischen dem Colt der alten Konzeption „Old Line" und dem neuen Colt Peacemaker. Die kleine Waffe kam 1871 auf den Markt, sie besitzt eine Trommel mit sieben Schüssen und einem sporenförmigen Abzug. Der offene Rahmen ist aus Bronze und die Griffwagen sind aus Holz gefertigt.

Dieser Revolver war die erste Waffe, die als Kaliber 0.22" produziert wurde. Er war sehr beliebt und wurde zwischen 1871 und 1877 etwa 114.200 mal verkauft, obwohl sein Preis von $ 8,– sehr hoch für diese Zeit war.

COLT FRONTIER PEACEMAKER

Gesamtlänge: 270 mm
Lauflänge: 155 mm
Jahr: 1877
Einzelschuss
Trommel mit sechs Schüssen
Gewicht: 1080 g
Kaliber: 0,45" (11,43 mm)

Basierend auf den Versuchen von William Mason begann die Colt Company 1872 endlich mit der Produktion einer Waffe, die ausschließlich für den Gebrauch von Metallpatronen konzipiert war. Das ist der berühmte und hier abgebildete Single Action Army Revolver mit Einzelschuss, den man auch „Frontier" nannte. Besser ist er aber als Colt „Peacemaker" bekannt.

1872 bis 1940 wurde diese Waffe 357.859 mal produziert, und zwar in den verbreiteten Kalibern von 0.22" bis 0.476" und mit folgenden Lauflängen: $4\frac{3}{4}$" für zivile Waffen, $5\frac{1}{2}$" für die Artillerie und $7\frac{1}{2}$" für die Kavallerie. Sie wurde auch in kleinerer Stückzahl mit verschiedenen anderen Lauflängen produziert. Der Colt „Peacemaker" war in der Regel eine schmucklose Waffe, sie besaß einen Holzgriff und lag vorzüglich in der Hand.

Bei den ersten 150.000 Stück war die Trommelachse mit einer Schraube befestigt, bei den nachfolgenden Modellen wurde sie durch eine Feder gehalten, was sich Mason patentieren ließ. Es gab vom „Peacemaker" auch Versionen mit Griffwangen aus Ebenholz oder Elfenbein und mit versilbertem oder vergoldetem Rahmen.

COLT LIGHTNING

GESAMTLÄNGE: 210 mm	
LAUFLÄNGE: 89 mm	
JAHR: 1882	
Doppelschuss	
Trommel mit sechs Schüssen	
GEWICHT: 680 g	
KALIBER: 0,38" (9,65 mm)	

Erst im Jahre 1877, nachdem sie eine große Anzahl von einschüssigen Modellen auf den Markt gebracht hatte, entschied sich die Colt Company mit dem Lightning D. A. Revolver, hergestellt in Hartford, eine Waffe mit Doppelschuss einzuführen. „D. A." steht für Double Action. Die Colt Company hatte den Übergang auf die Doppelschussrevolver verzögert, obwohl die ersten Versuche bis ins Jahr 1843 zurückreichten. Man hatte die Befürchtung, dass durch das Doppelschuss-System Probleme bei der Zielerfassung entstehen könnten. Die Waffe, die von William Mason konstruiert wurde, war mit einer sechsschüssigen Trommel im Kaliber 0.38" ausgestattet. Sie besaß Läufe in verschiedenen Längen von 1 1/2" bis 10". In den Jahren zwischen 1877 und 1909 wurde sie 166.849 mal produziert, teilweise auch mit dem Kaliber 0.41". In dieser schweren Ausführung hieß sie Colt „Thunderer".

COLT FRONTIER 1878

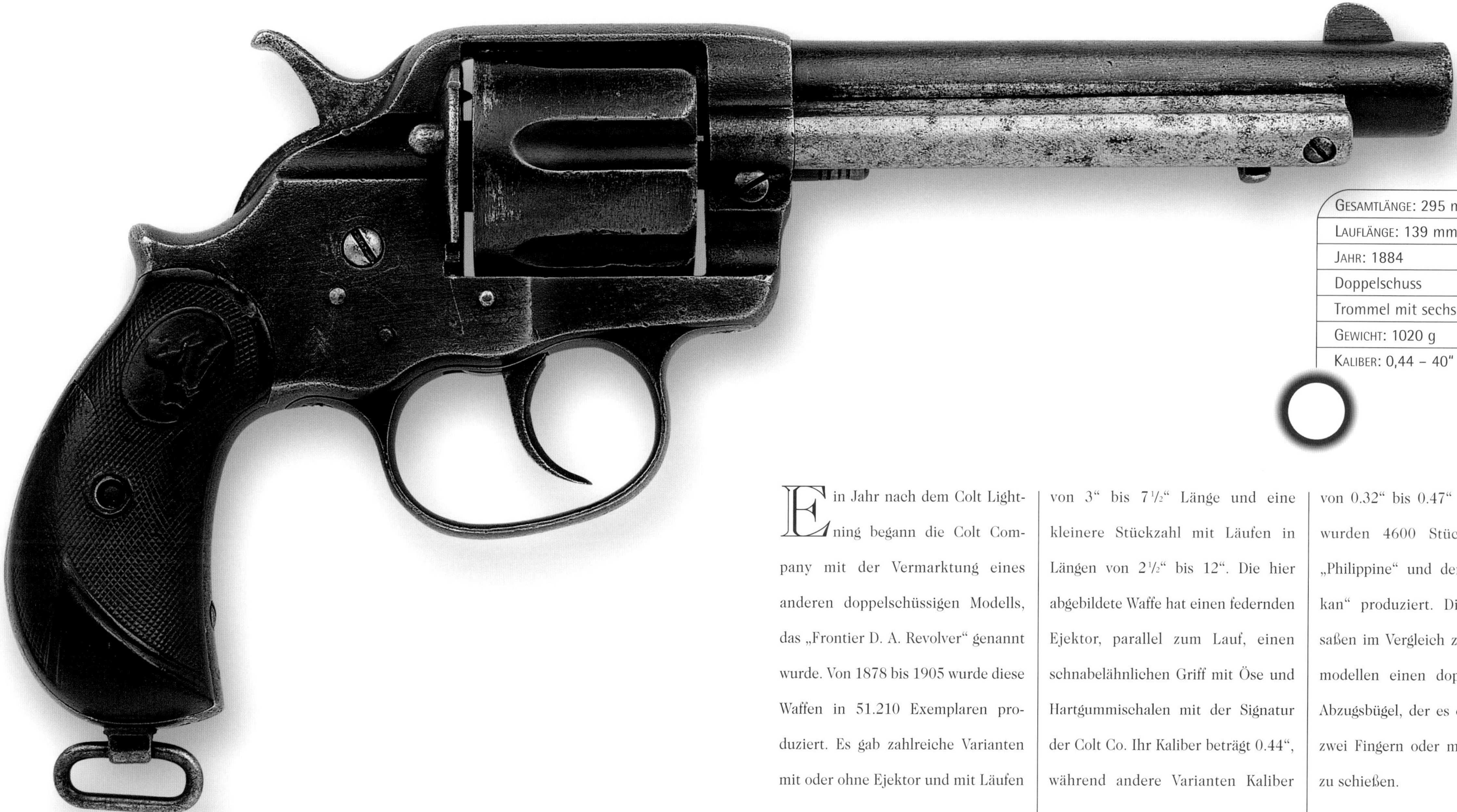

Gesamtlänge: 295 mm
Lauflänge: 139 mm
Jahr: 1884
Doppelschuss
Trommel mit sechs Schüssen
Gewicht: 1020 g
Kaliber: 0,44 – 40" (11,18 mm)

Ein Jahr nach dem Colt Lightning begann die Colt Company mit der Vermarktung eines anderen doppelschüssigen Modells, das „Frontier D. A. Revolver" genannt wurde. Von 1878 bis 1905 wurde diese Waffen in 51.210 Exemplaren produziert. Es gab zahlreiche Varianten mit oder ohne Ejektor und mit Läufen von 3" bis 7 1/2" Länge und eine kleinere Stückzahl mit Läufen in Längen von 2 1/2" bis 12". Die hier abgebildete Waffe hat einen federnden Ejektor, parallel zum Lauf, einen schnabelähnlichen Griff mit Öse und Hartgummischalen mit der Signatur der Colt Co. Ihr Kaliber beträgt 0.44", während andere Varianten Kaliber von 0.32" bis 0.47" aufwiesen. 1902 wurden 4600 Stück des Modells „Philippine" und der Version „Alaskan" produziert. Diese Waffen besaßen im Vergleich zu den Standardmodellen einen doppelt so großen Abzugsbügel, der es ermöglichte, mit zwei Fingern oder mit Handschuhen zu schießen.

S&W NO. 1 SECOND

Gesamtlänge: 175 mm
Lauflänge: 80 mm
Zeitraum: 1860 – 1868
Einzelschuss
Trommel mit sieben Schüssen
Gewicht: 320 g
Kaliber: 0,22" (5,59 mm)

Die hier abgebildete Waffe ist ein Exemplar des Second Issue Revolvers S&W No. 1, der von 1860 bis 1868 117.000 mal produziert wurde. Dieser einschüssige Revolver mit einem Kaliber von 0.22" hat einen unter dem Lauf montierten Hülsenauswerfer, auch Ejektor genannt, der zusammen mit dem Lauf nach oben geschwenkt werden kann. Der Revolver hat einen Griff mit hölzernen Griffschalen, einen achteckigen Lauf mit einer Länge von 3 3/16" und eine Trommel mit sieben Schüssen.

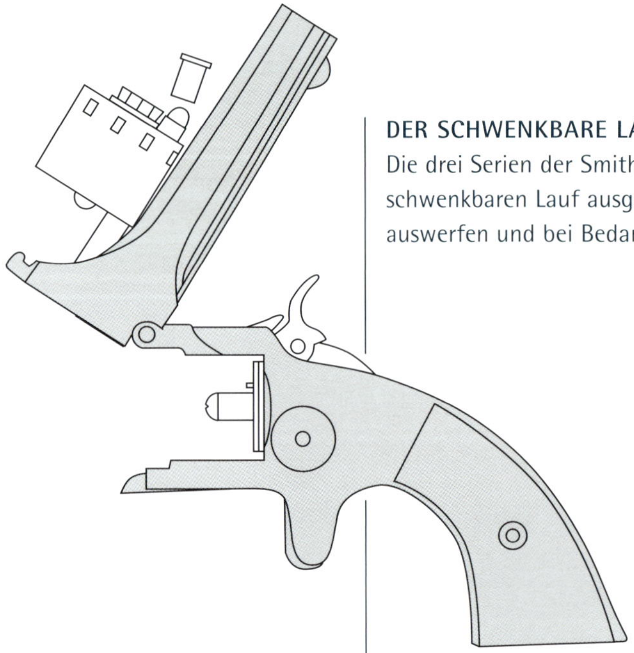

DER SCHWENKBARE LAUF UND DER HÜLSENAUSWERFER

Die drei Serien der Smith & Wesson No. 1 waren mit einem nach oben schwenkbaren Lauf ausgestattet. So konnte man die leeren Hülsen rasch auswerfen und bei Bedarf auch die Trommel entfernen.

Der Durchmesser des Hülsenauswerfers entspricht dem der leeren Patronenhülse.

S&W NO. 1 THIRD

Die dritte Ausführung des Revolvers Smith & Wesson No. 1 wurde in einem Zeitraum von etwa 15 Jahren in einer Stückzahl von etwa 131.000 Exemplaren produziert. Waffentechnisch gesehen ist diese Pistole mit den beiden vorhergehenden Ausführungen identisch und unterscheidet sich nur durch einige kleine Besonderheiten: Gezogener anstatt glatter Lauf, ein Griff mit schnabelförmigem Ende und mit Griffschalen aus verschiedenen Materialien wie zum Beispiel Perlmutt. Wie in der ersten Ausführung besitzt sie einen 168 mm langen Lauf, anstatt einen mit 175 mm wie bei der zweiten Ausführung.

Gesamtlänge:	168 mm
Lauflänge:	80 mm
Zeitraum:	1868 – 1881
Einzelschuss	
Trommel mit sieben Schüssen	
Gewicht:	230 g
Kaliber:	0,22" (5,59 mm)

S&W – Führend bei den kleinen Waffen

In den Vereinigten Staaten, wo die Verfassung jedem das Tragen von Waffen erlaubt, waren die kleinen Pistolen sehr verbreitet. Besonders beliebt waren die Revolver mit kleinem Kaliber, auch wenn ein weit verbreiteter Ausspruch hieß: „Ein guter Mantel ermöglicht es einem, sich vor den Treffern einer 22er zu schützen." Der bekannteste Hersteller dieser Art von Waffen war zweifellos die Firma Smith & Wesson, die mit der Produktion der bekannten No. 1 begann. Das war der erste Trommelrevolver, der Metallpatronen benutzte, die auch von S&W hergestellt wurden und den gleichen Namen wie der Revolver trugen.

Das Patent von 1854 wurde auf den Stand von 1857 gebracht, indem man die Erfahrungen des Franzosen Flobert und die Verbesserungen des Erfinders Rollin White für das Patent der durchbohrten Trommel nutzte. All das sicherte der Firma Smith & Wesson ihre Monopolstellung von 1855 bis 1869 und Rollin White einen Verdienst in Millionenhöhe. In der damaligen Zeit kostete eine S&W etwa $ 8,–.

S&W NO. 1½ FIRST und SECOND

Mit dem minimalen Unterschied der Erscheinungsjahre der Versionen First, Second and Third des Modells No. 2 begann das Unternehmen Smith & Wesson langsam aber sicher mit der Produktion der entsprechenden Ausführungen des Models No 1½ First und des Modells No. 1½ Second. Die beiden Waffen besaßen die bewährte Technik mit Einzelschuss und dem nach oben schwenkbaren Lauf. Sie verkauften sich in Nordamerika ausgesprochen gut.

S&W No. 1½ FIRST

Gesamtlänge: 210 mm
Lauflänge: 89 mm
Jahr: 1865 – 1868
Einzelschuss
Trommel mit fünf Schüssen
Gewicht: 425 g
Kaliber: 0,32" (8 mm)

S&W No. 1½ SECOND

Gesamtlänge: 210 mm
Lauflänge: 89 mm
Zeitraum: 1868 – 1875
Einzelschuss
Trommel mit fünf Schüssen
Gewicht: 365 g
Kaliber: 0,32" (8 mm)

S&W NO. 2 OLD

GESAMTLÄNGE: 267 mm	
LAUFLÄNGE: 141 mm	
JAHR: 1861 – 1874	
Einzelschuss	
Trommel mit sechs Schüssen	
GEWICHT: 630 g	
KALIBER: 0,32" (8 mm)	

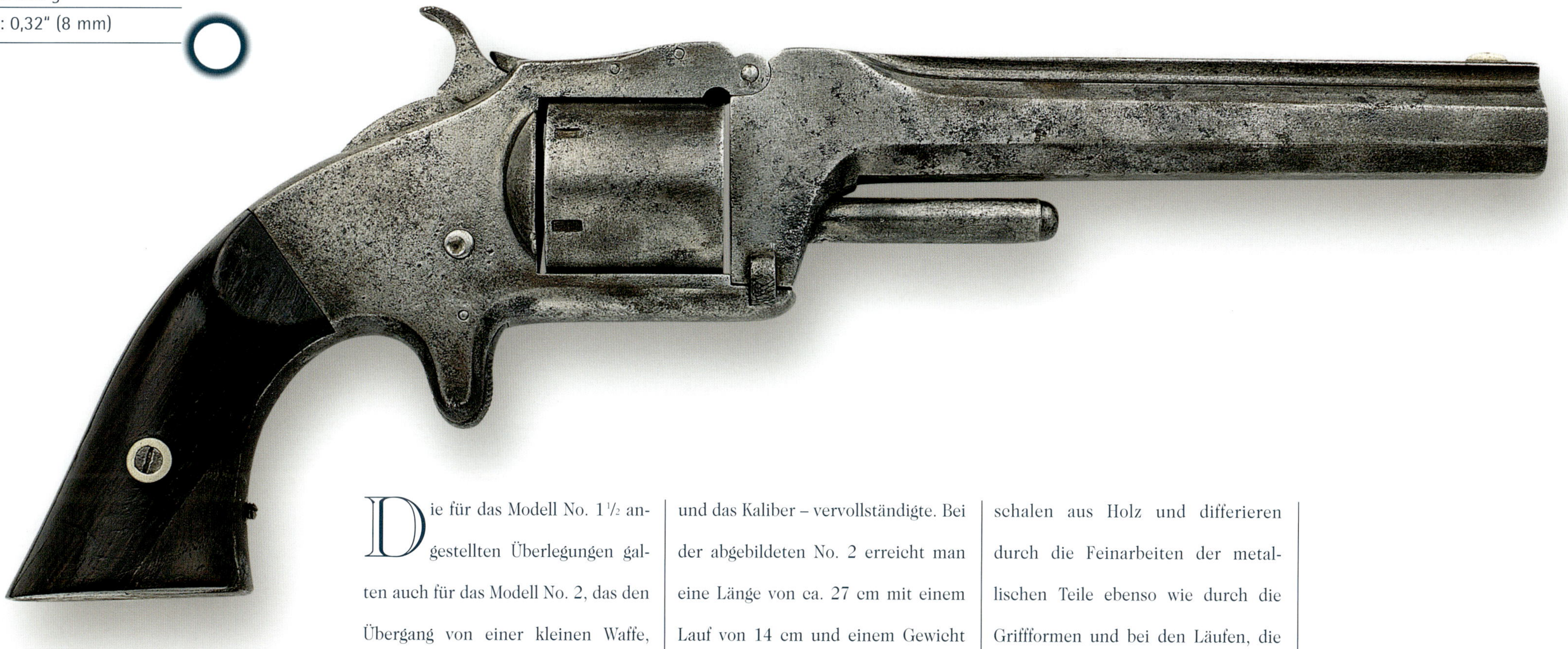

Die für das Modell No. 1½ angestellten Überlegungen galten auch für das Modell No. 2, das den Übergang von einer kleinen Waffe, über eine mittlere bis zu einer großen – nicht nur in Bezug auf ihre Dimensionen, sondern auch auf das Gewicht und das Kaliber – vervollständigte. Bei der abgebildeten No. 2 erreicht man eine Länge von ca. 27 cm mit einem Lauf von 14 cm und einem Gewicht von 630 g. Die auf diesen beiden Seiten abgebildeten Exemplare haben ganz unterschiedlich gefertigte Griffschalen aus Holz und differieren durch die Feinarbeiten der metallischen Teile ebenso wie durch die Griffformen und bei den Läufen, die eckig oder rund waren.

S&W NO. 3 NEUES MODELL

Gesamtlänge: 345 mm	
Lauflänge: 203 mm	
Zeitraum: 1878 – 1912	
Einzelschuss	
Trommel mit sechs Schüssen	
Gewicht: 1160 g	
Kaliber: 0,44" S&W Russian (11 mm)	

Ein Modell für den russischen Markt

Über lange Zeit produzierte S&W sein Modell No. 3 in einer großen Anzahl verschiedener Ausführungen. Zwischen 1870 und 1872 wurden 8000 Stück der Version „First" produziert und zwischen 1872 und 1874 wurden mehr als 20.000 Stück der „Second" gefertigt. Sie waren von solider Qualität, aber trotzdem noch weit von der Qualität jener Modelle entfernt, die sich mit größerem Erfolg verkaufen ließen.
Glücklicherweise weckte das Modell No. 3 das Interesse Russlands, das gerade seine Armee wieder neu bewaffnete und eine große Bestellung für eine modifizierte „Second" aufgab, die dann später „Russian" genannt wurde. Nach einer ersten Lieferung zwischen 1871 und 1874 von 20.124 Exemplaren als „Russian Old old Model", folgten noch weitere Lieferungen zwischen 1873 und 1878 von 70.000 Exemplaren der „Russian Old Model" bis schließlich zu einer Lieferung zwischen 1874 und 1878 von 60.638 Exemplaren der „Russian New Model". Diese Waffe wurde auch in die Türkei und nach Japan verkauft.

Smith & Wesson vergrößerte zusätzlich das Kaliber und die Maße seiner Revolver des Modells No. 3, das über einen sehr langen Zeitraum produziert wurde. Der wirkliche Boom der Waffe nach der ersten und zweiten Version erfolgte aber erst durch die Produktion des russischen Modells. Es wurde über 150.000 mal für den russischen Markt hergestellt – alle Waffen mit dem Kaliber 0.44" und meistens mit Läufen von 6" bis 7" Länge.

Folglich durchlief die No. 3 eine weitere Evolutionsstufe, als das New Model, auch „Target" genannt, auf den Markt kam. Von 1878 bis 1912 wurden davon 35.796 Exemplare mit verschiedenen Kalibern hergestellt, mit Läufen von 3 1/2", 4", 5", 6", 6 1/2", 7", 7 1/2", 8" Länge. Die hier abgebildete Waffe stellt ein typisches Beispiel dar.

Sie hat abgerundete Griffschalen aus Hartgummi mit dem Logo von S&W. Dieser Revolver mit der Seriennummer 26056 hat einen sehr kurzen nockenförmigen Ejektor unter dem Lauf, während die Exemplare bis zur Nummer 13000 einen zahnstangenförmigen Ejektor besaßen.

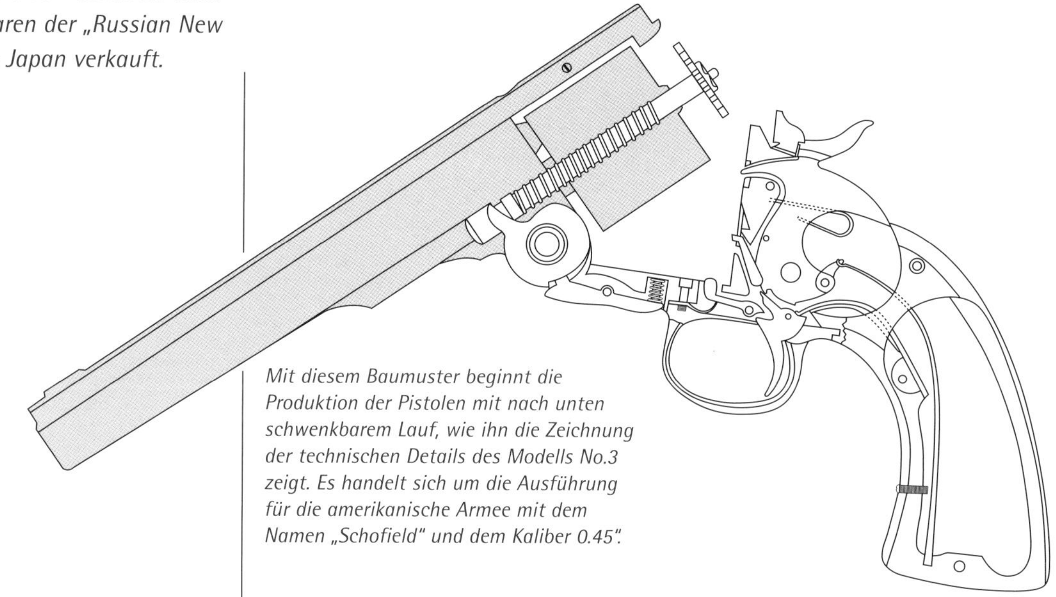

Mit diesem Baumuster beginnt die Produktion der Pistolen mit nach unten schwenkbarem Lauf, wie ihn die Zeichnung der technischen Details des Modells No.3 zeigt. Es handelt sich um die Ausführung für die amerikanische Armee mit dem Namen „Schofield" und dem Kaliber 0.45".

EINE TYPISCHE KRIEGSWAFFE

Große schwere Revolver wie die S&W No. 3 hatten nur begrenzt Erfolg bei Privatleuten, sie waren aber als Kriegswaffe sehr begehrt. Russland bestimmte den ökonomischen Erfolg des Modells „Russian". 1870 leitete die S&W Company den Entwurf einer Variante für die amerikanische Armee ein.

S&W SCHOFIELD ZWEITES MODELL

Gesamtlänge:	320 mm
Lauflänge:	178 mm
Jahr:	1876–1877
Einzelschuss	
Trommel mit sechs Schüssen	
Gewicht:	1080 g
Kaliber:	0,45" Schofield (11 mm)

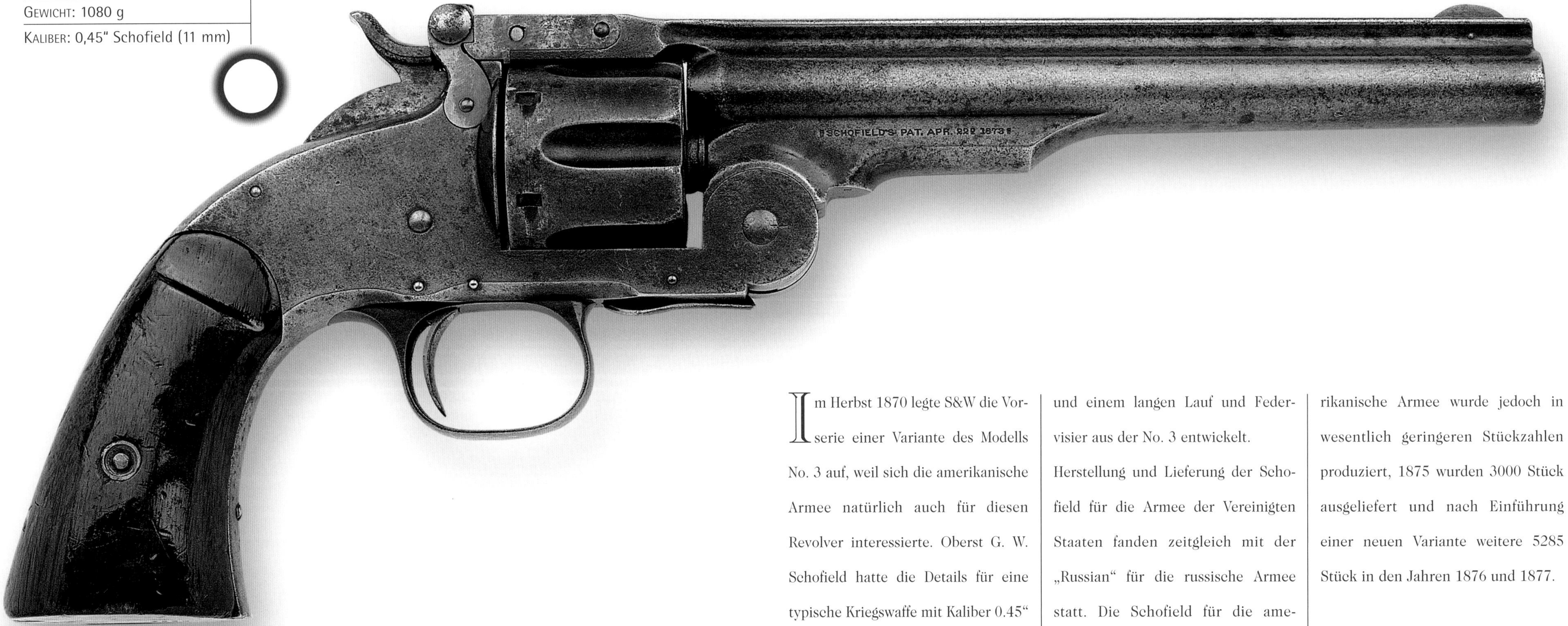

Im Herbst 1870 legte S&W die Vorserie einer Variante des Modells No. 3 auf, weil sich die amerikanische Armee natürlich auch für diesen Revolver interessierte. Oberst G. W. Schofield hatte die Details für eine typische Kriegswaffe mit Kaliber 0.45" und einem langen Lauf und Federvisier aus der No. 3 entwickelt. Herstellung und Lieferung der Schofield für die Armee der Vereinigten Staaten fanden zeitgleich mit der „Russian" für die russische Armee statt. Die Schofield für die amerikanische Armee wurde jedoch in wesentlich geringeren Stückzahlen produziert, 1875 wurden 3000 Stück ausgeliefert und nach Einführung einer neuen Variante weitere 5285 Stück in den Jahren 1876 und 1877.

EAGLE 1860

- GESAMTLÄNGE: 190 mm
- LAUFLÄNGE: 86 mm
- JAHR: 1860
- Einzelschuss
- Trommel mit fünf Schüssen
- GEWICHT: 350 g
- KALIBER: 0,30" (7,62 mm)

Viele Hersteller versuchten das Patent der durchbohrten Trommel von Rollin White zu umgehen, indem sie neue Systeme für die ursprünglichen Trommeln erfanden. Unter ihnen war auch das Unternehmen Eagle Arms Co. aus New York, das mit der Firma Plant's aus New Haven, Connecticut, zusammenarbeitete, um seine Waffen zu vermarkten.

Ab 1860 wurde der Revolver mit dem Namen „Eagle", auf dieser Seite abgebildet, in einer Serie von etwa 20.000 Exemplaren hergestellt. Die Waffe hat das Kaliber 0.30" mit Einzelschuss und benötigt eine besondere Art von Patronen, die so genannten „Cup-primed"-Patronen. Die abgebildete Waffe besitzt einen geschlossenen Messingrahmen mit einem Ejektor auf der rechten Seite. Der achteckige 3"-Lauf ist mit Eagle Arms Co. New York signiert, die Trommel ist fünfschüssig ausgelegt. Der Griff hat Schalen aus Rosenholz oder aus amerikanischen Nussbaumholz.

BROOKLYN SLOCUM

Gesamtlänge: 174 mm	
Lauflänge: 75 mm	
Jahr: 1863 – 1864	
Einzelschuss	
Trommel mit fünf Schüssen	
Gewicht: 400 g	
Kaliber: 0,32" (8,13 mm)	

Wie verschiedene andere Waffen, wurde dieser Trommelrevolver von der Brooklyn Firearms Company gebaut und unter dem Namen Slocum Front-Loading Pocket Revolver auf den Markt gebracht. Das besondere Merkmal des Revolvers besteht darin, dass jede einzelne Trommelkammer längs beweglich ist. Bei entsprechender Trommelstellung wird dieses Kammerstück so weit nach vorn herausgeschoben, dass bei eingelegter Patrone das Kammerstück über die Patrone geschoben und arretiert werden kann. Die abgebildete Waffe zeigt ein geschlossenes Messinggestell mit sporenförmigem Abzug. Der Lauf und die Trommel sind aus brüniertem Eisen gefertigt, die Griffschalen sind aus Rosenholz hergestellt. Von diesem kleinen Revolver wurden in den Jahren 1863 und 1864 etwa 10.000 Stück produziert.

In den folgenden Jahren stellte die Brooklyn Firearms Co. von dieser Waffe eine limitierte Version von 300 Stück mit geschlossener Trommel her.

CONNECTICUT POCKET

Gesamtlänge: 174 mm	
Lauflänge: 75 mm	
Jahr: 1864	
Einzelschuss	
Trommel mit sechs Schüssen	
Gewicht: 400 g	
Kaliber: 0,28" (7,11 mm)	

Die patentierte durchbohrte Trommel bereitete vielen amerikanischen Waffenherstellern Probleme. Auch dieser Pocket Revolver der Connecticut Arms Co. umgeht den von Rollin White patentierten Mechanismus der völlig durchbohrten Trommel. Diese Waffe besitzt eine hinten geschlossene Trommel mit Kammern für sechs Schüsse im Kaliber 0.28". Diese kleine Waffe wurde im Jahr 1864 etwa 2700 mal hergestellt. Sie besitzt ein geschlossenes, versilbertes Messinggestell und eine brünierte Trommel sowie einen brünierten Lauf. Die Griffschalen sind aus Elfenbein gefertigt und mit einem Adlerrelief verziert. Auf dem Lauf ist die Waffe mit Conn. Arms. Conorfolk. Conn. signiert.

KLEINE WAFFEN FÜR FRAUEN

Gesamtlänge: 160 mm
Lauflänge: 92 mm
Jahr: 1860
Trommel mit sechs Schüssen
Gewicht: 120 g
Kaliber: 5 mm

Gesamtlänge: 125 mm
Lauflänge: 52 mm
Jahr: 1860
Trommel mit sechs Schüssen
Gewicht: 150 g
Kaliber: 5 mm

1836 entwickelte der Pariser Waffenschmied Lefaucheux die erste Stiftpatrone, die den Ladevorgang für einen Laien schneller und praktischer machte. Die Patrone bestand zunächst aus Pappe und hatte ein Bodenstück aus Messing, aus dem seitlich ein Stift herausragte. Beim Schuss treibt die Hammernase von oben diesen Stift in die Zündmasse der Patrone. In der Mitte des 19. Jahrhunderts war die Stiftpatrone schon zu einer echten Ganzmetallpatrone weiterentwickelt worden. Ein Nachteil der Stiftpatrone war ihre Stoßempfindlichkeit. In dieser Zeit findet sie Verwendung bei sehr kleinen Revolvern. Solche Waffen wurden häufig von Frauen benutzt. Bei den beiden abgebildeten Exemplaren kann der Abzug eingeklappt werden.

LEFAUCHEUX MARINA

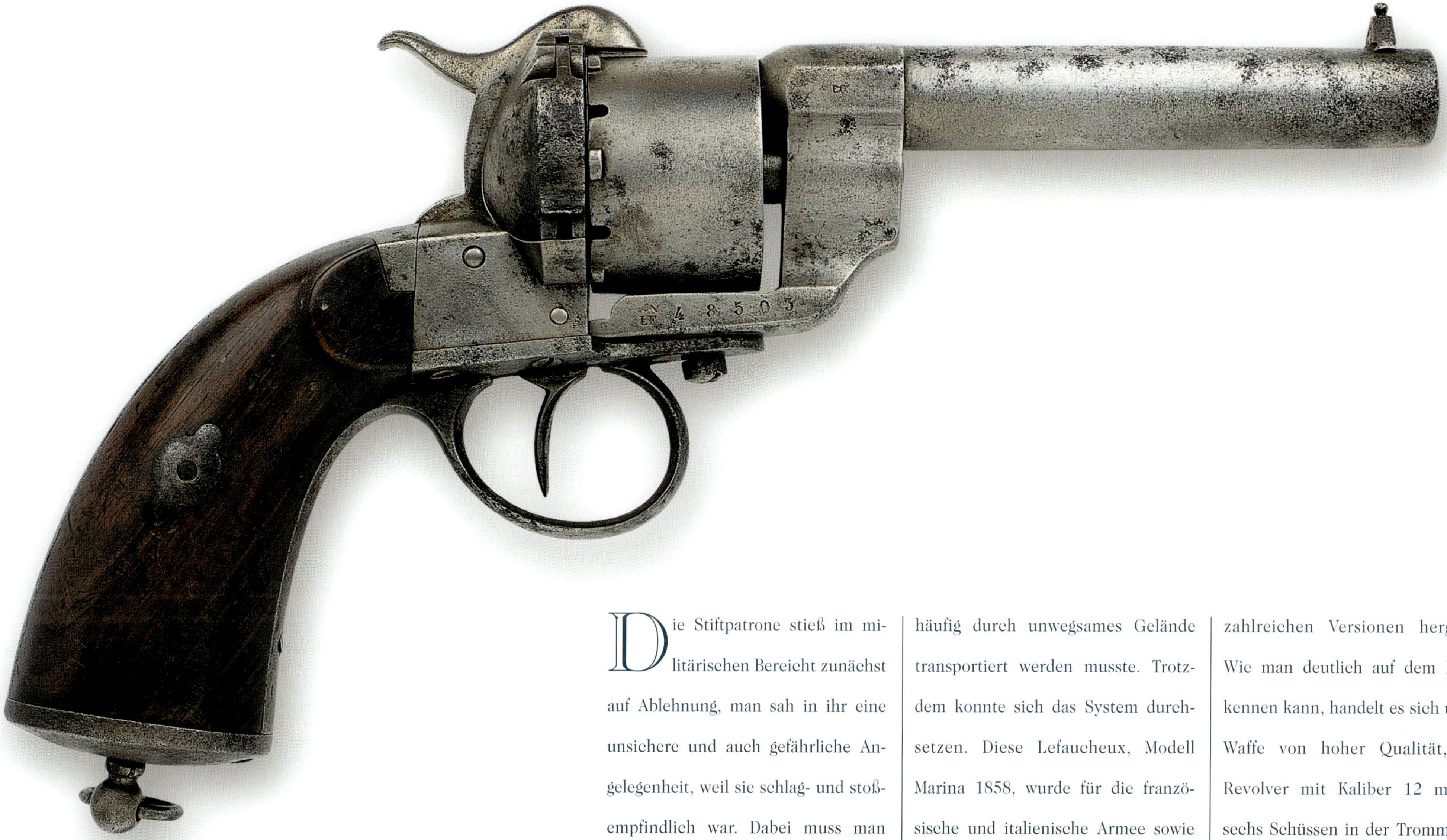

Gesamtlänge: 255 mm	
Lauflänge: 120 mm	
Jahr: 1858	
Doppelschuss	
Trommel mit sechs Schüssen	
Gewicht: 950 g	
Kaliber: 12 mm	

Die Stiftpatrone stieß im militärischen Bereicht zunächst auf Ablehnung, man sah in ihr eine unsichere und auch gefährliche Angelegenheit, weil sie schlag- und stoßempfindlich war. Dabei muss man bedenken, dass die Munition damals häufig durch unwegsames Gelände transportiert werden musste. Trotzdem konnte sich das System durchsetzen. Diese Lefaucheux, Modell Marina 1858, wurde für die französische und italienische Armee sowie für die päpstliche Wache in Rom in zahlreichen Versionen hergestellt. Wie man deutlich auf dem Bild erkennen kann, handelt es sich um eine Waffe von hoher Qualität, einen Revolver mit Kaliber 12 mm und sechs Schüssen in der Trommel, perfekt in Form und Material. Später wurden Lefaucheux Revolver auch in Belgien hergestellt und zwar in einer unlizensierten Version, deren Qualität miserabel war.

LE PAGE FÜR NADELPATRONEN

GESAMTLÄNGE: 267 mm
LAUFLÄNGE: 157 mm
JAHR: 1870
Doppelschuss
Trommel mit 12 Schüssen
GEWICHT: 980 g
KALIBER: 9 mm

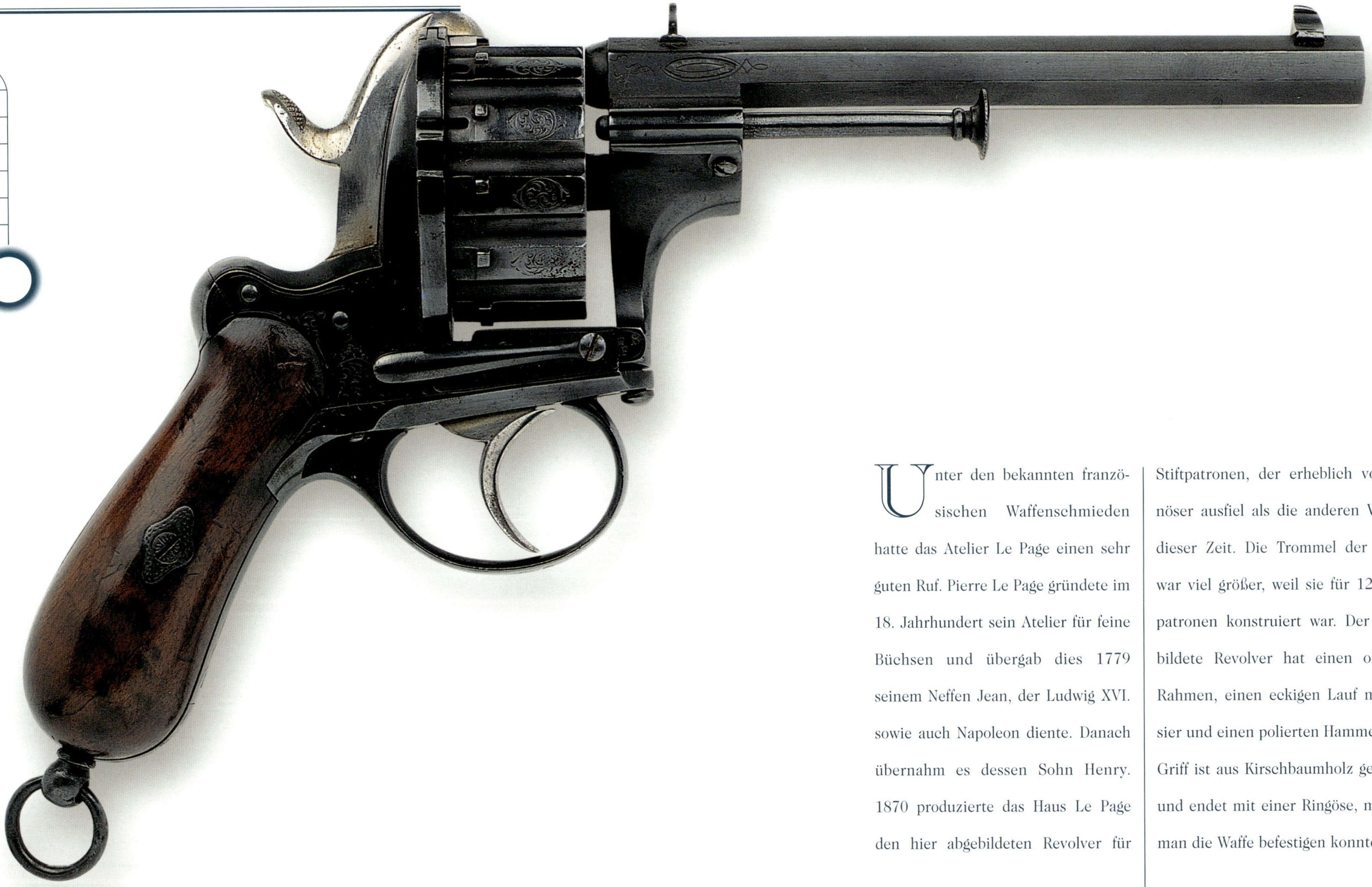

Unter den bekannten französischen Waffenschmieden hatte das Atelier Le Page einen sehr guten Ruf. Pierre Le Page gründete im 18. Jahrhundert sein Atelier für feine Büchsen und übergab dies 1779 seinem Neffen Jean, der Ludwig XVI. sowie auch Napoleon diente. Danach übernahm es dessen Sohn Henry. 1870 produzierte das Haus Le Page den hier abgebildeten Revolver für Stiftpatronen, der erheblich voluminöser ausfiel als die anderen Waffen dieser Zeit. Die Trommel der Waffe war viel größer, weil sie für 12 Stiftpatronen konstruiert war. Der abgebildete Revolver hat einen offenen Rahmen, einen eckigen Lauf mit Visier und einen polierten Hammer. Der Griff ist aus Kirschbaumholz gefertigt und endet mit einer Ringöse, mit der man die Waffe befestigen konnte.

LE PROTECTOR

Gesamtlänge: 120 mm
Lauflänge: 41 mm
Zeitraum: 1883 – 1889
Trommel mit zehn Schüssen
Durchmesser: 58 mm
Gewicht: 260 g
Kaliber: 6 mm

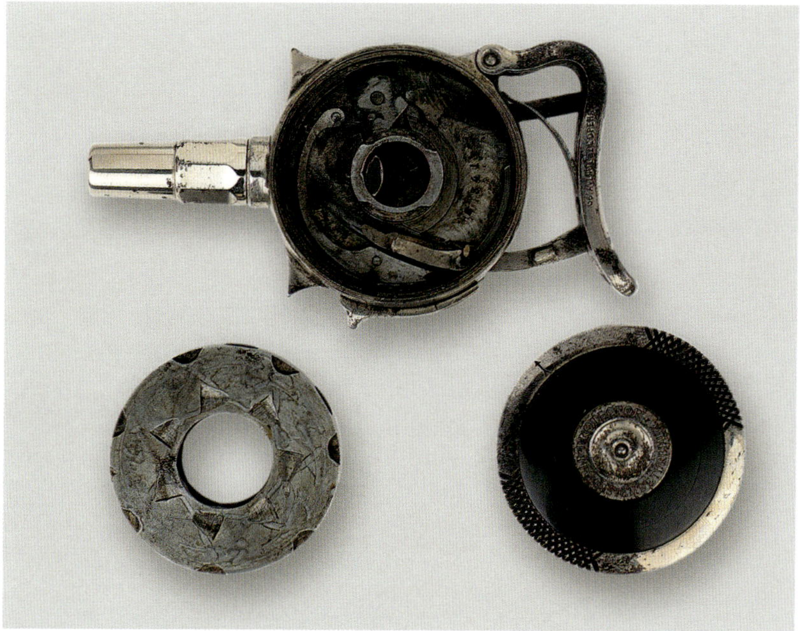

Der geöffnete Revolver Le Protector mit der Trommel links und der Abdeckung rechts.

Diese kleine Waffe ist der Revolver Le Protector mit vertikaler Trommel und zehn Schüssen. Zum Schießen wird der Lauf durch den Mittel- und Ringfinger genommen, der Handballen betätigt den Spannhebel, der gleichzeitig die Entriegelung des Schlagbolzens und die Trommelumsetzung einleitet. Die Trommel der Waffe ist mit radial verlaufenden Bohrungen versehen, geladen wird sie vom Mittelpunkt der Trommel aus, der ausgespart ist. Zunächst hat die Pistole einen achteckigen Lauf, der dann etwa in der Mitte rund wird – so konnte man sie zwischen den beiden Fingern gut halten. Es gibt die Waffe mit Trommeln mit sieben oder zehn Bohrungen im Kaliber 6, 7 und 9 mm. Diese Pistole ist auch als „Parfümflaschenöffnung“, „Handflächen-Pistole“ oder „Pistol Squeezer“ (zum Drücken) bekannt. Es gab Exemplare mit seitlichen Gehäuseabdeckungen aus Messing, belegt mit Perlmutt, Horn, Holz oder Hartgummi. Die Waffe wurde 1883 vom Pariser Waffenschmied Jacques Edmond Turbiaux erfunden und am Anfang auch von ihm produziert. Gegen Ende des 19. Jahrhunderts wurde sie auch in Nordamerika von der Chigago Firearms Co. in Lizenz hergestellt. Dort war der Revolver unter dem Namen „palm pistol“ auf dem Markt. Turbiaux hatte das Patent in den USA, in Frankreich, Belgien, Italien und England angemeldet. Es wurden etwa 24.000 Stück vom Revolver Le Protector gebaut.

MONTENEGRINA GASSER

Gesamtlänge: 395 mm
Lauflänge: 243 mm
Jahr: ca. 1870
Doppelschuss
Trommel mit sechs Schüssen
Gewicht: 1560 g
Kaliber: 11 mm

Im Jahr 1852 gründete Leopold Gasser eine Fabrik für österreichische Waffen, die er kurz darauf seinem Sohn Johann Gasser übergab. Der produzierte bis Ende des 19. Jahrhunderts zahlreiche Revolver und Gewehre. Viele dieser Waffen hatten enorme Ausmaße.

Ein Beispiel dafür ist die hier abgebildete große Waffe mit Doppelschuss, geschlossenem Rahmen und einer sechsschüssigen Trommel für Kaliber 11 mm. Der Hülsenauswerfer liegt unter dem Lauf, der Griff hat Schalen aus Horn, die in der Mitte verschraubt sind.

Den Begriff „Montenegrine" benutzte man bei Gasser, um jene Waffen zu bezeichnen, die für die Märkte des Balkans vorgesehen waren.

So ist es nur logisch, dass um 1870 der Prinz von Montenegro, Nicola I. – der 1910 zum König ernannt wurde –, den wichtigen Persönlichkeiten seines Reiches diese Waffe empfohlen hatte. So wurde die Gasser praktisch zur Pflichtwaffe in Montenegro.

Der Grund für diese Maßnahme war vermutlich das direkte wirtschaftliche Interesse des Monarchen an den Geschäften der österreichischen Fabrik Gasser.

WEBLEY-FOSBERY AUTOMATIC

Diese von Webley & Scott produzierte Webley-Fosbery Automatic realisiert eine Idee des englischen Oberst George Vincent Fosbery. Der Begriff Automatik ist dabei eigentlich nicht korrekt, der Revolver nutzte nur die Rückstoßenergie beim Schuss zum Umsetzen der Trommel und zum Spannen des Hahns. Das gesamte Oberteil der Waffe läuft beim Schuss gegen die Federkraft im Griffteil einen kurzen Weg zurück. Dadurch wird der Hahn gespannt und ein Zapfen greift in die schrägen Führungsnuten der Trommel und setzt sie um. Dieser Mechanismus funktionierte allerdings nur, wenn der Schütze mit völlig ausgestrecktem Arm schoss. Der sechsschüssige Revolver besitzt einen geschlossenen Rahmen, der Lauf kann nach unten abgeklappt werden. Die hier abgebildete Waffe hat Griffschalen aus Hartgummi.

GESAMTLÄNGE: 272 mm
LAUFLÄNGE: 153 mm
JAHR: 1901
Trommel mit sechs Schüssen
GEWICHT: 1240 g
KALIBER: 455" (11,56 mm)

WEBLEY GREEN

GESAMTLÄNGE: 335 mm	
LAUFLÄNGE: 175 mm	
ZEITRAUM: 1882 – 1889	
Doppelschuss	
Trommel mit sechs Schüssen	
GEWICHT: 1170 g	
KALIBER: .455"/476" (14,56 mm)	

Dieser Revolver wurde 1882 konzipiert, aber erst 1887 von der britischen Armee angefordert. Dabei war der Webley mit Sicherheit der modernste militärische Revolver seiner Zeit. Ausgestattet mit einem nach unten schwenkbaren Lauf, mit einem kollektivem Auswerfer und mit beeindruckenden Kalibern wie 0.455“ und 0.476“, war er die perfekte Waffe für die Armee. Sie war von robuster, solider Qualität und blieb über 70 Jahre in verschiedenen Varianten in der Produktion.

Die auf dieser Seite abgebildete Waffe ist eine Webley Green, Modell Bisley, signiert mit WG auf der linken Seite. Sie hat einen geschlossenen Rahmen und einen Griff mit Schalen aus Hartgummi.

WEBLEY TARGET

Gesamtlänge: 280 mm	
Lauflänge: 152 mm	
Zeitraum: 1882 – 1889	
Doppelschuss	
Trommel mit sechs Schüssen	
Gewicht: 1130 g	
Kaliber: .455"/476" (11,56 mm)	

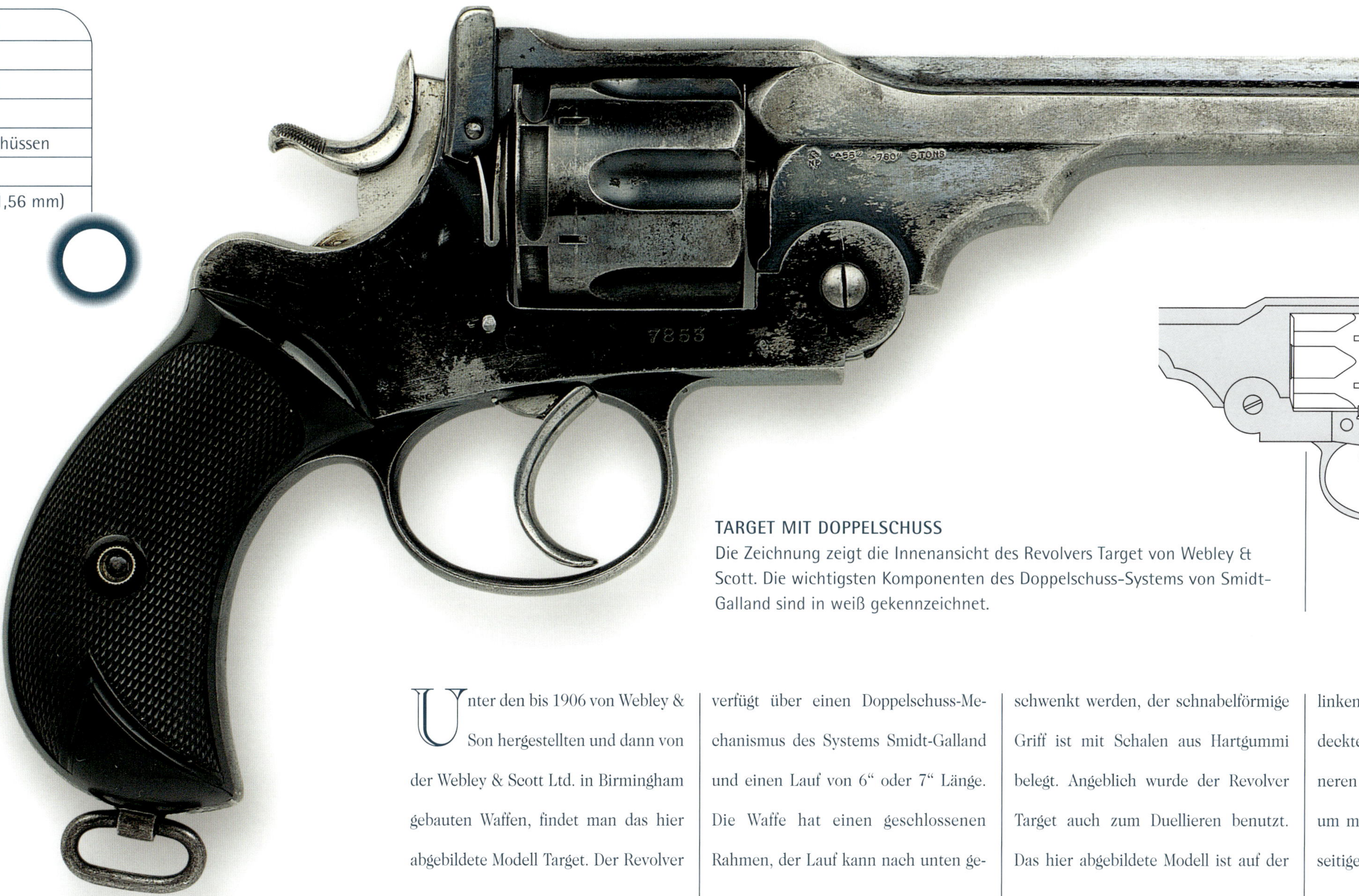

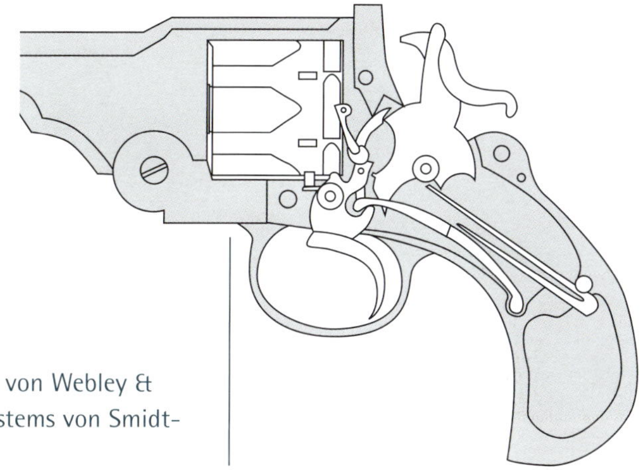

TARGET MIT DOPPELSCHUSS

Die Zeichnung zeigt die Innenansicht des Revolvers Target von Webley & Scott. Die wichtigsten Komponenten des Doppelschuss-Systems von Smidt-Galland sind in weiß gekennzeichnet.

Unter den bis 1906 von Webley & Son hergestellten und dann von der Webley & Scott Ltd. in Birmingham gebauten Waffen, findet man das hier abgebildete Modell Target. Der Revolver verfügt über einen Doppelschuss-Mechanismus des Systems Smidt-Galland und einen Lauf von 6" oder 7" Länge. Die Waffe hat einen geschlossenen Rahmen, der Lauf kann nach unten geschwenkt werden, der schnabelförmige Griff ist mit Schalen aus Hartgummi belegt. Angeblich wurde der Revolver Target auch zum Duellieren benutzt. Das hier abgebildete Modell ist auf der linken Seite des Rahmens mit einer verdeckten Öffnung versehen, die den inneren Mechanismus freigibt, vermutlich um mechanische Probleme schnell beseitigen zu können.

BODEO 1889

Gesamtlänge: 235 mm	
Lauflänge: 114 mm	
Zeitraum: 1891 – 1914	
Doppelschuss	
Trommel mit sechs Schüssen	
Gewicht: 910 g	
Kaliber: 10,35 mm	

Eine Zeichnung der Bauteile des italienischen Doppelschuss-Revolvers Bodeo aus dem Jahr 1889.

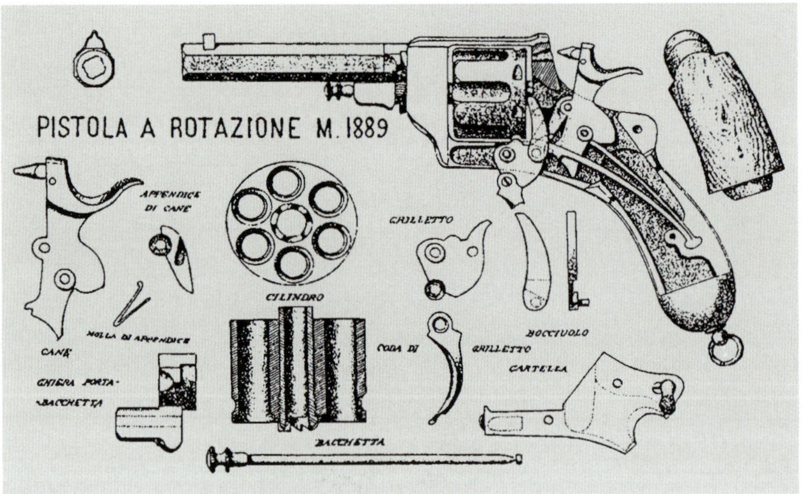

Im Zeitraum zwischen 1889 und 1914 wurden die italienischen Streitkräfte mit zwei verschiedenen Revolvern ausgerüstet. Ein Baumuster war das Modell 1874 Chamelot Delvigne, das der Waffe, die von der französischen Armee benutzt wurde, sehr ähnelte. Das zweite war das Modell 1889 des hier abgebildeten Revolvers mit einem Bodeo-System. Diese Waffe wurde 1891 an italienische Beamte und Polizisten ausgegeben. Der Revolver wurde von verschiedenen Herstellern in Italien gebaut, unter ihnen Castelli, Metallurgica, Bresciana, Glisenti und Beretta. Es handelt sich hierbei um einen doppelschüssigen Revolver mit geschlossenem Rahmen und einem achteckigen Lauf. Der Hülsenauswerfer befindet sich unter dem Lauf, die Trommel ist sechsschüssig für Kaliber 10,35 mm. Der Griff hat verschraubte Griffschalen aus Hartgummi, der Abzug kann nach oben abgeklappt werden.

RAST & GASSER

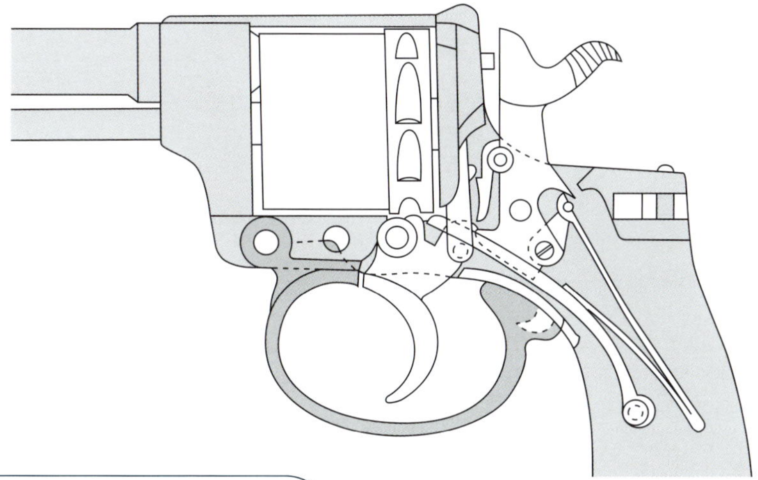

Gesamtlänge: 226 mm

Lauflänge: 117 mm

Jahr: 1898

Doppelschuss

Trommel mit acht Schuss

Gewicht: 900 g

Kaliber: 8 mm

Die Rast & Gasser und ihre Technik. Die Zeichnung zeigt in weiß den Doppelschuss-Mechanismus des Modells M/1898.

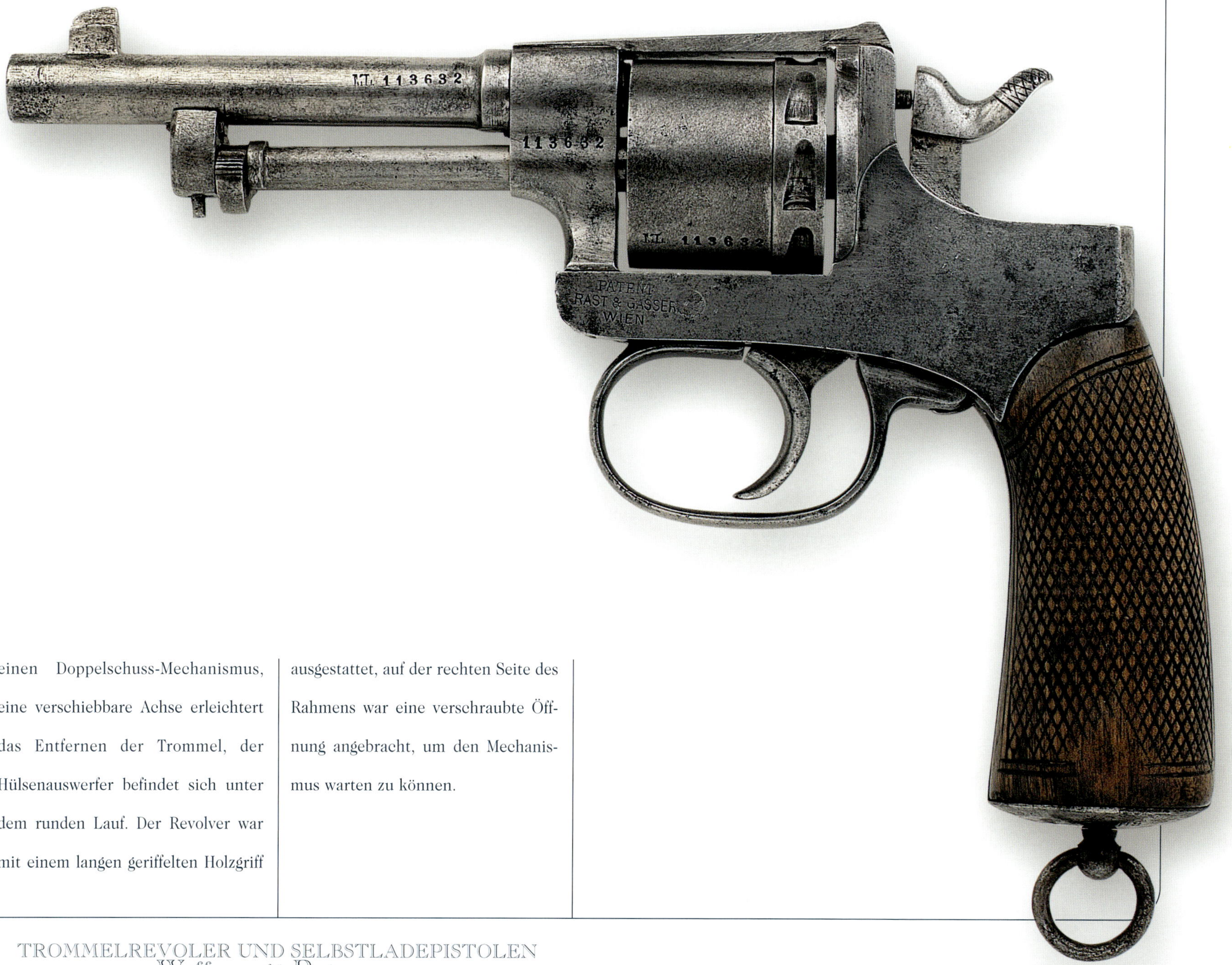

Für lange Zeit benutzte die österreichisch-ungarische Armee Trommelrevolver des Modells M/1898, wie er hier abgebildet ist. Dieser robuste Revolver war eine typische Armeewaffe, zugeschnitten auf die Bedürfnisse eines Soldaten der damaligen Zeit.

Die Waffe mit einer achtschüssigen Trommel für Kaliber 8 mm wurde von der österreichischen Firma Rast & Gasser hergestellt. Die Waffe besitzt einen Doppelschuss-Mechanismus, eine verschiebbare Achse erleichtert das Entfernen der Trommel, der Hülsenauswerfer befindet sich unter dem runden Lauf. Der Revolver war mit einem langen geriffelten Holzgriff ausgestattet, auf der rechten Seite des Rahmens war eine verschraubte Öffnung angebracht, um den Mechanismus warten zu können.

LAMPO

Gesamtlänge: 125 mm
Lauflänge: 40 mm
Jahr: 1889
Inneres Magazin mit fünf Schüssen
Gewicht: 250 g
Kaliber: 0,32" (8,13 mm)

Das Originalpatent vom 1.8.1889 zeigt die technischen Details der Lampo. Auf den ersten Blick kann man schon die Anordnung der Patronen und die außergewöhnliche Konstruktion erkennen.

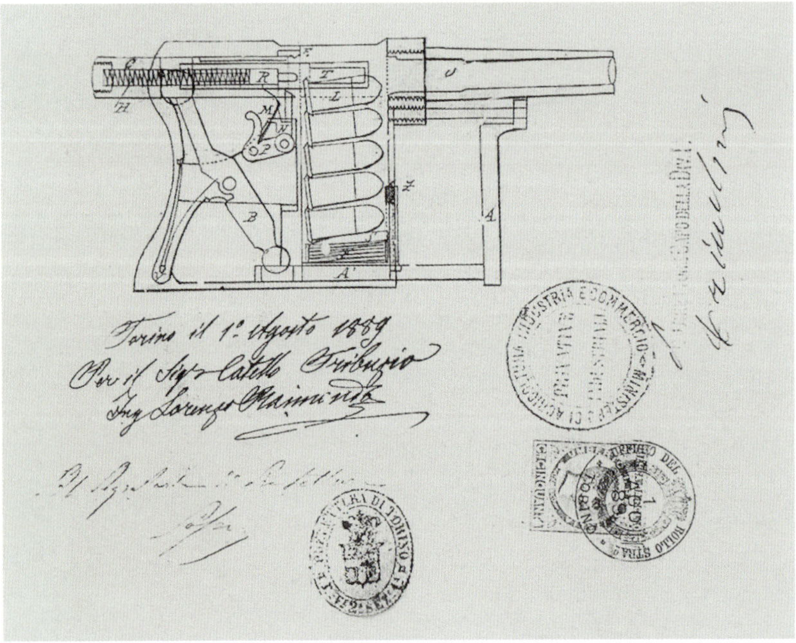

Catello Emilio Tribuzio aus Rionero in Vulture (Potenza) war ein kleiner italienischer Waffenhersteller. Er begann 1880 mit der Produktion von handgroßen Pistolen. 1889 baute er die hier abgebildete Lampo. Eine Waffe mit flachem Körper aus Messing und einem ringförmigen Abzug. Es wäre falsch, diese Waffe eine automatische Pistole zu nennen, aber sie kann in die Gruppe der halbautomatischen Waffen eingeordnet werden. Auch ohne Trommel und ohne Doppelschuss erlaubt die Mechanik dieser Waffe schon eine rasche Schussfolge. Wie alle diese halbautomatischen Waffen aus dem späten 19. Jahrhundert hatte auch diese Pistole schon ein Magazin, sie konnte aber noch nicht ihre Rückstoßkraft für den nächsten Schuss nutzen. Die Lampo wurde nie in einer großen Serie hergestellt, erfreute sich aber einer gewissen Beliebtheit in Italien.

GAULOIS

Gesamtlänge:	130 mm
Lauflänge:	55 mm
Jahr:	1894
Inneres Magazin mit fünf Schüssen	
Gewicht:	275 g
Kaliber:	8 mm

Halbautomatische und Automatische, auch unter den „Kleinen"

Zwischen Ende des 19. Jahrhunderts und dem frühen 20. Jahrhundert waren die technischen Neuerungen so fortgeschritten, dass man halbautomatische und automatische Waffen herstellte, die Schritt für Schritt immer effizienter wurden – bis hin zur Konstruktion der tödlichen Kriegswaffen, die sich bis heute kaum verändert haben. Man muss aber sehen, dass das Ziel der Hersteller stets die perfekte Waffe war. Darüber hinaus darf man aber auch nicht vergessen, dass die Entwicklung der Pistolen in ihren ersten Phasen auch den Bereich der sogenannten „Taschenpistolen" oder „Handpistolen" beeinflusst hat. Trotz bescheidener Maße, kleinem Kaliber und begrenzter Schusskraft waren diese Pistolen schon mit einem innovativen Mechanismus ausgestattet. Die Schüsse erfolgten nämlich einer nach dem anderen – das Nachladen und Feuern erfolgte jedoch noch nicht automatisch.

Im Herbst des Jahres 1894 begann die französische Manufacture d'armes in Saint-Etienne mit der Produktion dieser ungewöhnlich kleinen, halbautomatischen Repetierpistole mit fünf Schüssen aus einem Magazin. Die Galois wurde auch das „Maschinengewehr für die Tasche" genannt. Die Pistole war klein und flach und lag sehr gut in der Hand; auch passte sie in jede Manteltasche ohne aufzufallen. Das Hineindrücken bzw. Wiederloslassen des hinteren Griffstücks bewirkte die Schussabgabe, den Hülsenauswurf und das Repetieren. Die Galois war eine außergewöhnliche Waffe und verkaufte sich in Frankreich über einen langen Zeitraum sehr gut. Erst 1905 wurde ihre Produktion eingestellt.

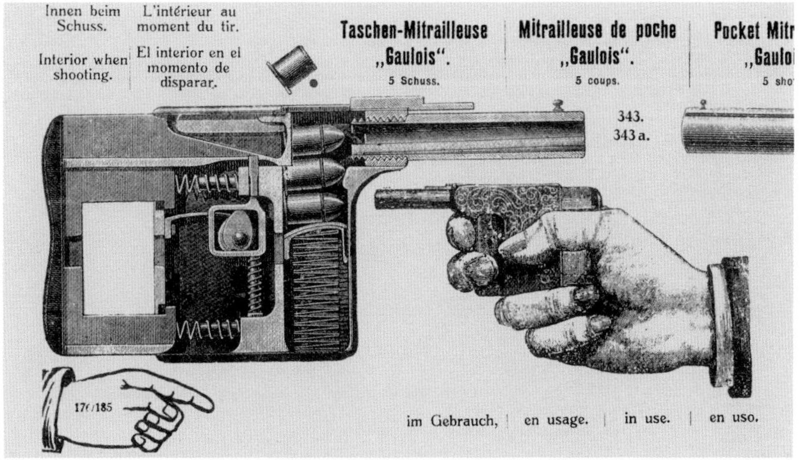

Im einem Katalog von 1910 zeigt diese Zeichnung den inneren Mechanismus der Galois.

MAUSER C96

Gesamtlänge:	250 mm
Lauflänge:	10 mm
Jahr:	1896
Magazin mit zehn Schüssen	
Leergewicht:	1160 g
Kaliber:	7,63 mm

Diese von Mauser in Oberndorf am Neckar gebaute Pistole hat das Kaliber 7,63 mm mit einem offenen Ladestreifen mit zehn Schüssen. Die Mauser C96 hatte einen legendären Ruf, sie war von außerordentlich guter Qualität und hatte eine hervorragende Schussleistung. Sie wurde nach ihrem Debüt im Jahr 1896 in sehr großen Stückzahlen gefertigt. Die Waffe hatte eine Reichweite von gut tausend Metern.

Die selbstladenden Pistolen mit kurzem Rückstoss

Die von den Brüdern Wilhelm und Paul Mauser entwickelte Waffe greift auf das halbautomatische System von Hugo Borchardt zurück (siehe Seite 248/249) und benutzt die Technik des kurzen Rückstoßes. Um 1900 wurden die selbstladenden Pistolen häufig als automatische Pistolen bezeichnet, was nicht ganz zutreffend ist. Eine Pistole schießt erst dann automatisch, wenn mit Durchziehen und Festhalten des Abzugs eine schnelle Schussfolge wie bei einer Maschinenpistole ausgelöst wird. Die selbstladenden Pistolen sind also halbautomatische Waffen, die unmittelbar nach der Schussabgabe wieder feuerbereit sind. Die Bewegungsabläufe sind bei den halbautomatischen Waffen sehr komplex, bei den automatischen Waffen noch komplizierter. Ihre Herstellung setzt eine hohe Fertigungsqualität voraus, die allerdings Ende des 19. Jahrhunderts schon erreicht war. Die Entwicklung dieser Waffen wurde begleitet von zahlreichen Erfindungen auf dem Gebiet der Munitionsherstellung, wodurch die ballistischen Leistungen der halbautomatischen und der automatischen Pistolen immer weiter verbessert wurden. Die ersten halbautomatischen Waffen verfügten über offene Ladestreifen, die mit Patronen bestückt waren. Später wurden diese Ladestreifen von den geschlossenen Magazinen abgelöst.

MANNLICHER SCHONAUER 1905

Gesamtlauf: 354 mm	
Lauflänge: 170 mm	
Jahr: 1905	
Behälter mit fünf Schüssen	
Gewicht: 1130 g	
Kaliber: 7,63 mm	

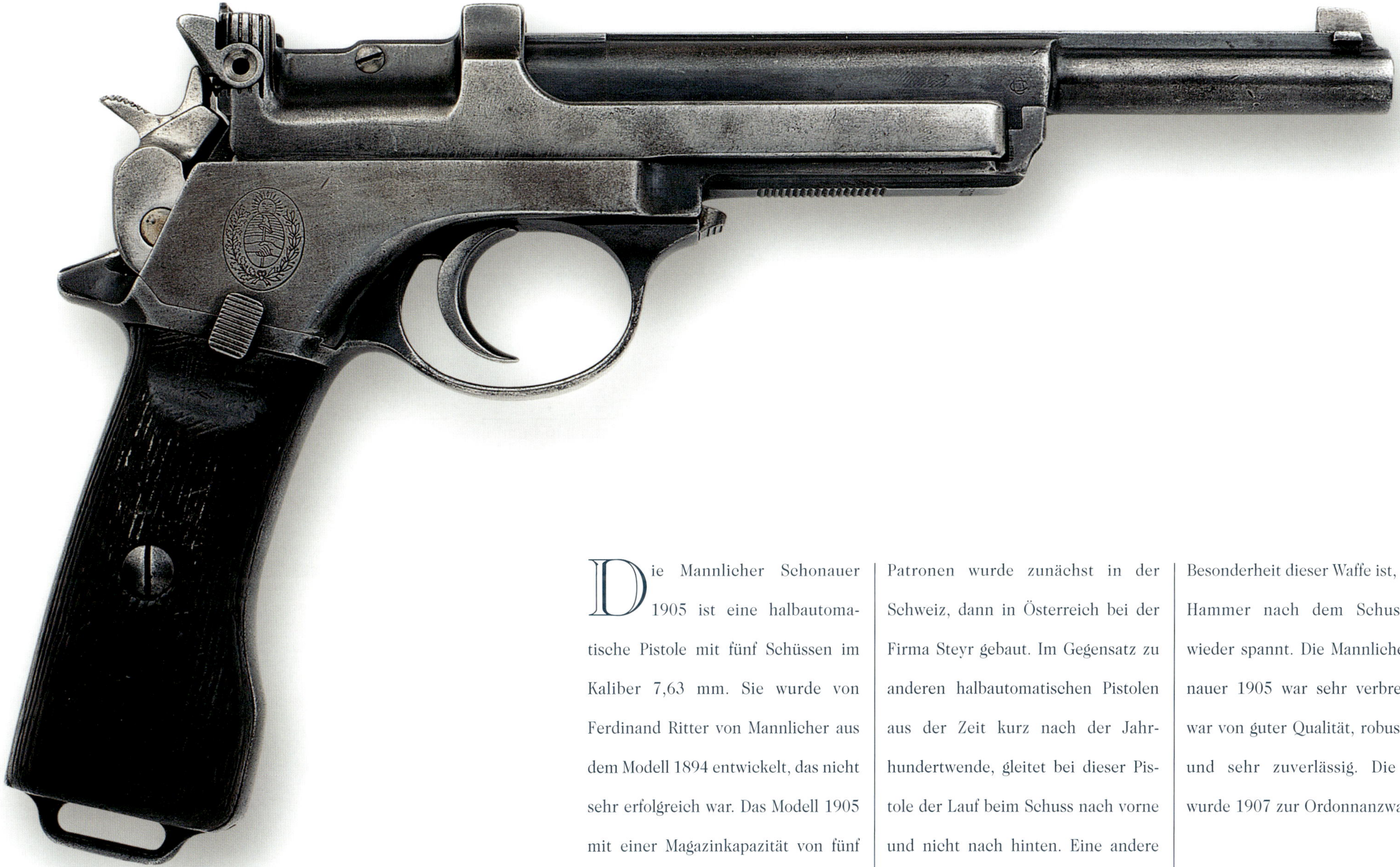

Die Mannlicher Schonauer 1905 ist eine halbautomatische Pistole mit fünf Schüssen im Kaliber 7,63 mm. Sie wurde von Ferdinand Ritter von Mannlicher aus dem Modell 1894 entwickelt, das nicht sehr erfolgreich war. Das Modell 1905 mit einer Magazinkapazität von fünf Patronen wurde zunächst in der Schweiz, dann in Österreich bei der Firma Steyr gebaut. Im Gegensatz zu anderen halbautomatischen Pistolen aus der Zeit kurz nach der Jahrhundertwende, gleitet bei dieser Pistole der Lauf beim Schuss nach vorne und nicht nach hinten. Eine andere Besonderheit dieser Waffe ist, dass der Hammer nach dem Schuss nicht wieder spannt. Die Mannlicher Schonauer 1905 war sehr verbreitet; sie war von guter Qualität, robust gebaut und sehr zuverlässig. Die Pistole wurde 1907 zur Ordonnanzwaffe.

LUGER P08 PARABELLUM

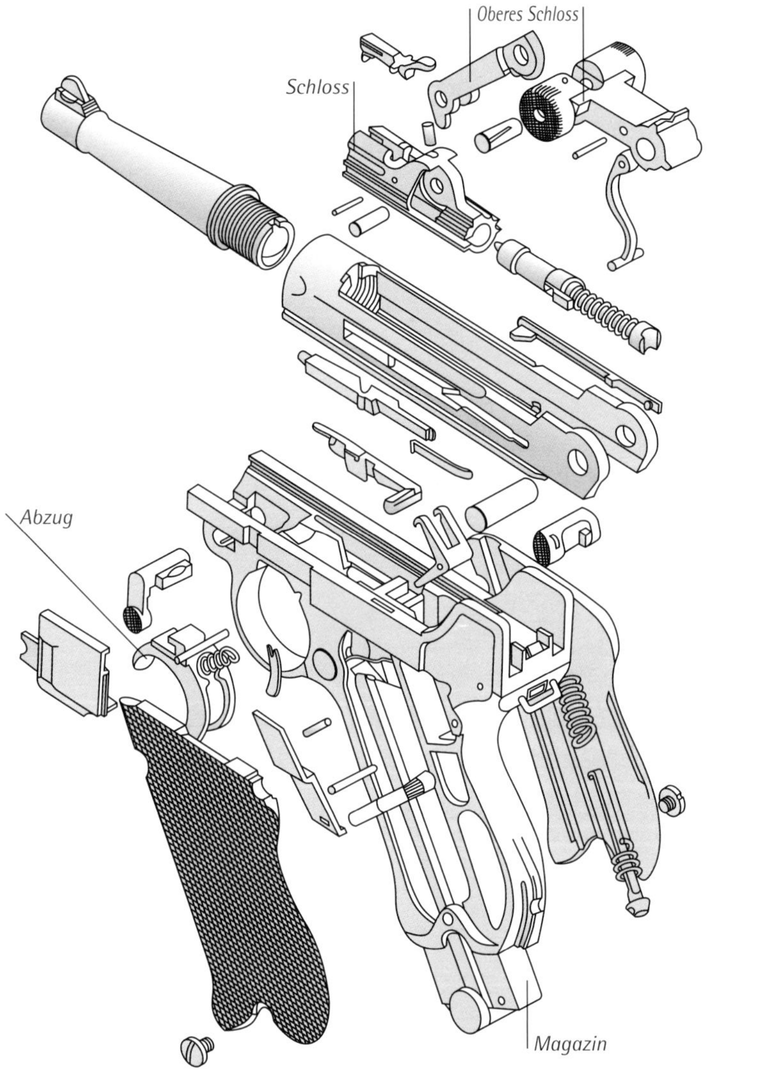

EINE KOMPLEXE WAFFE
Die Detailzeichnung zeigt die Komplexität der Luger P08 Parabellum, die als eine schwierig zu fertigende Waffe angesehen wird.

Nach der Niederlage wurde die Waffe verkleinert

In mindestens 35 Standardvarianten produziert ist die Parabellum eine Pistole mit langer Geschichte. Im Jahr 1900 wurde sie zum ersten Mal in der Ausführung mit Kaliber 7,65 mm vorgestellt und auch vom Schweizer Bundesheer angefordert. Zwei Jahre später wurde die selbstladende Waffe weiterentwickelt und zwar mit dem Kaliber 9 mm. Diese Version fand bei der deutschen Marine Verwendung. 1908 wurde das kaiserliche deutsche Heer mit der Pistole ausgerüstet. Die Friedensbedingungen im Versailler Vertrag von 1918, die Deutschland nach der Niederlage im Ersten Weltkrieg auferlegt wurden, sahen auch bestimmte Bedingungen für die Produktion von Pistolen vor. Das Kaliber 9 mm wurde verboten und der Lauf einer Pistole durfte nicht länger als 102 mm sein. Aus diesem Grund haben heute viele der noch erhaltenen Parabellum das Kaliber 7,65 mm und Läufe von 95 mm Länge.

Diese legendäre Selbstladepistole 08 Parabellum wurde von Georg Luger konzipiert und in der Deutschen Waffen- und Munitionsfabrik (DWM) in Berlin gefertigt. Luger entwickelte die weltberühmte Pistole aus einer ähnlichen Waffe des deutschstämmigen Amerikaners Hugo Borchardt, der seine Pistole Borchardt auch bei der DWM herstellen lies. Diese Pistole war von etwas klobiger Form, aber von hoher Qualität. Die 08 Parabellum war von Anfang an eine außerordentlich erfolgreiche Waffe und wurde immer wieder verbessert. So vereinfachte man den Schlossmechanismus und das Sicherungssystem der Waffe. Ein besonderes Merkmal war ihr sehr geringer Rückstoß. Zwischen 1908 und 1942 wurde sie hauptsächlich von der Deutschen Waffen- und Munitionsfabrik in Berlin gefertigt, einige andere Firmen stellten die Waffe auch in Lizenz her. Insgesamt wurde die 08 Parabellum über drei Millionen mal gebaut. Es gab während der Produktionsjahre der 08 verschiedene Versionen mit unterschiedlichen Lauflängen im Vergleich zur Standardversion von 4“ (102 mm). Alle Waffen besaßen im Griff ein ausziehbares Magazin mit acht Schüssen. Georg Luger war ein genialer Konstrukteur und leidenschaftlicher Schütze. Er hat zahlreiche technische Komponenten erfunden, ausprobiert und immer wieder verbessert.

Gesamtlänge: 230 mm
Lauflänge: 112,5 mm
Jahr: 1905
Magazin mit acht Schüssen
Gewicht: 890 g
Kaliber: 7,65 mm Parabellum

Auf Kundenwunsch wurde die Luger 08 Parabellum auch in einer wertvollen Schatulle verkauft. Ein Ersatzmagazin gehörte dazu.

AUTOMATISCHER COLT 1911 A1

GESAMTLÄNGE: 225 mm
LAUFLÄNGE: 125 mm
JAHR: 1911
Magazin mit sieben Schüssen
GEWICHT: 1119 g
KALIBER: 0,45" (11,43 mm)

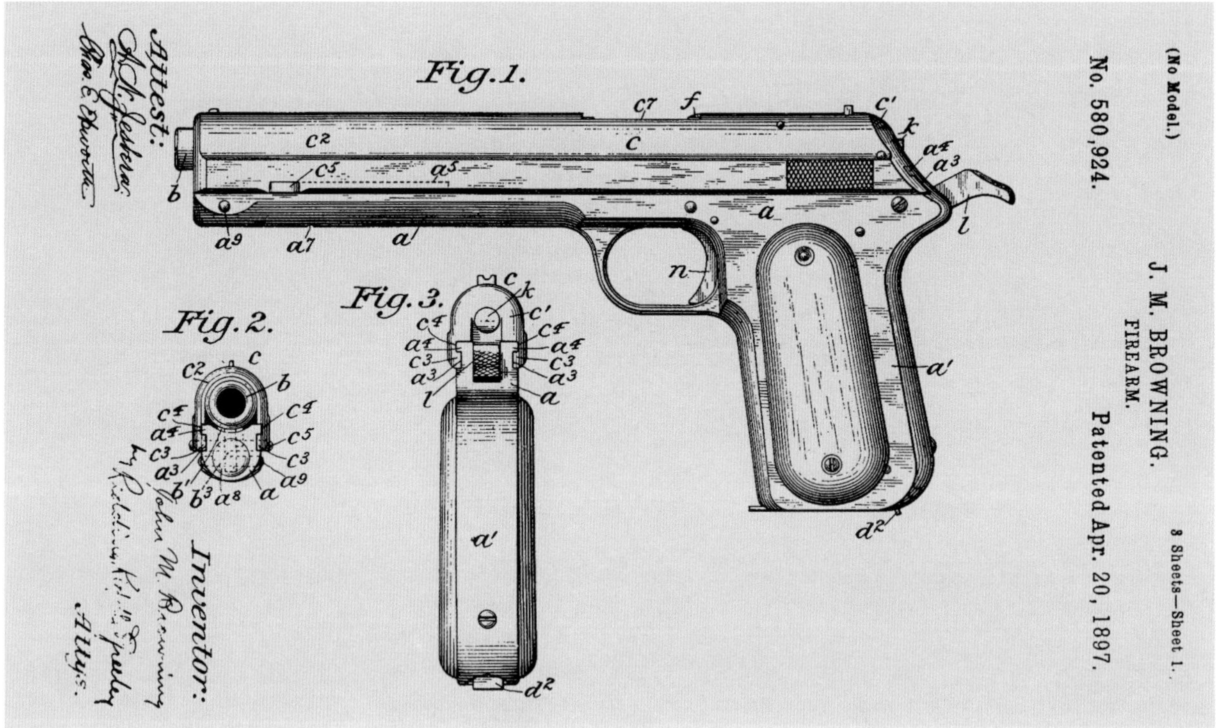

Im dem am 20.4.1897 von J. M. Browning eingereichten Patent zeigen die Zeichnungen gewissenhaft alle äußeren Details der Waffe.

Diese im Jahre 1895 von J. M. Browning patentierte Waffe ist eine Pistole mit halbautomatischem Ladesystem. 1900 erwarb die Colt Co. dieses Patent und optimierte die Waffe, die eigentlich ein Kaliber von 0.38" besaß. Der Grund für diese Verbesserungen waren mehrere Wettbewerbsausschreibungen der amerikanischen Armee, die eine automatische Pistole für militärische Zwecke suchte. Das Ergebnis war die auf der nächsten Seite abgebildete Waffe, die Ausführung A1 der Colt Automatic Pistol, auch „Army Model 1911" genannt, mit Kaliber 0.45". Sie wird von Kennern als die beste je hergestellte Militärpistole angesehen. Sie war die langlebigste Waffe überhaupt, da sie vom Ersten Weltkrieg an von der amerikanischen Armee mit nur minimalen Veränderungen auch noch über den Zweiten Weltkrieg hinaus bis 1985 eingesetzt wurde. Die Colt Company alleine produzierte 2.695.000 Stück für militärische Zwecke und mehr als 336.000 Exemplare für zivile Zwecke, zu denen noch 560.000 Waffen hinzugezählt werden müssen, die von kleinen Herstellern in Lizenz gefertigt wurden.

Die Funktion der Halbautomatik

Die 1911 hat die typische Funktion einer Halbautomatik. Wenn man den Abzug zieht, betätigt man einen Hebel, der den Hahn löst. Der Hahn schlägt mit dem Schlagbolzen auf den Zünder der Patrone und löst dadurch den Schuss aus. Bei der halbautomatischen Pistole wird der Rückstoß auch für das Nachladen der Pistole ausgenutzt. Während die Patronenhülse ausgeworfen wird, sorgt ein hochkompliziertes System für einen neuen Ladevorgang, hebt eine neue Patrone aus dem Magazin und positioniert sie in Sekundenbruchteilen für einen neuen Schuss.

HALBAUTOMATISCHE GLISENTI

GESAMTLÄNGE: 210 mm	
LAUFLÄNGE: 100 mm	
ZEITRAUM: nach 1909	
Magazin mit neun Schüssen	
GEWICHT: 900 g	
KALIBER: 9 mm Glisenti	

Diese halbautomatische Pistole aus italienischer Produktion ist eine Glisenti, die auch von der italienischen Armee benutzt wurde. Das im Jahre 1905 patentierte Originalmodell wird „M 906" genannt und war für Patronen im Kaliber 7,65 Parabellum konstruiert, die aber wenig effizient waren. Es wurde also ein neues Modell erprobt, um Patronen mit den Maßen der 9-mm-Parabellum, aber mit geringerer Zündkraft, verwenden zu können, da das Schloss nicht dem Druck normaler 9-mm-Patronen standzuhalten vermochte. Dieses neue Modell wurde offiziell „M 919" genannt und wurde 1909 hergestellt. Es wurde von der Real Fabbrica d'armi Glisenti, der späteren Società Siderugica Glisenti in nicht nennenswerter Stückzahl bis in die ersten Jahre des Zweiten Weltkriegs hinein produziert.

Es wurden zwei Ausführungen gebaut, eine mit geriffelten Griffschalen aus Hartgummi, die andere mit Griffschalen aus Holz.

STEYR HAHN

Gesamtlänge: 205 mm
Lauflänge: 126 mm
Zeitraum: nach 1911
Magazin mit acht Schüssen
Gewicht: 960 g
Kaliber: 9 mm Steyr

Im Winter des Jahres 1912 nahm die österreichisch-ungarische Armee diese Dienstpistole mit Selbstladesystem, genannt „Selbstladepistole Steyr Modell 1911“, in Empfang. Mit einem polierten Oberteil wurde sie auch als „Steyr M 1911“ bezeichnet, in der Truppe wurde sie schlicht und einfach „Hahn“ genannt. Die Pistole war eine typische Militärwaffe, zuverlässig und einfach zu bedienen, schmucklos und robust. Die „Steyr M 1911“ wurde ab 1911 in der österreichischen Waffenfabrik in Steyr gebaut und blieb während des Ersten Weltkriegs bis Ende 1918 in Produktion.

Die „Steyr Hahn“ war eine halbautomatische Pistole mit kurzem Rückstoß. Das Laden erfolgte ähnlich wie bei der Mauser C96 durch spezielle Magazine mit acht Patronen.

Seit der Erfindung der Pistole diente sie üblicherweise nicht nur dem persönlichen Schutz, sondern fand auch Verwendung im Krieg. Darüber hinaus wurden Pistolen für spezielle Zwecke gebaut. Auf den folgenden Seiten werden die ersten Pistolen für Duelle und dann Pistolen für Sportschützen vorgestellt. Beide haben äußerliche und technische Eigenschaften, die sie von normalen zeitgenössischen Waffen unterscheiden. Da ist zunächst einmal die Kostbarkeit des Objekts. Dann folgen die technischen Eigenschaften, etwa die Güte der Waffe für ein optimales Schussergebnis. Alle diese Waffen sind durchweg einschüssig.

Auch die Pistolen des dritten Teils des Kapitels haben besondere Eigenschaften. Diese Waffen können durch das Anbringen eines Schafts verlängert werden, um so in einen Karabiner verwandelt zu werden. Noch überraschender scheint die Vielfältigkeit der kombinierten Pistolen zu sein. Es sind Pistolen mit Bajonetten, Dolchen oder Schlagringen.

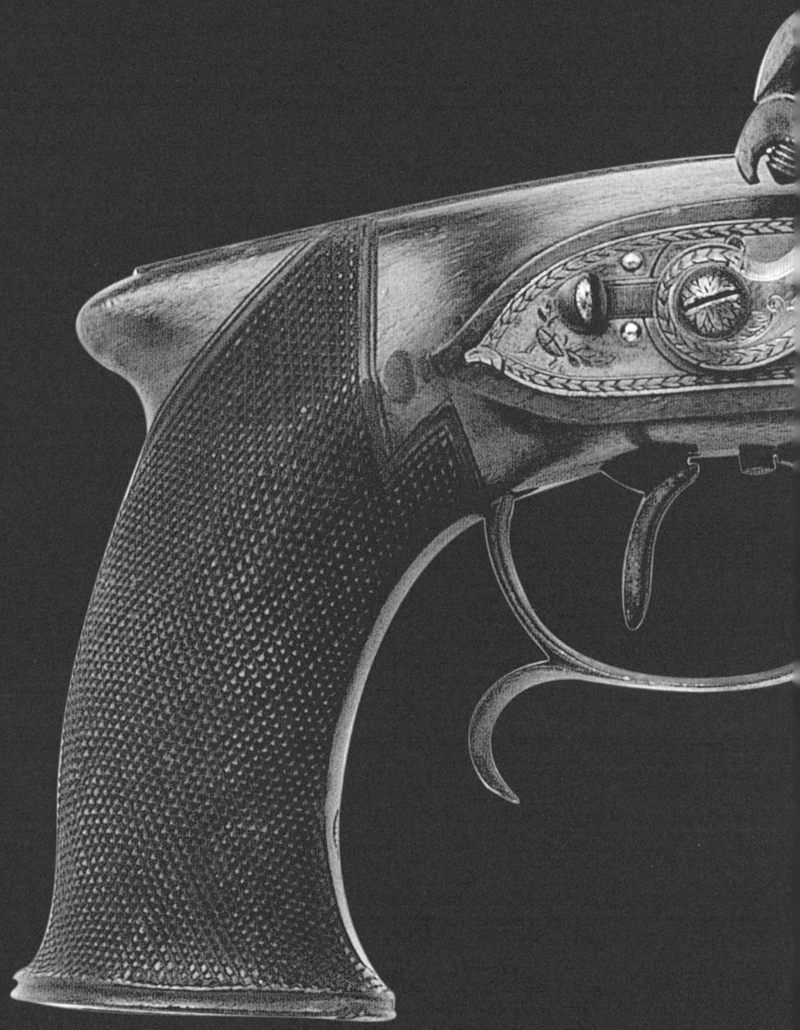

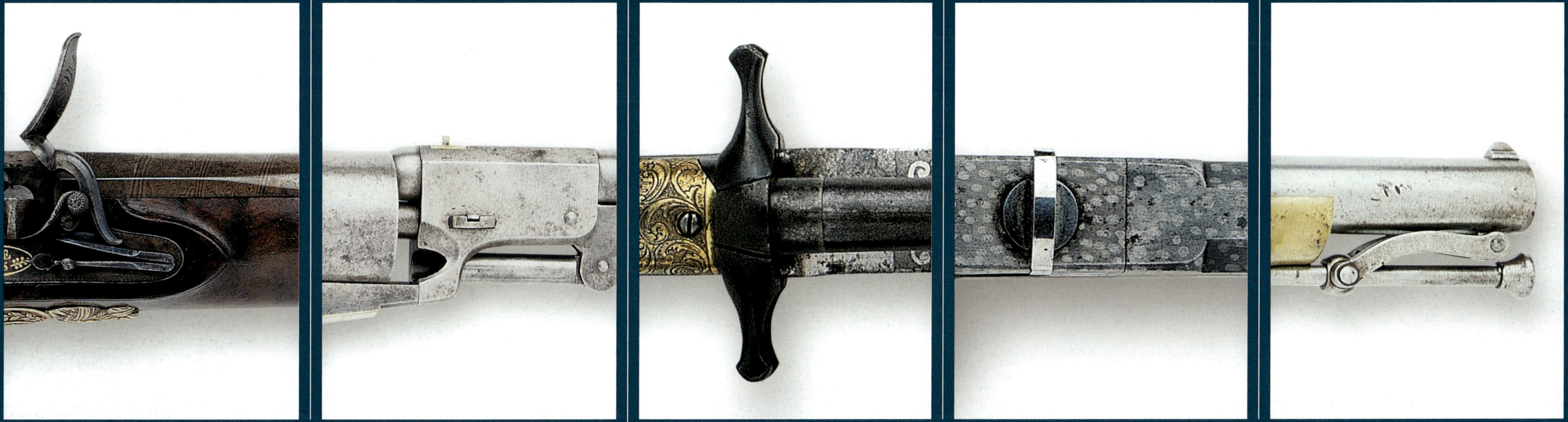

SPEZIELLE PISTOLEN

CORNHILL

Gesamtlänge:	385 mm
Lauflänge:	253 mm
Jahr:	1800
Trommel mit sechs Schüssen	
Glatter Lauf	
Gewicht:	855 g
Kaliber:	16 mm

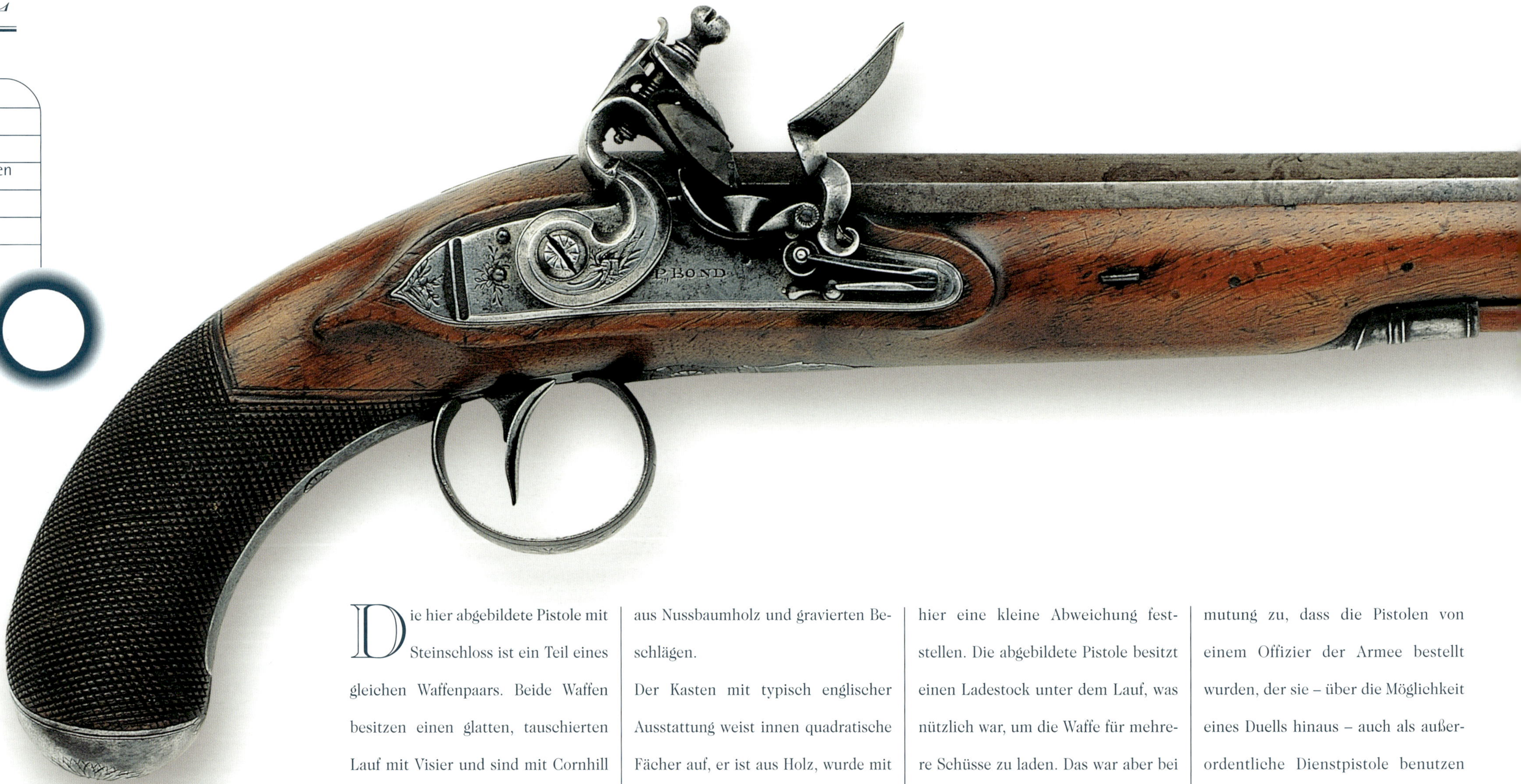

Die hier abgebildete Pistole mit Steinschloss ist ein Teil eines gleichen Waffenpaars. Beide Waffen besitzen einen glatten, tauschierten Lauf mit Visier und sind mit Cornhill London signiert. Auf den ersten Blick erkennt man die feine Qualität dieser beiden Duellwaffen mit einem Schaft aus Nussbaumholz und gravierten Beschlägen.

Der Kasten mit typisch englischer Ausstattung weist innen quadratische Fächer auf, er ist aus Holz, wurde mit Leder überzogen und mit Messingbeschlägen verziert. Gegenüber der typischen Duell-Pistole, kann man hier eine kleine Abweichung feststellen. Die abgebildete Pistole besitzt einen Ladestock unter dem Lauf, was nützlich war, um die Waffe für mehrere Schüsse zu laden. Das war aber bei einem Duell völlig unüblich, denn hier gab es nur den einen Schuss. Diese erwähnte Besonderheit lässt die Vermutung zu, dass die Pistolen von einem Offizier der Armee bestellt wurden, der sie – über die Möglichkeit eines Duells hinaus – auch als außerordentliche Dienstpistole benutzen konnte.

Der schön ausgestattete Kasten mit den quadratischen Fächern ist typisch englisch. Er ist aus Mahagoniholz gefertigt und hat die Maße 450 x 285 x 80 mm.

Pistolen und Duelle

Die Erfindung der Feuerwaffe löste Schwert und Degen auch als Duellwaffen ab. Die Pistole ist nun das Instrument, das die Stichwaffe von ihrem ersten Platz verdrängt.

Schon im 17. Jahrhundert wurden zunehmend Pistolen für Duelle verwendet. Der Gebrauch von Säbel und Degen musste durch jahrelanges Training erlernt werden, um sich die komplexen Techniken anzueignen. Die Anwendung der Pistole hingegen gab dem Kampf eine gewisse Ausgeglichenheit, da sich nun jeder mit einem Gegner messen konnte, ohne Fakten wie Alter, Kondition und spezielles Training beachten zu müssen.

Inzwischen hatten die Waffenschmieden mit der Produktion von Pistolen mit Steinschloss begonnen, die für Duelle bestimmt waren. Normalerweise waren es Garnituren des gleichen Typs, vereint in einer Kiste, die das nötige Zubehör für die Wartung und zur Vorbereitung des Duells beinhaltete. Engländer, Franzosen und Belgier, unter ihnen die berühmten Londoner Waffenschmiede T. Mortimer & Sohn, waren die Hauptsteller dieser einschüssigen Duellpistolen.

Die Duellkiste wurde zu einem unentbehrlichen Zubehör für einen Edelmann und stellte auch ein schönes Hochzeitsgeschenk dar. Das überrascht nicht, wenn man an die Geschichten von unverschämten Verehrern, beleidigten Damen und rachsüchtigen Ehemännern denkt.

MORTIMER

Gesamtlänge: 380 mm	
Lauflänge: 265 mm	
Jahr: 1810	
Glatter Lauf	
Gewicht: 920 g	
Kaliber: 16 mm	

Zu den besten Duellpistolen im Europa des 19. Jahrhunderts zählen die Waffen des Londoner Waffenschmieds Mortimer, dem man die Konstruktion des sogenannten „Sägegriffs", den man gut auf der Abbildung erkennen kann, verdankt. Es scheint, als hätte die Mortimer Pistole den Vorteil, dass man sie auch bei ungünstigen Umständen leichter und sicherer tragen konnte – vielleicht auch bei den unvermeidbaren Spannungsmomenten vor einem Duell. Die Waffe hat einen brünierten, achteckigen Lauf und ein fein gearbeitetes Steinschloss mit flachem Hahn. Ungewöhnlich ist das Zündloch aus Gold, ungewöhnlich auch der Ladestock mit seiner feinen schwarzen Hornspitze unter dem Lauf. Auch dieses Waffenpaar wurde vermutlich nicht nur für Duelle benutzt.

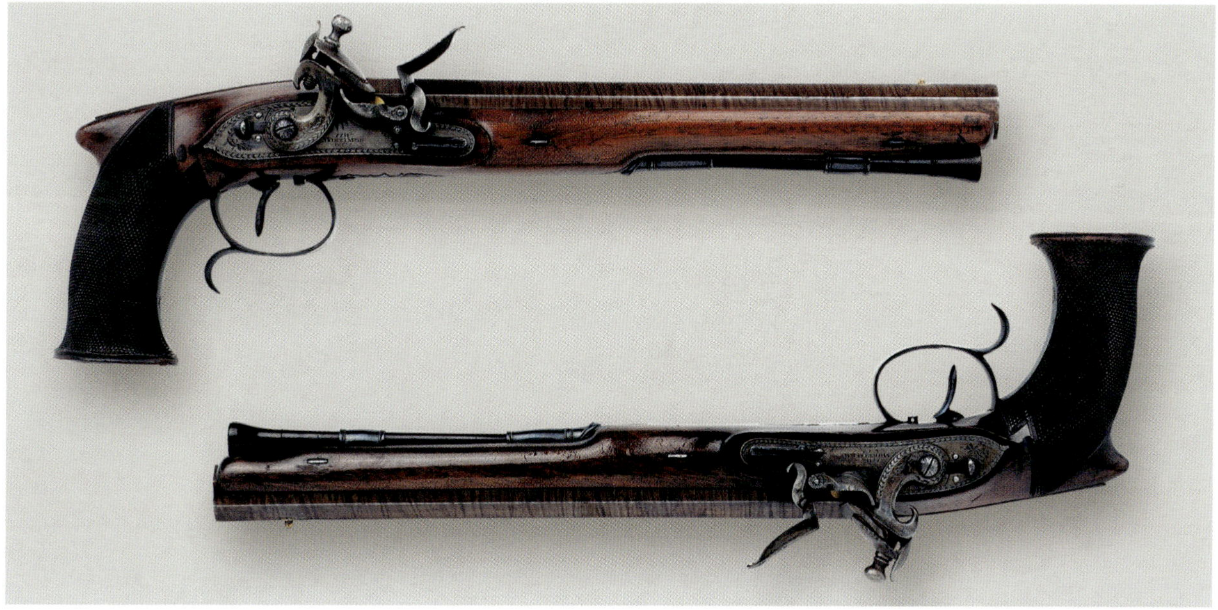

Weniger tödliche Waffen und Regeln

Die Duellwaffen hatten besondere technische Merkmale. Um sie weniger gefährlich zu machen, waren sie nicht mit einem Präzisionsvisier ausgestattet und besaßen überdies einen glatten anstatt eines gezogenen inneren Laufs.

Das sollte uns nicht überraschen, wenn man bedenkt, dass die Duelle in Wirklichkeit nicht so abliefen wie in Romanen beschrieben. Der Tod eines der beiden Rivalen war ein eher seltener Fall und oft vollzog man dieses Ritual auch gänzlich ohne Blutvergießen.

Auch die Normen zur Durchführung der verschiedenen Duelle – stehend, in Bewegung oder auf Kommando usw. – waren so festgelegt, dass ein tödlicher Ausgang des Duells unwahrscheinlich war. Wenn auch der vorgeschriebene minimale Abstand zwischen den Duellanten mindestens 12 Meter betrug, stellten sich die Kontrahenten zumeist in einem Abstand von 28 bis 32 Metern voneinander auf. Diese Entfernung machte einen tödlichen Treffer ziemlich selten.

Auch die Bezeichnung „Duell mit gewolltem Schuss", die eine besondere Art der Herausforderung definierte, darf uns nicht hinters Licht führen. Tatsächlich mussten sich die Duellanten Rücken an Rücken stellen, sich dann auf eine Distanz von 20 bis 28 Metern voneinander entfernen und auf die Frage des Sekundanten „Bereit?" umdrehen und auf das Kommando „Feuer!" warten. Dazu klatschte der Sekundant in die Hände und zählte „eins, zwei und drei" in Abständen von einer Sekunde. Die Duellanten durften nur innerhalb dieses sehr kurzen Zeitraums schießen. Ein vor den Kommandos „Feuer" oder „drei" abgegebener Schuss ließ auf einen Tötungsversuch schließen.

Hier präsentiert sich das Pistolenpaar in typischer Duellkonstellation.

LE PAGE

Gesamtlänge: 440 mm	
Lauflänge: 280 mm	
Jahr: 1825	
Glatter Lauf	
Gewicht: 1050 g	
Kaliber: 16 mm	

Englischer und französischer Stil

Unter dem zunehmenden englischen Einfluss bei den Duellpistolen, begann man in Frankreich der technischen Effizienz mehr Beachtung zu schenken als der Üppigkeit der Verzierungen. Dennoch stellten große französische Waffenschmiede wie Boutet und Le Page auch weiterhin feingearbeitete Waffen her. Die Arbeiten von Le Page waren wunderschön, es handelte sich oft um authentische Einzelstücke, aber sie hatten einen sehr hohen Preis. Es wurden Tausende von Pistolenpaaren hergestellt, die zumeist vor allem zum Training benutzt wurden. Bis zum Jahr 1850 war der Knauf im kaiserlichen Stil in Frankreich bindend, in England war die Bananenform vorgegeben. Später, in der Epoche des Zweiten Kaiserreiches, begann in Frankreich die Produktion von geriffelten Knäufen, „Renaissance“ oder „Napoleon III“ genannt.

Die Garnitur befindet sich mit dem Zubehör in ihrem Originalkasten aus Nussbaumholz mit den Maßen 530 x 300 x 90 mm. Das Innere ist mit rotem Leder bezogen, vergoldete Ränder und ein Deckel aus grünem Velours runden das kostbare Erscheinungsbild ab.

Das ist eine typisch französische Duellpistole, auf dem Steinschloss signiert mit Le Page A Paris. Es handelt sich also um eine Waffe des französischen Waffenschmieds Henry Le Page (1792 bis 1854), dessen wirklicher Name Jean André Prosper Le Page war. Er war der Sohn des berühmten Büchsenmachers Jean Le Page, dessen Firma er 1822 übernahm.

Die abgebildete Waffe aus dem Pistolenpaar besitzt einen Schaft aus Nussbaumholz, einen zur Mündung hin runden Lauf mit Verzierungen im Mündungsbereich und Griffbeschläge aus Vermeil, also aus vergoldetem Silber. Die Silberpunzen findet man auf dem Abzugsbügel. Der Hahn zeigt die typisch englische Form eines umgedrehten C, das Zündloch ist aus Platin. Auch diese Pistole trägt einen Ladestock mit einer hellen Hornspitze unter dem Lauf.

Bei diesem Pistolenpaar ist auf der Gegenplatte des Schlosses jeder Pistole die Seriennummer 2983 zu sehen. Sie verschlüsselt das Bestell- und Lieferdatum sowie den Preis der Pistolen.

Tatsächlich – wie Le Page in seinem Bestellbuch schreibt – wurden die Pistolen am 24.7.1825 zusammen mit einem Paar mit der Seriennummer 2937 von der Firma Schwartz & Muster bestellt und am 18. 11. 1825 zum Preis von 1000 goldenen Francs ausgeliefert.

DUELLPISTOLE IM FRANZÖSISCHEN STIL

Gesamtlänge:	425 mm
Lauflänge:	280 mm
Jahr:	1855
Glatter Lauf	
Gewicht:	1000 g
Kaliber:	10 mm

Gut ausgestattete Kästen

Die Pistolen mit Steinschloss, die ausschließlich für Duelle produziert wurden, waren Paare von gleichen Modellen, die in einer Schatulle aufbewahrt wurden, in der zugleich das gesamte notwendige Zubehör untergebracht war. Zu Letzterem gehörten Dosierfläschchen für das Pulver, Ladestock mit Knauf, Ausputzer zur Reinigung des Zündlochs, Holzhammer, Kugelbehälter, Schraubenzieher, Locheisen für die Leinentücher zum Reinigen des Laufs, Behälter für das Waffenöl, Nadeln und Bürstchen für die Säuberung des Zündlochs und die Klemme für das Herausnehmen des Federschlosses.
Der Hauptunterschied bei den Duellkästen liegt in der Anordnung und Form der Fächer. Bei den englischen Kästen waren die Fächer rechteckig oder trapezförmig, während sie bei den französischen und belgischen Duellkästen jeweils an die Form der Objekte angepasst waren und durchgehend mit Velours oder Wollstoff ausgelegt waren.

Der Kasten, der Pistolenpaar und Zubehör beinhaltet, mit geformten Fächern auf französische Art, hatte die Maße 500 x 270 x 80 mm.

Die auf diesen Seiten abgebildete Pistole ist von einfacher und eleganter Form und gehört zu einer Garnitur, die in der Mitte des 19. Jahrhunderts im belgischen Lüttich hergestellt wurde. Da in dieser Zeit viele belgische Waffenschmiede für französische Häuser produzierten, erscheint diese Waffe in typisch französischer Art und entspricht, mit Ausnahme weniger Details, den Pistolen des großen Pariser Waffenschmieds Gastinne Renette. Das ist leicht zu erkennen, wenn man die von ihm gefertigte Pistole auf Seite 231 betrachtet. Die abgebildete Waffe besitzt einen Schaft aus Holz mit einem Lauf aus brüniertem Eisen. Das Steinschloss hat keine Verzierungen, an der Waffe ist kein Ladestock angebracht. Das Pistolenpaar wird in dem Originalkasten aus Mahagoniholz aufbewahrt, der mit dem nötigen Zubehör ausgestattet ist.

PISTOLENPAAR FÜR SPORTSCHÜTZEN

Gesamtlänge: 290 mm	
Lauflänge: 78 mm	
Jahr: ca. 1840	
Glatter Lauf	
Gewicht: 445 g	
Kaliber: 5 mm	

Waffen zum Trainieren und zum Duellieren

Das sportliche Schießen mit der Pistole war anfangs eine Art Vorbereitung und Training für ein echtes Duell. Das änderte sich bald und man traf sich zu den sogenannten „sportlichen Duellen". Bei diesen „sportlichen Duellen" waren beide Schützen maskiert und mit einer Schutzkleidung aus festem Tuch ausgestattet. Man beschoss sich gegenseitig mit harmlosen Wachskugeln. Die entsprechenden Schusswaffen waren den Duellpistolen sehr ähnlich und unterschieden sich hauptsächlich durch ihre geringere Feuerkraft von den echten Duellpistolen. Ein anderer Unterschied war das kleine Kaliber der Waffen.

Auch für dieses Waffenpaar gibt es einen wertvollen Kasten aus Mahagoniholz in den Maßen 345 x 183 x 80 mm.

Die hier abgebildete Pistole gehört zu einem Waffenpaar, das wie echte Duellpistolen in einem Kasten aus Mahagoniholz aufbewahrt wird, zusammen mit verschiedenen Werkzeugen, die für den Umgang und für die Reinigung der Waffen notwendig sind.

Bei dieser Pistole wird die Zündkapsel nur durch die Kraft einer Feder gezündet, die man mit einem seitlich angebrachten Hebel spannen kann. Geladen wird die Pistole mit einer seitlichen Klinke vor der Feder. Dreht man sie um 90 Grad, kann man die Pistole von oben im Kaliber 5 mm laden. Wie man sieht, handelt es sich hierbei um eine relativ harmlose Waffe, mit der man vorzüglich auf Scheiben schießen konnte.

CONTRIENER FÜR SPORTSCHÜTZEN

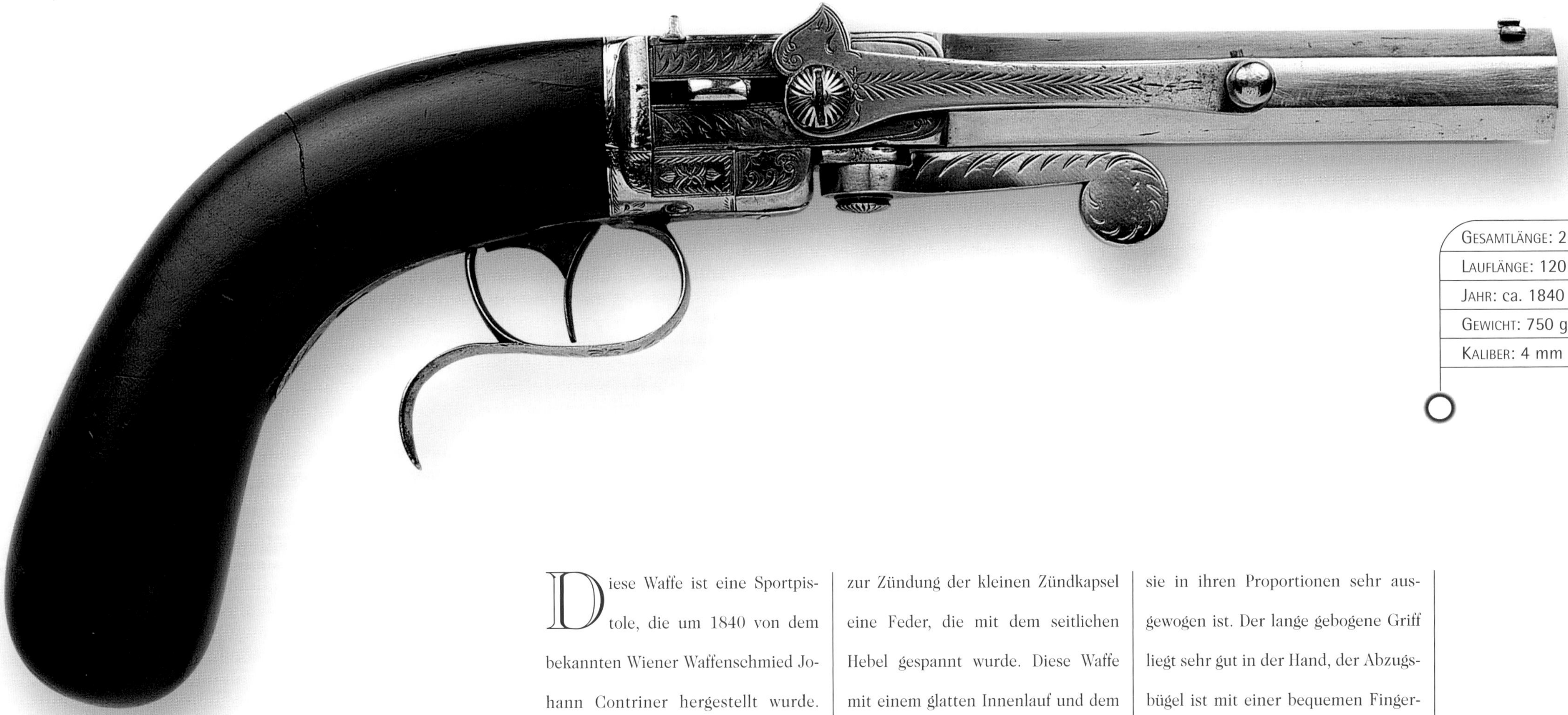

Gesamtlänge:	285 mm
Lauflänge:	120 mm
Jahr:	ca. 1840
Gewicht:	750 g
Kaliber:	4 mm

Diese Waffe ist eine Sportpistole, die um 1840 von dem bekannten Wiener Waffenschmied Johann Contriner hergestellt wurde. Contriner hatte für sie einen ganz speziellen Lade- und Schussmechanismus konzipiert. Auch er benutzte zur Zündung der kleinen Zündkapsel eine Feder, die mit dem seitlichen Hebel gespannt wurde. Diese Waffe mit einem glatten Innenlauf und dem kleinen Kaliber von nur 4 mm sowie einem klassischen Visier eignet sich gut zum Schießen auf Scheiben, weil sie in ihren Proportionen sehr ausgewogen ist. Der lange gebogene Griff liegt sehr gut in der Hand, der Abzugsbügel ist mit einer bequemen Fingerstütze ausgestattet. Die Pistole ist von sehr guter Qualität.

GASTINNE RENETTE

GESAMTLÄNGE: 290 mm
LAUFLÄNGE: 160 mm
JAHR: 1847
Gerillter Lauf
GEWICHT: 660 g
KALIBER: 5,5 mm

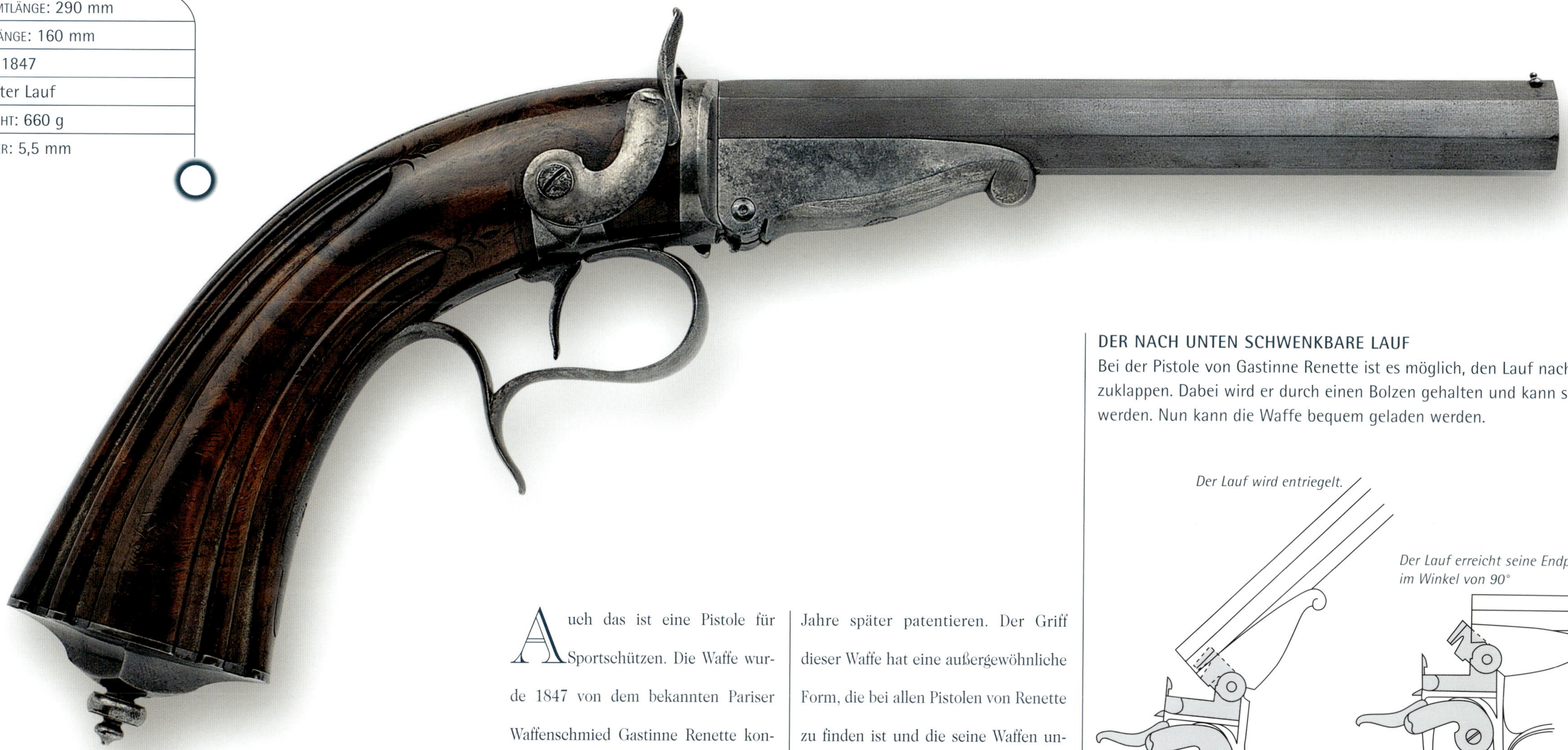

Auch das ist eine Pistole für Sportschützen. Die Waffe wurde 1847 von dem bekannten Pariser Waffenschmied Gastinne Renette konstruiert, er ließ sich den nach unten schwenkbaren Lauf und die besondere Schlosskonstruktion der Pistole einige Jahre später patentieren. Der Griff dieser Waffe hat eine außergewöhnliche Form, die bei allen Pistolen von Renette zu finden ist und die seine Waffen unverwechselbar macht. Auch diese Sportpistole ist mit der obligatorischen Fingerstütze am Abzugsbügel ausgestattet.

DER NACH UNTEN SCHWENKBARE LAUF

Bei der Pistole von Gastinne Renette ist es möglich, den Lauf nach unten abzuklappen. Dabei wird er durch einen Bolzen gehalten und kann so gedreht werden. Nun kann die Waffe bequem geladen werden.

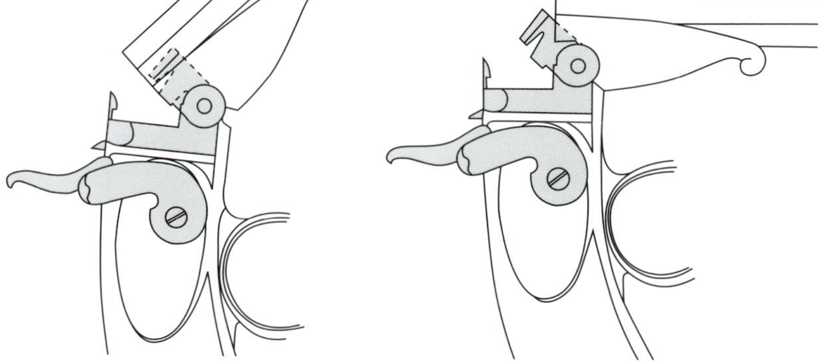

SPORTPISTOLE MIT GEWEHRSCHLOSS

GESAMTLÄNGE: 380 mm	
LAUFLÄNGE: 235 mm	
JAHR: 1890	
Gezogener Lauf	
GEWICHT: 1320 g	
KALIBER: 6 mm	

Die hier abgebildete Pistole ist schon auf den ersten Blick eine erstklassige Waffe für Präzisionsschützen. Sie hat beachtliche Maße und ein beträchtliches Gewicht, was eine geübte Hand und starke Arme erfordert. Der außen runde und brünierte Lauf ist innen gezogen und trägt eine einstellbare Zieleinrichtung, die eine Erfassung des Ziels mit höchster Präzision ermöglicht. Ungewöhnlich an dieser Pistole ist ihr typisches Gewehrschloss. Die Pistole besitzt einen fein gearbeiteten Schaft aus Kirschbaumholz, die Messingbeschläge und das Schloss sind mit üppigen Gravuren versehen, der Abzugsbügel ist aus Messing und hat eine Fingerstütze. Der Pistolengriff ist ungewöhnlich lang, er hat aber die perfekte Form einer Präzisionswaffe. Signiert ist diese Pistole mit „Pistolet Bufalo Stand". Sie wurde im Jahr 1890 von der französischen Waffenfabrik Manufacture Française d'armes et cicles in Saint-Etienne an der Loire hergestellt.

STEVENS DIAMOND NO. 43

Gesamtlänge: 222 mm	
Lauflänge: 148 mm	
Zeitraum: 1869 – 1886	
Gerillter Lauf	
Gewicht: 420 g	
Kaliber: 0,22" short (5,59 mm)	

Diese Pistole ist unter den Sportpistolen zur Mitte des 19. Jahrhundert eine vergleichsweise kleine Waffe. Man muss aber beachten, dass sie bei einer Gesamtlänge von 22 cm eine Lauflänge von fast 15 cm aufweist. Außerdem ist der gezogene Lauf in der Mitte dicker gestaltet, was der Pistole eine optimale Gewichtsverteilung für den Sportschützen verleiht. Das macht die Waffe für ihren Verwendungszweck perfekt. Zusätzlich verfügt sie über ein einstellbares Visier. Die abgebildete Pistole hat einen sporenförmigen Abzug und Griffschalen aus Perlmutt. Sie wurde von der amerikanischen Firma J. Stevens & Co. hergestellt.

DEUTSCHE SPORTSCHÜTZENPISTOLE

GESAMTLÄNGE: 415 mm
LAUFLÄNGE: 345 mm
ZEITRAUM: 1863 – 1871
GEWICHT: 1170 g
KALIBER: 0,22" (5,59 mm)

Auf den ersten Blick ist klar, dass die hier abgebildete Pistole eine Waffe ist, die für die ganz besonderen Bedürfnisse von Sportschützen gebaut wurde. Sie wurde in Deutschland hergestellt und auch in andere europäische Länder exportiert. Natürlich ist die Waffe mit einem mikrometrischen Präzisionsvisier ausgestattet. Das Besondere an der Waffe ist, dass sie fast ganz ohne Werkzeug auseinandergenommen und wieder

Eine Katalogseite aus dem Jahr 1864. Hier werden Pistole und Patronenart in vier Sprachen vorgestellt.

zusammengebaut werden kann. Sie besitzt ein Gewehrschloss mit Doppelschuss und ist ein sogenannter „Selbstspanner". Der achteckige Lauf ist für den präzisen Schuss im Kaliber 5,59 mm innen gezogen und liegt in einem Holzschaft, der außergewöhnlich massiv ist, das Mittelteil trägt Gravuren und der Griff ist mit Holzschalen versehen, die mit einer kleinen Niete miteinander verbunden sind.

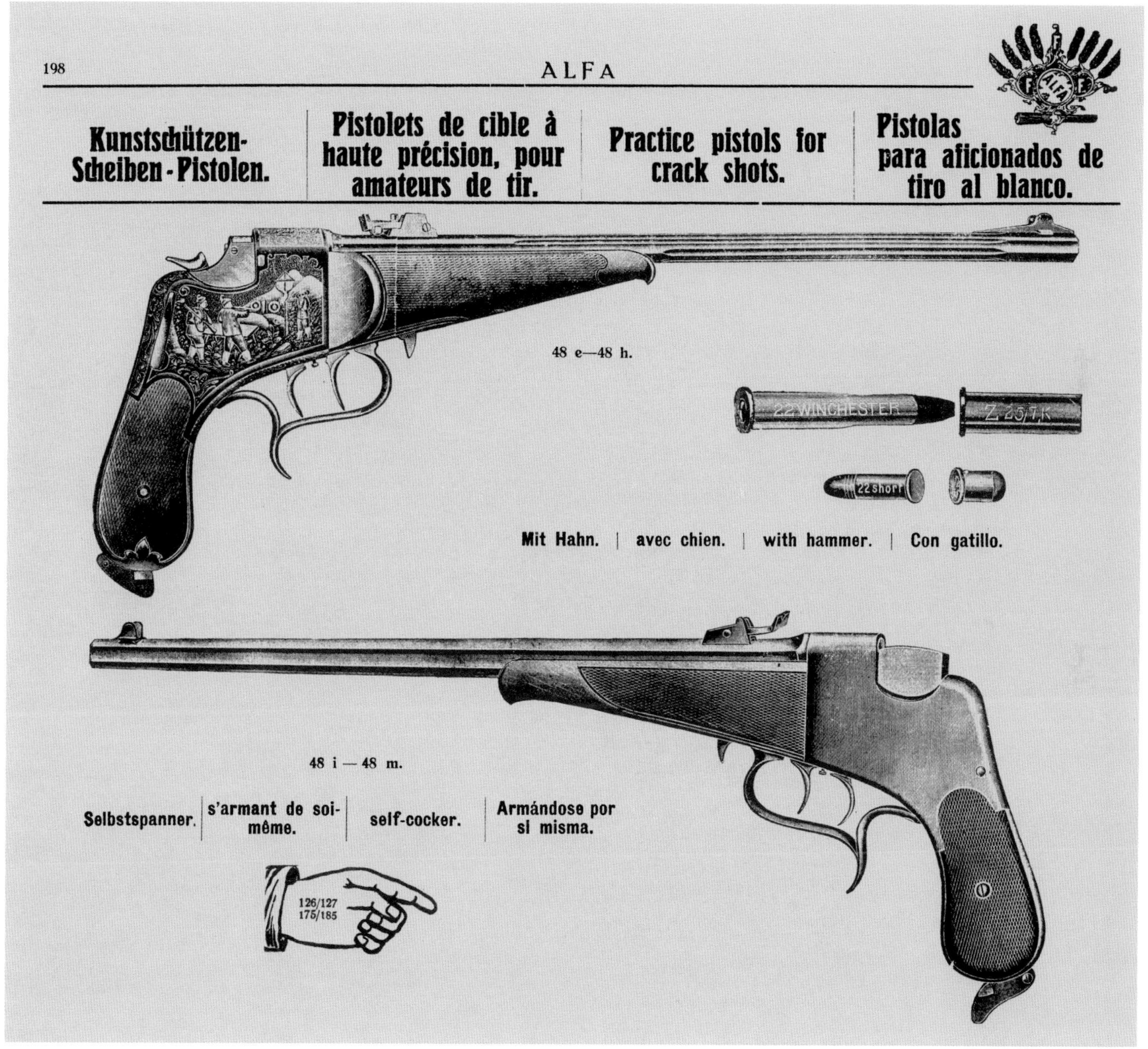

DRECHSLER MIT PERKUSSIONSZÜNDUNG

Dies ist eine im 18. Jahrhundert in Österreich hergestellte Waffe, die mit I. G. Drechsler signiert ist. Ursprünglich hatte die Pistole ein Steinschloss, sie wurde aber um 1830 auf ein Perkussionsschloss umgebaut, wie man an dem veränderten Zündloch sieht. Mit wenigen Handgriffen kann man die Waffe in ein kleines Gewehr, einen Karabiner, verwandeln. Dazu wird der Karabinerschaft in einen Schlitz aus Messing eingehängt, der am Pistolengriff angeschraubt ist. Die Waffe besitzt einen achteckigen Lauf auf einem Schaft aus Nussbaumholz. Aus diesem Holz ist auch der Karabinerschaft gefertigt, sein Holz ist etwas dunkler. Das lässt

Gesamtlänge: 470 mm
Lauflänge: 330 g
Länge mit Griff: 745 mm
Zeitraum: 18. Jahrhundert
Gewicht: 1130 g
Gewicht mit Griff: 1595 g
Kaliber: 14 mm

Die verkleinerte Abbildung zeigt den kompletten Karabiner. Deutlich erkennt man, dass der Schaft aus dunklerem Holz gefertigt ist.

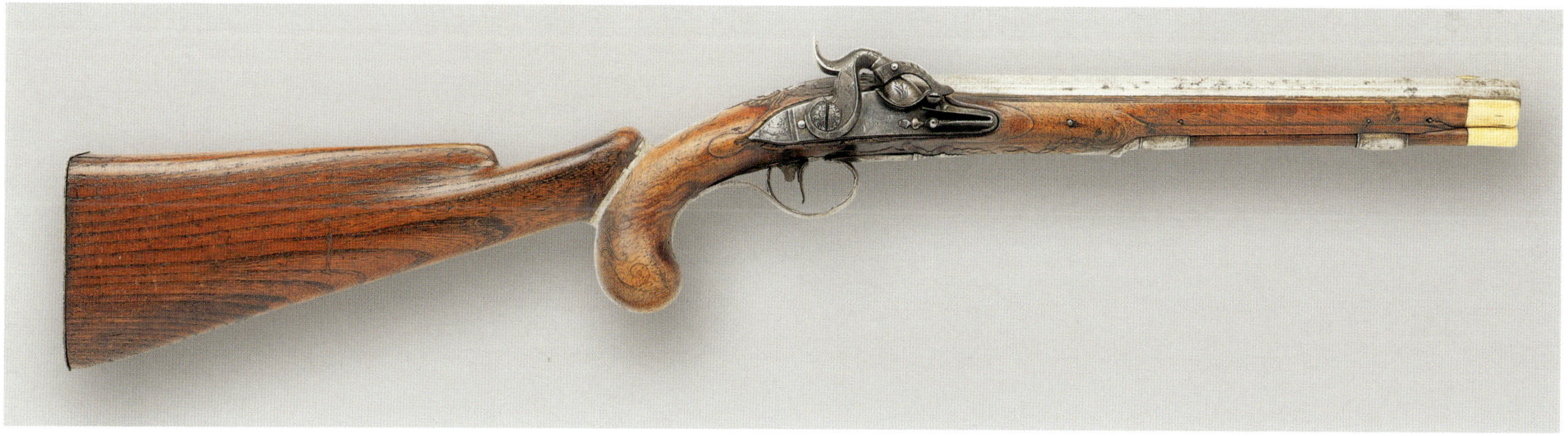

vermuten, dass er auch um 1830 angefertigt wurde, als man das Schloss der Pistole veränderte. Bündig unter dem Schaft liegt der Ladestock aus Nussbaumholz. Schaft und Ladestock sind mit Spitzen aus Horn ausgestattet. Der Abzugsbügel ist aus Messing gefertigt, aus feinem Messingdraht sind die Verzierungen des Pistolengriffs.

PURDEY MIT SPEZIALKUGEL

Gesamtlänge:	580 mm
Lauflänge:	413 mm
Länge mit Griff:	820 mm
Jahr:	ca. 1830
Gewicht:	1730 g
Gewicht mit Griff:	2320 g
Kaliber:	14 mm

Die Ideen des Mr. Purdey

Der englische Waffenschmied James Purdey war ein einfallsreicher Handwerker. Auch ihm war klar, dass eine runde Kugel in einem runden Lauf das eigentliche Problem der unbefriedigenden Ballistik der Waffen war. Purdey baute 1830 einen Lauf, der innen zwei entgegengesetzte Längsrillen aufwies, „Two Groove" genannt.

Für diese Art von Lauf benutzte er eine spezielle Kugel, die aussah, als sei sie mit einem Ring umschlossen. Diese Kugel passte genau in die Rillen im Lauf und wurde direkt in diese zwei Rillen gesetzt. Um das Einführen zu vereinfachen, wurde sie in ein eingeöltes Tuch gewickelt.

1856 konstruierte Purdey das Gewehr Express Train. Auch dieses Gewehr besaß einen Lauf mit zwei Längsrillen. Nur die Kugeln waren anders, sie hatten schon eine längliche, spitze Form mit zwei Flossen und verdrängten bald die Kugeln des Two Groove Laufs.

Diese spezielle Kugel wurde für Läufe des Typs „Two Groove" benutzt, die 1830 zum ersten Mal auftauchten.

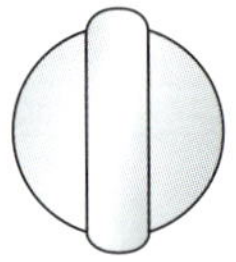

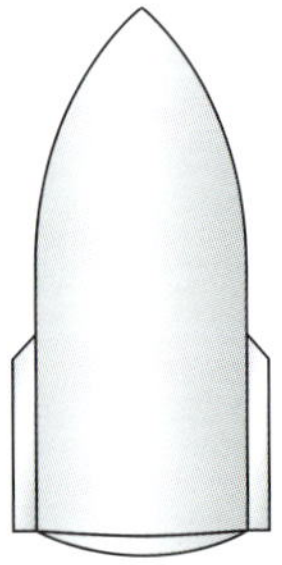

Die Kugel „Cape Rifle Bullet" aus dem Jahr 1856 zeigte eine länglich spitze Form mit zwei Flossen und wurde für das Gewehr Express Train benutzt.

Rechts: Schon als Pistole sehr voluminös, verwandeln sich diese Waffen durch den Aufsatz des Griffs in kleine Gewehre mit über 80 cm Länge und erreichen ein Gewicht von über zwei Kilo.

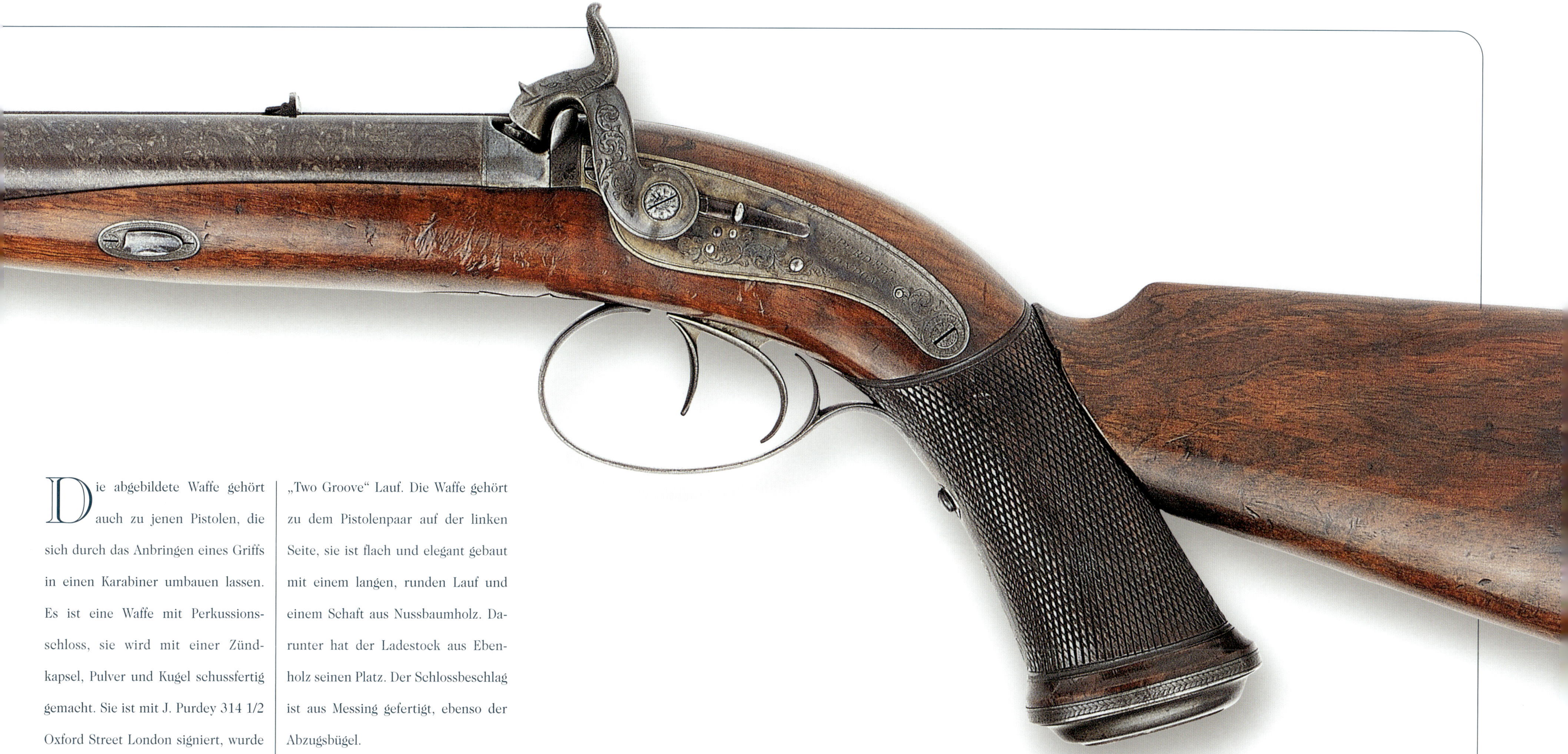

Die abgebildete Waffe gehört auch zu jenen Pistolen, die sich durch das Anbringen eines Griffs in einen Karabiner umbauen lassen. Es ist eine Waffe mit Perkussionsschloss, sie wird mit einer Zündkapsel, Pulver und Kugel schussfertig gemacht. Sie ist mit J. Purdey 314 1/2 Oxford Street London signiert, wurde um das Jahr 1830 gebaut und hat den „Two Groove“ Lauf. Die Waffe gehört zu dem Pistolenpaar auf der linken Seite, sie ist flach und elegant gebaut mit einem langen, runden Lauf und einem Schaft aus Nussbaumholz. Darunter hat der Ladestock aus Ebenholz seinen Platz. Der Schlossbeschlag ist aus Messing gefertigt, ebenso der Abzugsbügel.

MAYNARD

Gesamtlänge:	460 mm
Lauflänge:	305 mm
Länge mit Griff:	720 mm
Jahr:	1856
Gewicht:	1730 g
Gewicht mit Griff:	2250 g
Kaliber:	.557" (14,7 mm)

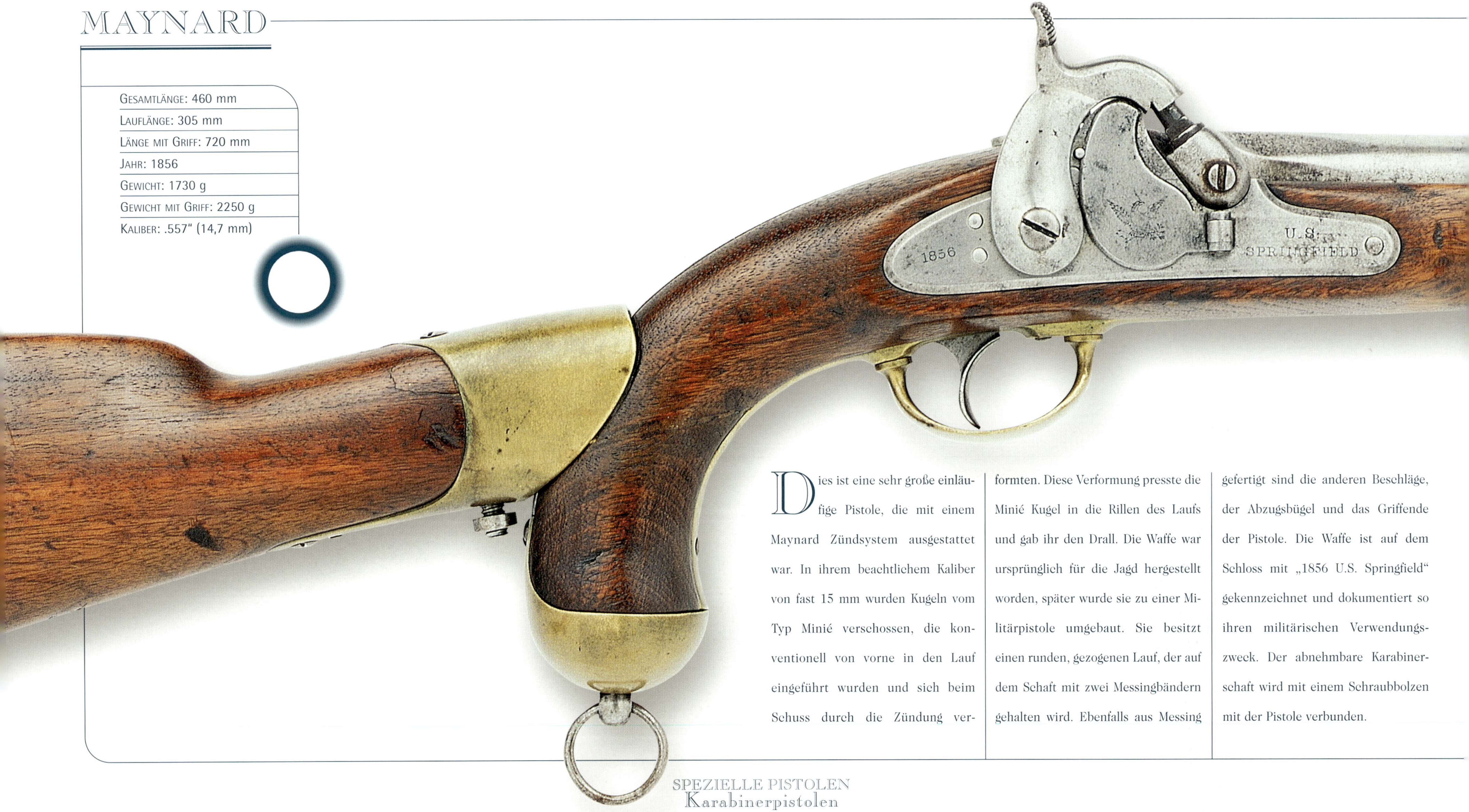

Dies ist eine sehr große einläufige Pistole, die mit einem Maynard Zündsystem ausgestattet war. In ihrem beachtlichem Kaliber von fast 15 mm wurden Kugeln vom Typ Minié verschossen, die konventionell von vorne in den Lauf eingeführt wurden und sich beim Schuss durch die Zündung verformten. Diese Verformung presste die Minié Kugel in die Rillen des Laufs und gab ihr den Drall. Die Waffe war ursprünglich für die Jagd hergestellt worden, später wurde sie zu einer Militärpistole umgebaut. Sie besitzt einen runden, gezogenen Lauf, der auf dem Schaft mit zwei Messingbändern gehalten wird. Ebenfalls aus Messing gefertigt sind die anderen Beschläge, der Abzugsbügel und das Griffende der Pistole. Die Waffe ist auf dem Schloss mit „1856 U.S. Springfield" gekennzeichnet und dokumentiert so ihren militärischen Verwendungszweck. Der abnehmbare Karabinerschaft wird mit einem Schraubbolzen mit der Pistole verbunden.

Eine Streitwaffe zwischen den Nord- und Südstaatlern

Dieser große Pistolen-Karabiner, der über 4000 mal produziert wurde, war eine der Waffen des Sezessionskriegs. Sie war mit einem abnehmbaren Schaft mit Schulterriemen ausgestattet, der getrennt getragen wurde. Schon vor Beginn des amerikanischen Bürgerkriegs wurde sie in den Waffenschmieden in Springfield, Massachusetts, wie auch bei Harper Ferry in Virginia produziert. 1861 wurde letztere Fabrikationsstätte von den Truppen des Nordens evakuiert und in Brand gesetzt. Es gelang jedoch den Brand unter Kontrolle zu bekommen. Der größte Teil der Ausrüstung und die vorgefertigten Stücke wurden anschließend in einer Fabrik in Fayetteville, North Carolina, untergebracht, wo dann die Produktion dieser Waffe mit einer entscheidenden Verbesserung fortgesetzt wurde. Die Zündvorrichtung Maynard wurde entfernt und man kehrte zur traditionellen Trommel mit Zündkapsel zurück.

Das verkleinerte Bild zeigt die Pistole als Karabiner mit dem Ende des Schafts.

COLT DRAGON MIT KARABINERSCHAFT

Gesamtlänge:	355 mm
Lauflänge:	190 mm
Lauflänge:	690 mm
Jahr:	1859–1860
Gewicht:	1870 g
Gewicht mit Griff:	2940 g
Kaliber:	0,44" (11,18 mm)

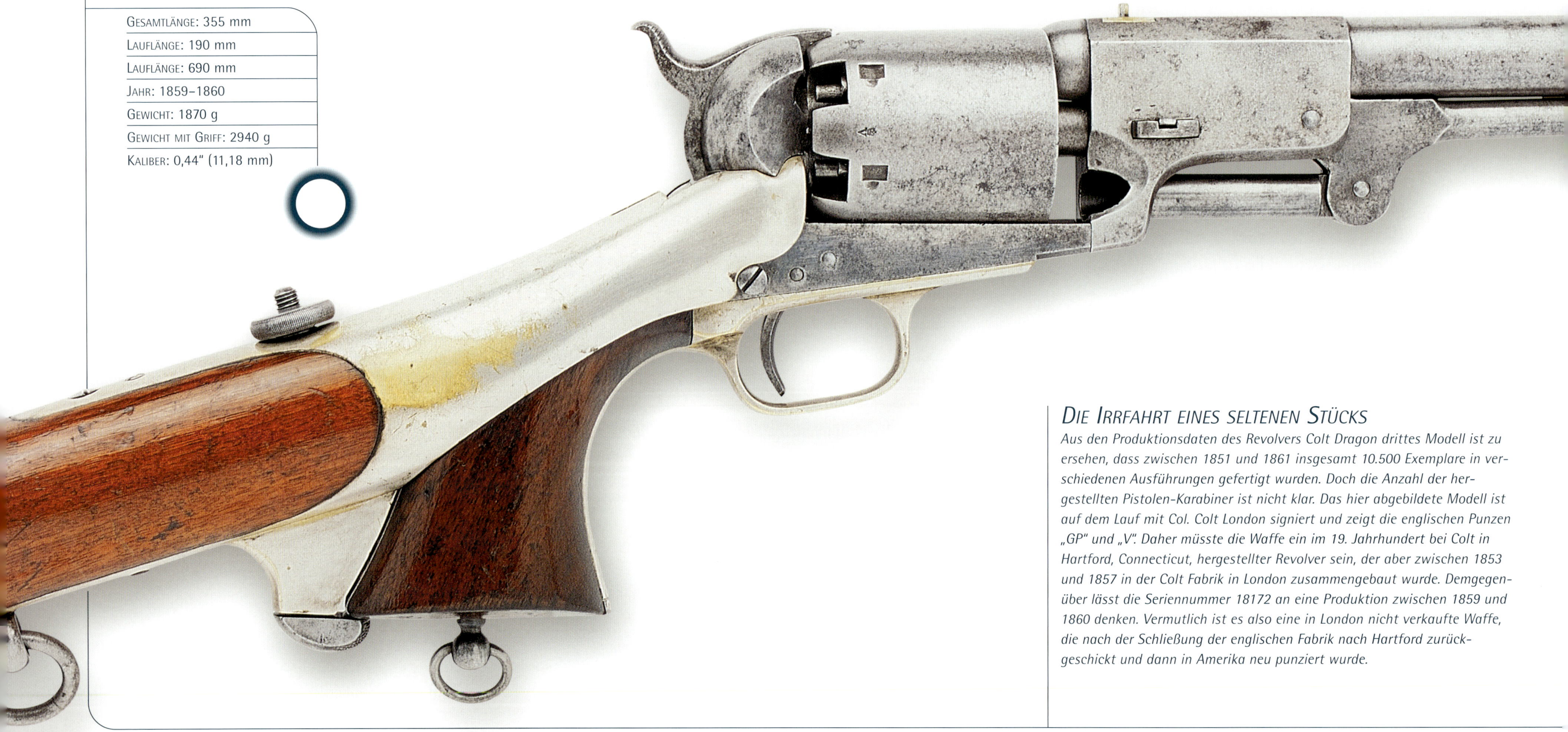

Die Irrfahrt eines seltenen Stücks

Aus den Produktionsdaten des Revolvers Colt Dragon drittes Modell ist zu ersehen, dass zwischen 1851 und 1861 insgesamt 10.500 Exemplare in verschiedenen Ausführungen gefertigt wurden. Doch die Anzahl der hergestellten Pistolen-Karabiner ist nicht klar. Das hier abgebildete Modell ist auf dem Lauf mit Col. Colt London signiert und zeigt die englischen Punzen „GP" und „V". Daher müsste die Waffe ein im 19. Jahrhundert bei Colt in Hartford, Connecticut, hergestellter Revolver sein, der aber zwischen 1853 und 1857 in der Colt Fabrik in London zusammengebaut wurde. Demgegenüber lässt die Seriennummer 18172 an eine Produktion zwischen 1859 und 1860 denken. Vermutlich ist es also eine in London nicht verkaufte Waffe, die nach der Schließung der englischen Fabrik nach Hartford zurückgeschickt und dann in Amerika neu punziert wurde.

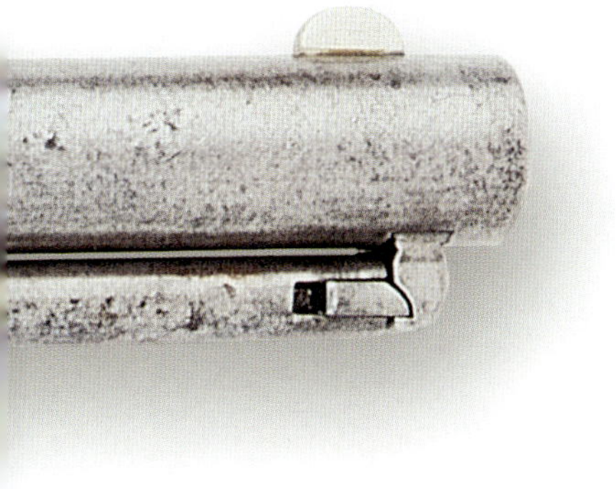

Die hier abgebildete Waffe zum Beispiel ist ein klassischer Revolver mit einer Trommel mit sechs Einzelschüssen. Sie ist identisch mit dem Revolver Colt Dragon drittes Modell, den wir schon auf der Seite 158 kennen lernen durften. Von diesem unterscheidet sie sich durch kleine Besonderheiten. Das Visier, die Griffbeschläge und der Abzugsbügel sind versilbert, der Griff selbst ist etwas kürzer ausgefallen. Aber vor allem differiert sie durch die Form des kompletten hinteren Griffteils, das zum Ankoppeln des Schafts besonders gestaltet ist. Der Schaft wird auf den Revolvergriff geschoben und dann mit ihm verschraubt.

Durch die beiden Ringe unter dem Pistolengriff und dem Karabinerschaft konnte ein Ledergurt gezogen werden, mit dem die Waffe am Sattel befestigt wurde.

Die Pistole, die sich in einen Karabiner umbauen ließ, hatte immer ihre Liebhaber. Man findet sie unter den einschüssigen Waffen mit Perkussionsschloss, unter den Trommelrevolvern sowie unter den moderneren halbautomatischen Waffen, die wir später noch sehen werden.

Das Bild zeigt den Revolver Colt Dragon als Karabiner mit dem verschraubten Schaft, der sehr dominierend ist.

LANGE PISTOLE FRANK WESSON

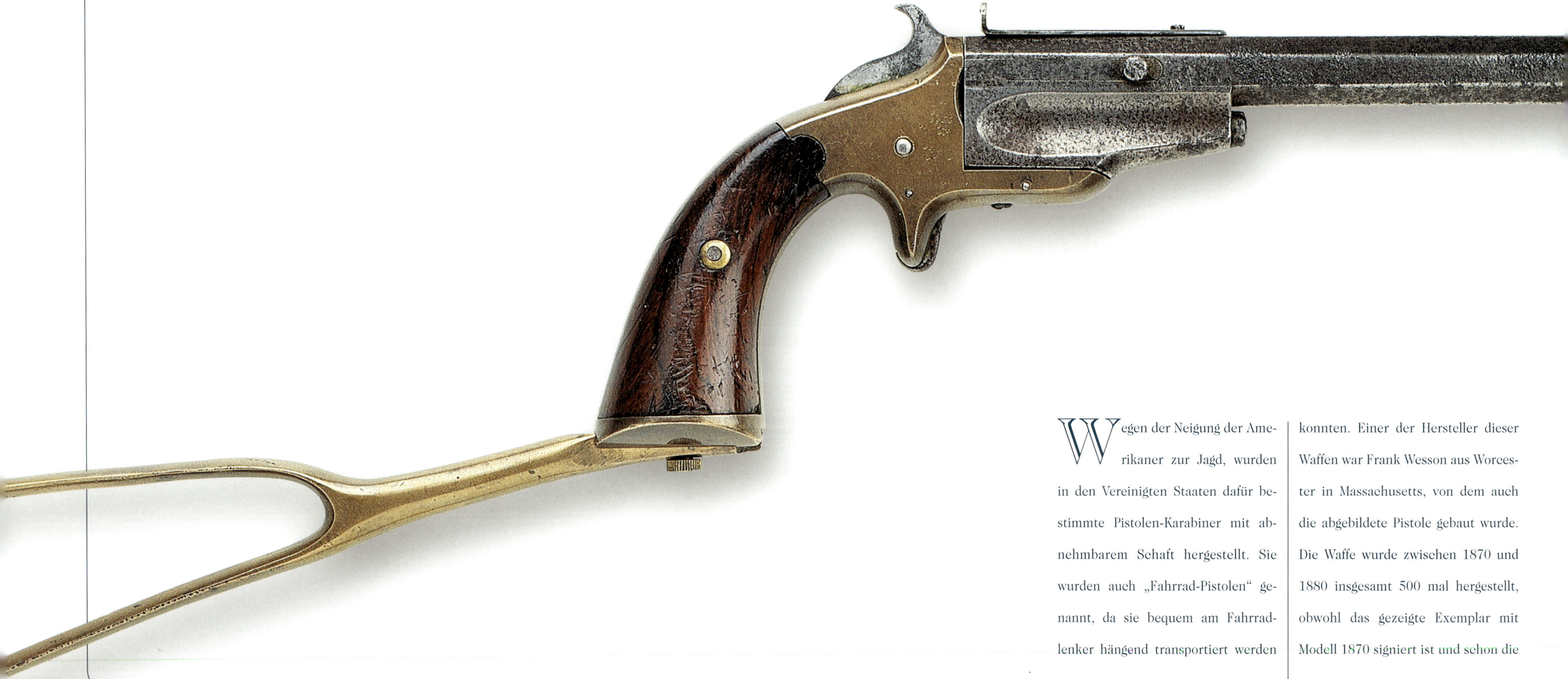

Wegen der Neigung der Amerikaner zur Jagd, wurden in den Vereinigten Staaten dafür bestimmte Pistolen-Karabiner mit abnehmbarem Schaft hergestellt. Sie wurden auch „Fahrrad-Pistolen“ genannt, da sie bequem am Fahrradlenker hängend transportiert werden konnten. Einer der Hersteller dieser Waffen war Frank Wesson aus Worcester in Massachusetts, von dem auch die abgebildete Pistole gebaut wurde. Die Waffe wurde zwischen 1870 und 1880 insgesamt 500 mal hergestellt, obwohl das gezeigte Exemplar mit Modell 1870 signiert ist und schon die

Gesamtlänge: 465 mm
Lauflänge: 374 mm
Länge mit Griff: 760 mm
Jahr: 1870–1880
Gewicht mit Griff: 675 g
Kaliber: 0,38“ RF (9,65 mm)

Seriennummer 656 trägt. Es gab die Waffen mit dem Kaliber 0.32“, 0.38“, 0.42“ und 0.44“ und mit verschieden langen Läufen von 15“ Länge des hier abgebildeten Modells bis zu einer beeindruckenden Länge von 24“, also über 60 cm. Die abgebildete Pistole ist eine einschüssige Waffe, der Griff ist komplett aus Messing gefertigt, die Griffschalen sind aus Nussbaumholz hergestellt. Die Pistole hat einen sporenförmigen Abzug ohne Bügel. Der offene Karabinerschaft ist ebenfalls aus Messing hergestellt, er wird mit dem Griff der Pistole verschraubt.

Das Bild zeigt die beeindruckende Länge der Pistole im Verhältnis zum abgeschraubten Karabinerschaft.

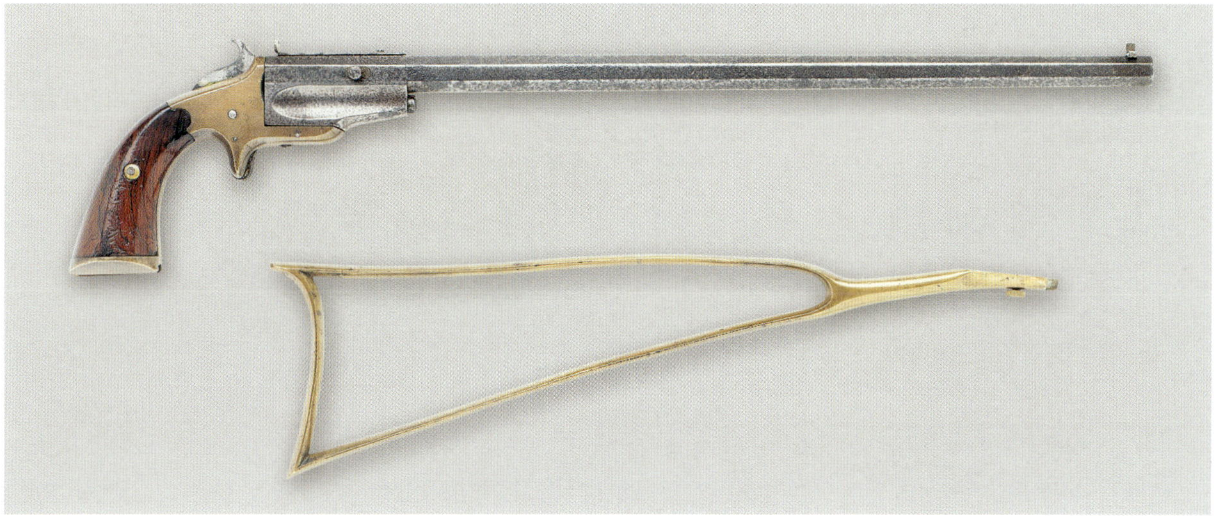

S&W MODELL 320

Gesamtlänge:	595 mm
Lauflänge:	476 mm
Länge mit Griff:	880 mm
Jahr:	1879–1880
Gewicht:	1740 g
Gewicht mit Griff:	2250 g
Kaliber:	0,32" S&W R (7,65 mm)

Dieses Modell 320 der Smith & Wesson Company, auch „Buntline Special" genannt, ist eigentlich ein überlanger Trommelrevolver, der durch einen entsprechenden Umbau zu einem Präzisionsgewehr wird. Diese Waffe wird tatsächlich als „revolving rifle" klassifiziert und ist außerordentlich selten zu finden. Sie wurde in den Jahren 1879 und 1880 nur 977 mal gebaut. 514 Waffen, einschließlich der hier gezeigten, besaßen einen Lauf mit einer Länge von 457 mm, 239 Pistolen waren mit Läufen von 406 mm Länge ausgestattet und 224 Waffen wurden mit Läufen von 508 mm Länge hergestellt. Bei einer Waffe mit einem Lauf von gut einem halben Meter Länge kann man nun wirklich von einem richtigen Gewehr sprechen. Der Revolver hat eine Trommel für sechs Schuss mit Kaliber 0.32", er wurde von dem Modell S&W No. 3 abgeleitet, den wir schon auf den Seiten 192/193 gesehen haben. Revolver und Karabinerschaft konnten mit einer Art Schraubzwinge miteinander verbunden werden. Die Waffe hat eine außerordentlich große Reichweite und ist mit einem Präzisionsvisier ausgestattet.

Der lange Revolver S&W Modell 320 mit abgenommenem Schaft und dem Präzisionsvisier.

PISTOLE BORCHARDT

Gesamtlänge:	290 mm
Lauflänge:	190 mm
Länge mit Griff:	680 mm
Jahr:	1894
Gewicht:	1310 g
Gewicht mit Griff:	2470 g
Kaliber:	7,65 mm Borchardt

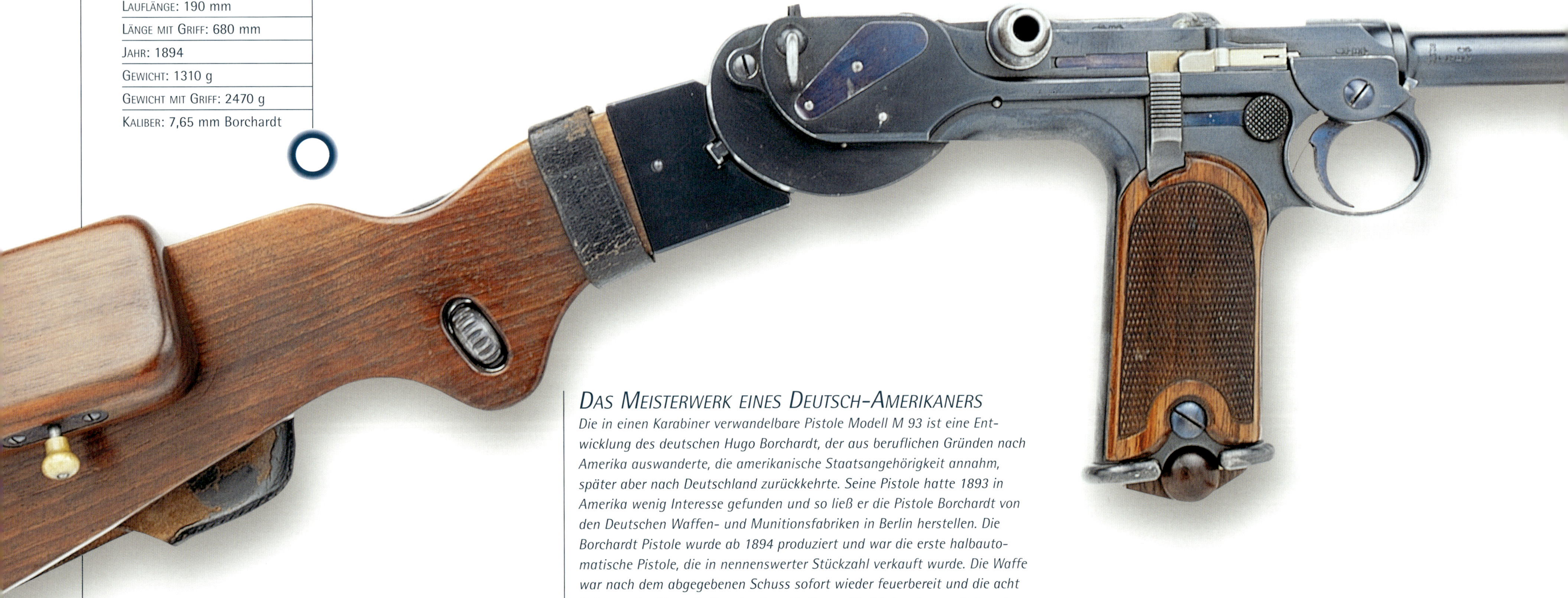

Das Meisterwerk eines Deutsch-Amerikaners

Die in einen Karabiner verwandelbare Pistole Modell M 93 ist eine Entwicklung des deutschen Hugo Borchardt, der aus beruflichen Gründen nach Amerika auswanderte, die amerikanische Staatsangehörigkeit annahm, später aber nach Deutschland zurückkehrte. Seine Pistole hatte 1893 in Amerika wenig Interesse gefunden und so ließ er die Pistole Borchardt von den Deutschen Waffen- und Munitionsfabriken in Berlin herstellen. Die Borchardt Pistole wurde ab 1894 produziert und war die erste halbautomatische Pistole, die in nennenswerter Stückzahl verkauft wurde. Die Waffe war nach dem abgegebenen Schuss sofort wieder feuerbereit und die acht Patronen im Magazin konnten innerhalb von fünf Sekunden nacheinander abgefeuert werden.

Die halbautomatische Pistole Borchardt M 93 hatte einen legendären Ruf. Die Waffe wurde bis zum Anfang des Ersten Weltkriegs gebaut, zuerst in der Firma Ludwig Loeve & Co in Berlin und dann in der Deutschen Waffen- und Munitionsfabrik, ebenfalls in Berlin. Insgesamt wurden mehr als 3000 Pistolen mit Lauflängen von 190 mm und 165 mm mit Kaliber 7.65 mm gefertigt. Die Pistole Borchardt M 93 wurde auch in der hier gezeigten Ausführung mit einem Anschlagschaft aus Holz mit beweglichen Stützen gebaut. Ein Aufbewahrungskasten aus Leder in den Maßen 38 x 18 x 9 cm war auch im Angebot. Aus dieser Waffe entwickelte Georg Luger einige Jahre später die weltberühmte P08 Parabellum, die auf den Seiten 212/213 zu sehen ist. Wahrscheinlich bestanden die größten Nachteile der Pistole Borchardt in ihrer filigranen Konstruktion mit über 70 Einzelteilen und ihrer Sperrigkeit. Als normale Pistole benutzt lag die Borchardt etwas steif in der Hand. Das lag an der Position des Griffs im Winkel von 90 Grad zum Lauf. Ihre ballistischen Leistungen waren allerdings außergewöhnlich gut, wenn man die Anfangsgeschwindigkeit des Projektils von 410 m/s mit der damals üblichen Geschwindigkeit von 221 m/s vergleicht.

Auf diesem Bild ist der komplette Pistolen-Karabiner Borchardt zu sehen. Ein Magazin befindet sich im Griff, das Ersatzmagazin liegt daneben.

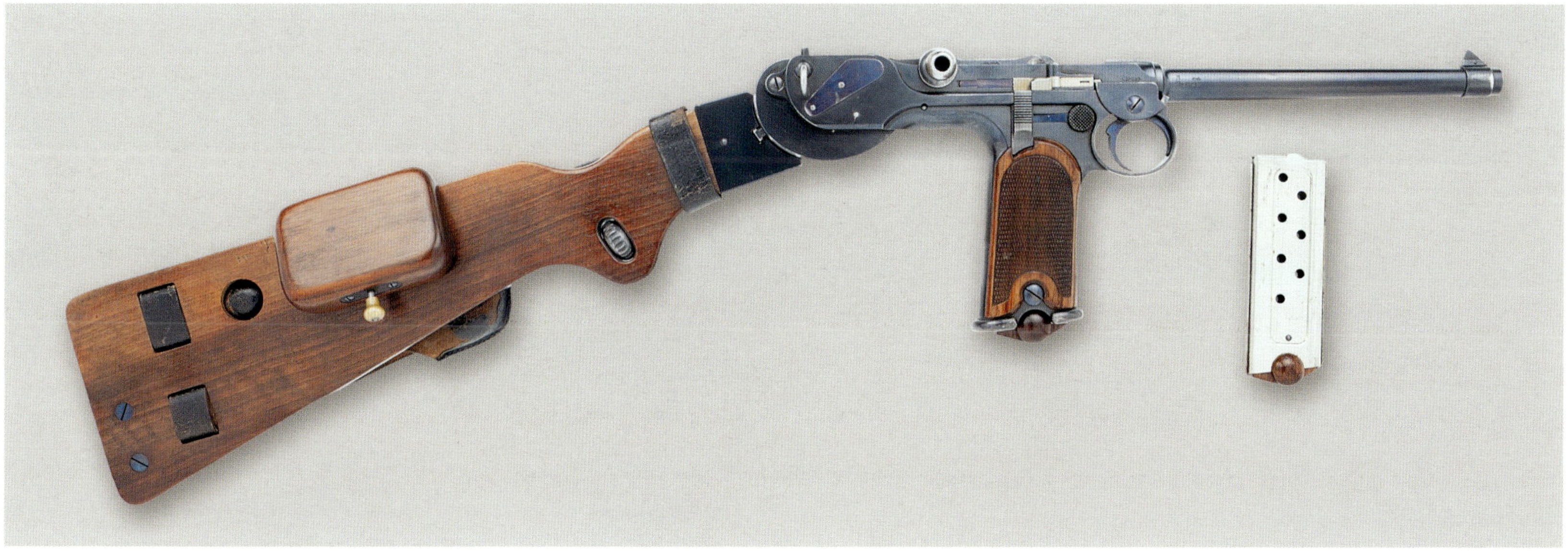

LANGE PISTOLE LUGER

Gesamtlänge: 320 mm
Lauflänge: 200 mm
Länge mit Griff: 665 mm
Zeitraum: 1914–1918
Gewicht: 1095 g
Gewicht mit Griff: 2470 g
Kaliber: 9 mm

Auf dieser Abbildung ist die „Lange Pistole Luger" mit angeschraubtem Schaft zu sehen. Die Waffe wurde mit einem Ersatzmagazin und einem Messingstock zum Reinigen des Laufs ausgeliefert.

Die „Lange Pistole" bereitet den Krieg vor

„Si vis pacem para bellum" (Wenn du Frieden willst, dann bereite den Krieg vor), sagten die Römer und Anfang des 20. Jahrhunderts haben viele den Krieg vorbereitet, ohne jedoch den Frieden zu wollen.
Zum Beispiel entschied das Deutsche Kaiserreich seine Kolonialherrschaft zu erweitern und Deutschland militärisch und industriell aufzurüsten. Vor diesem Hintergrund forderte die deutsche Artillerietruppe 1907 eine halbautomatische Pistole mit langem Lauf an, die man durch Anbringen eines zusätzlichen Griffes in einen Karabiner verwandeln konnte. Es wurden verschiedene Waffen getestet und am Ende fiel die Entscheidung auf eine schon in der Armee erprobte Pistole, die Luger P08 „Parabellum". Über einige Jahre hindurch wurden Verbesserungen an der Waffe vorgenommen und am 3.6.1913 wurde die „ Lange Pistole P08" offiziell von der deutschen Armee übernommen. 12 Monate später wird durch den Mord von Sarajevo der Ersten Weltkrieg beginnen, der die Weltgeschichte an einen entscheidenden Wendepunkt bringt.

Georg Luger war ein Perfektionist bei der Konstruktion seiner Waffen, er war auch ein perfekter Schütze. Am Ende des letzten Friedensjahres kam die „Lange Pistole Luger P08 Parabellum“ zur Truppe. Bis zum Ende November 1916 wurden von dieser Waffe 198.000 Exemplare hergestellt. Sie wurde von allen Teilstreitkräften der deutschen Armee benutzt, viele Soldaten nannten sie auch „Artilleriepistole“, weil sie ursprünglich von der Artillerietruppe angefordert worden war. Wie bei allen Luger P08 Parabellum Pistolen nutzte auch die „Lange Pistole“ den kurzen Rückstoß für ihre halbautomatische Funktion. Die Pistole besaß ein bewegliches Magazin mit acht Patronen im Pistolengriff, Anfang 1915 wurden ein Schnecken- und ein Trommelmagazin mit 32 Schüssen ausprobiert. Weil diese Magazine zu zahlreichen Ladehemmungen führten, verzichtete man auf ihre Weiterentwicklung. Die hier gezeigte Waffe ist ein Erinnerungsmodell, das Ende der 80er-Jahre von der Deutschen Waffen- und Munitionsfabrik in Berlin für die Sammler der Waffe hergestellt und nummeriert wurde.

DEGEN-PISTOLE MIT RADSCHLOSS

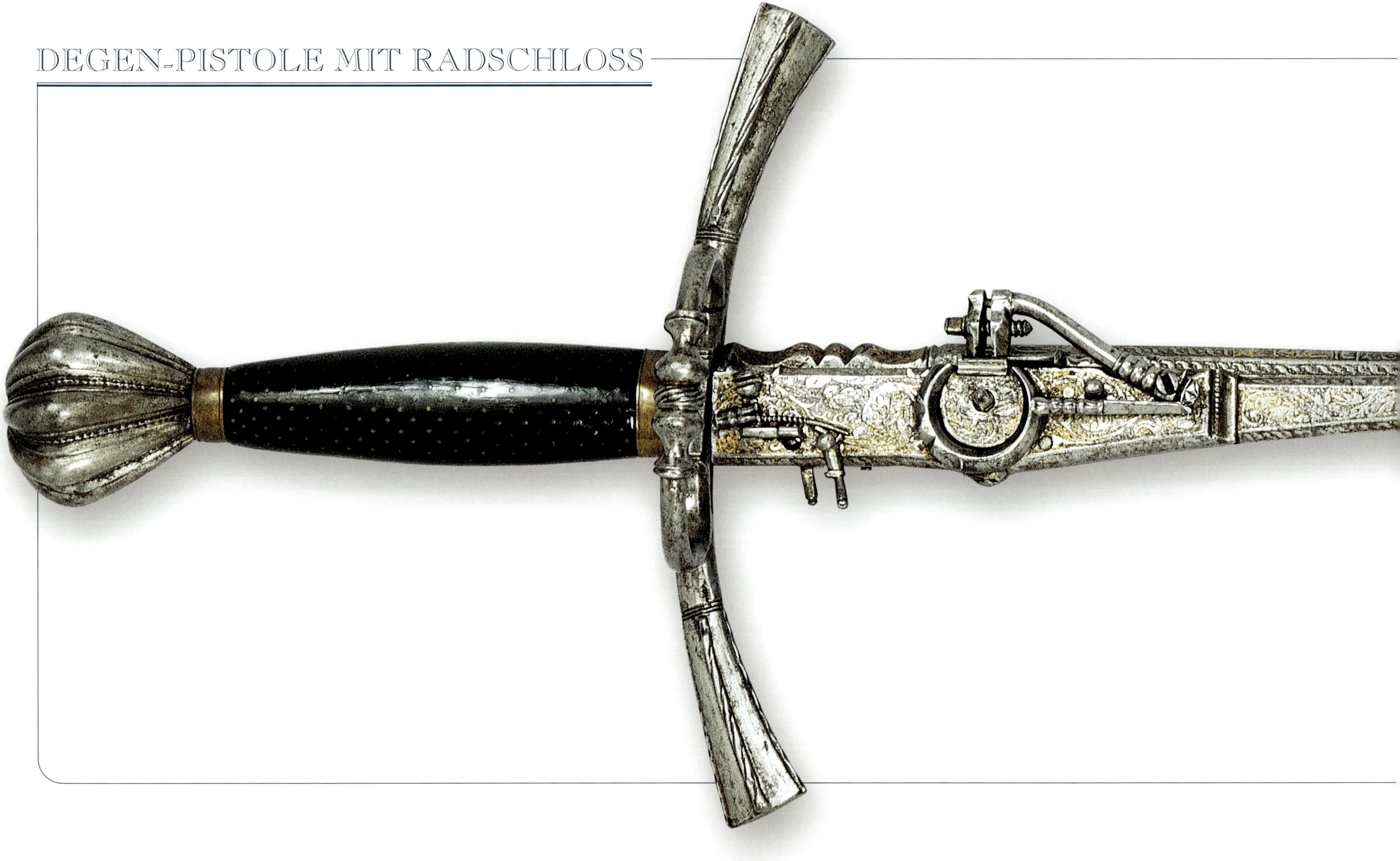

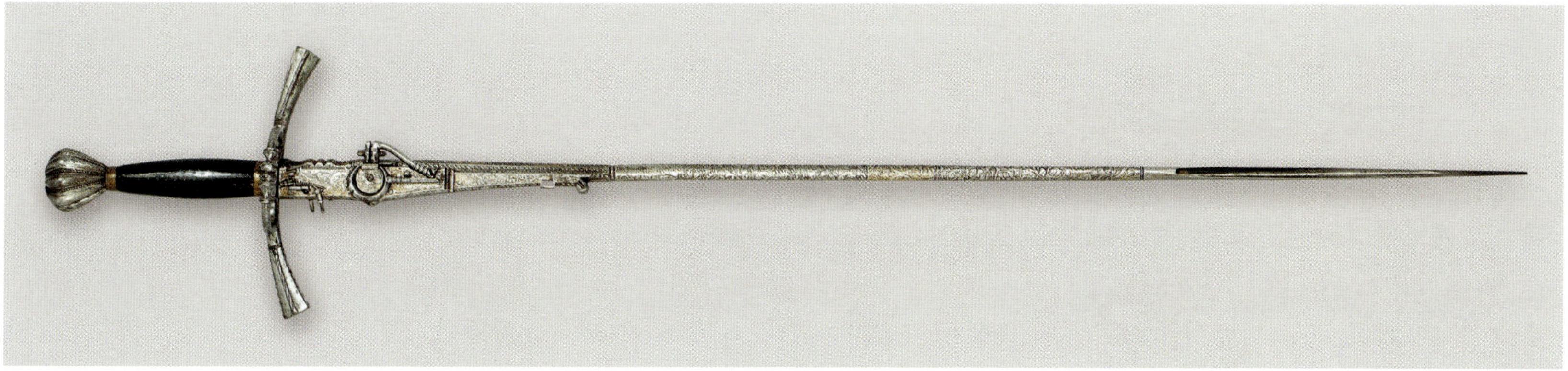

Der Lauf dieser Degen-Pistole endet nur wenige Zentimeter im oberen Bereich der Klinge.

Gesamtlänge: 1117 mm
Lauflänge: 941 mm
Breite der Elsa: 209 mm
Zeitraum: 1550–1560
Glatter Lauf
Gewicht: 1400 g
Kaliber: 7 mm

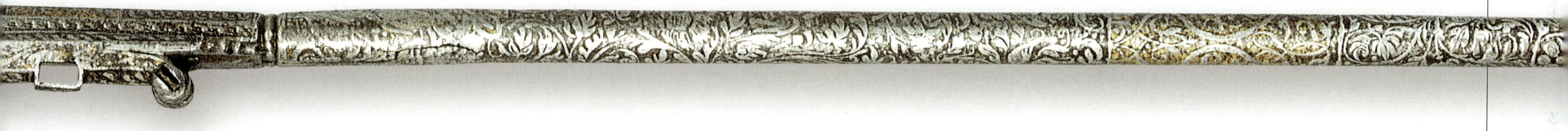

Diese Waffe aus der Mitte des 16. Jahrhunderts ist eine aufwändig gefertigte deutsche Degen-Pistole mit einem Radschloss und wurde in Augsburg hergestellt. Der Pistolenlauf mit einem Kaliber von 7 Millimetern und die Schwertklinge sind zu einer Waffe vereint. Der erst quadratische und dann runde Lauf verlängert sich fast um einen Meter hinter dem Radschloss. Der Degengriff ist aus Holz gefertigt, der Knauf ist aus Eisen geformt, die Parierstange hat zwei reich verzierte Arme, die leicht nach vorne gekrümmt sind. Kurz über dem Handschutz liegt der winzige Abzug und der Hebel zum Sichern der Waffe. Der Hahn hat eine ungewöhnlich flache Form und liegt bei der abgebildeten Waffe auf der Zündpfannenabdeckung. Die gesamte Waffe ist reich mit Gravuren in Ätztechnik versehen, einige dieser Verzierungen wurden später vergoldet. Mit einem Gewicht von weit über einem Kilogramm und mit ihren unausgewogenen Proportionen war sie als Pistole nur bedingt zu gebrauchen. Der massive Griff und die breite Parierstange machen sie eher zu einer funktionalen Stichwaffe.

SCHWERT-PISTOLE MIT RADSCHLOSS

Gesamtlänge: 950 mm	
Lauflänge: 601 mm	
Klingenlänge: 808 mm	
Zeitraum: zweite Hälfte des 16. Jahrh.	
Glatter Lauf	
Gewicht: 2075 g	
Kaliber: 9 mm	

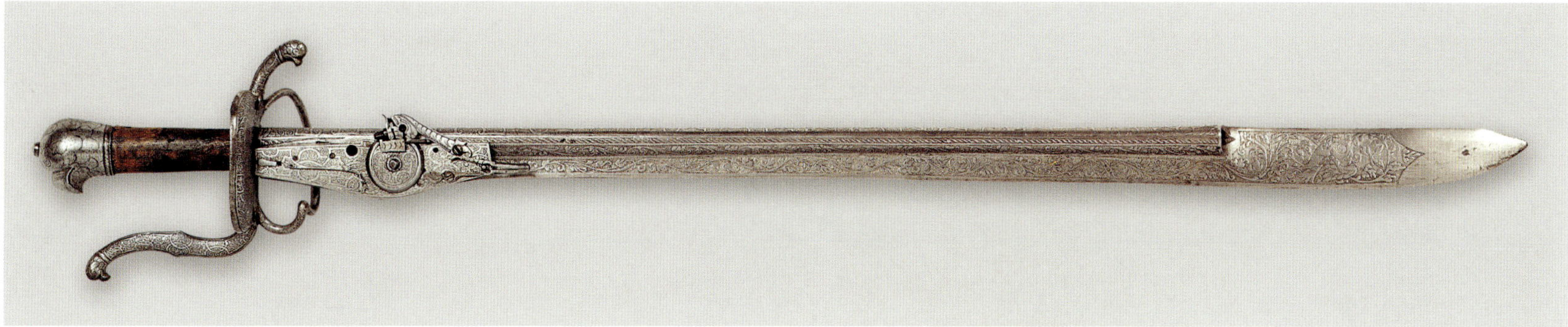

Die Gesamtansicht der Waffe zeigt die gesamte Länge des Schwerts und den geschickt integrierten Lauf der Pistole.

Diese außergewöhnliche Kombination aus Radschlosspistole und Schwert wurde ebenfalls in Deutschland hergestellt. Die opulente Waffe aus der zweiten Hälfte des 16. Jahrhunderts besitzt einen Lauf, der parallel oberhalb einer Klinge verläuft und etwa 15 cm vor dem Klingenende leicht trichterförmig endet. Die gesamte Waffe ist mit aufwändigen Gravuren geschmückt, der Griff ist aus Holz gedreht und sein Ende hat die Form eines Vogelkopfes. Besonders aufwändig wurde der asymmetrische Handschutz gefertigt. Er ist ebenfalls fein graviert und beide Enden zeigen einen Vogelkopf. Die schwere Waffe hat ein Radschloss mit einem sehr flach liegenden Hahn, die Mechanik zur Sicherung der Waffe und der Abzug befinden sich auf der Gegenplatte des Schlosses.

PALOSCIO-PISTOLE MIT STEINSCHLOSS

Die Paloscio-Pistole: Vom Werkzeug zur Waffe

Die Bezeichnung „paloscio" wies ursprünglich auf eine Art Messer hin, das in Italien im Mittelalter von Jägern benutzt wurde, um das große, geschossene Wild endgültig zu erlegen und um es anschließend zu zerlegen. Dadurch wurde dieses große Messer als Werkzeug und zunächst nicht als Waffe angesehen. Zwischen dem 18. Jahrhundert und den Anfängen des 19. Jahrhunderts wurde das „Paloscio" dann als schweres Halbschwert für die Kavallerie benutzt.
Viele dieser Waffen wurden mit wertvollen Materialien reich dekoriert und mit Gravuren reich verziert und galten als „elegante" Waffen.

Gesamtlänge: 605 mm
Lauflänge: 120 mm
Länge der Klinge: 483 mm
Jahr: 1780
Glatter Lauf
Gewicht: 800 g
Kaliber: 10 mm

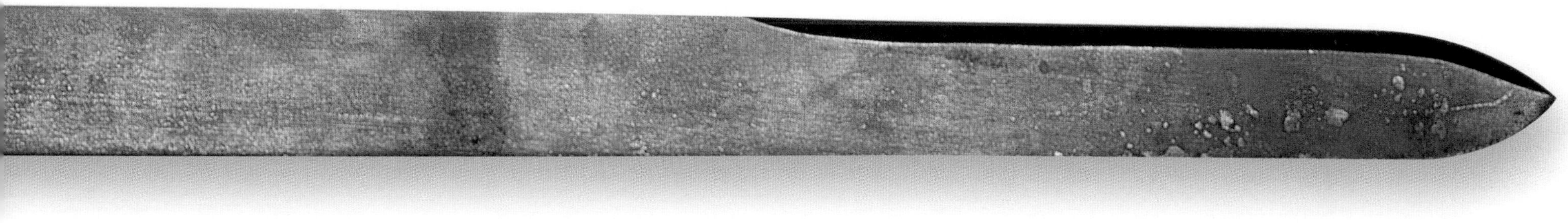

Die hier abgebildete Paloscio-Pistole ist ausgestattet mit einer einfachen Eisenklinge ohne Verzierungen und könnte auch für eine Jagdwaffe gehalten werden, wenn man die Art der Dekorationen des Handschutzes und des Griffs sieht. Die üppigen und ausladenden Reliefverzierungen sind aus Messing gefertigt und zeigen Jagdhunde, die einen waidwunden Hirsch angreifen und andere Tierdarstellungen. Die eigentliche Pistole verfügt über ein Steinschloss, das als Kastenschloss konstruiert ist und bei dem sich der Hahn in der Mitte des Schlossblechs befindet. Zündloch und Zündpfanne liegen direkt hinter der Kammer. Der Lauf mit Kaliber 10 mm ist rund und hat die Form einer kleinen Kanone.

SCHWERT-PISTOLE DUMONTHIER

Die Pariser Waffenschmied-familie Dumonthier war im 19. Jahrhundert bekannt für ihre hochwertigen kombinierten Waffen. Für diese Art von Waffen wurde in Frankreich sehr schnell der allgemeine Begriff „Dumonthier“ benutzt, was der Familie Dumonthier nur Recht war, denn so konnte man sie von den Produkten aus Belgien und Deutschland unterscheiden. Normalerweise war eine „Dumonthier“

Unten: Die Metallscheide ist mit Leder bezogen und besitzt fein gravierte Messingbeschläge.

mit zwei kurzen, glatten Läufen ausgestattet, zwischen denen eine lange Klinge montiert wurde. Ein Beispiel dafür finden wir in der hier abgebildeten Dumonthier mit 59 cm langer Klinge und dazu gehörender Scheide. Bei dieser Waffe fungierte das untere Ende des Griffs als Hahn und Abzug, die Betätigung erfolgte mit Einzelabzug durch zwei aufeinander folgende Druckbewegungen. Wie man sieht, ist auch diese Waffenkombination der Zeit entsprechend reich verziert, bis auf die beiden Pistolenläufe und den Handschutz.

GESAMTLÄNGE: 725 mm
LAUFLÄNGE: 100 mm
LÄNGE DER KLINGE: 590 mm
JAHR: 1850
Glatter Lauf
GEWICHT: 880 g
KALIBER: 11 mm

TROMMELREVOLVER MIT DEGEN UND STOCK

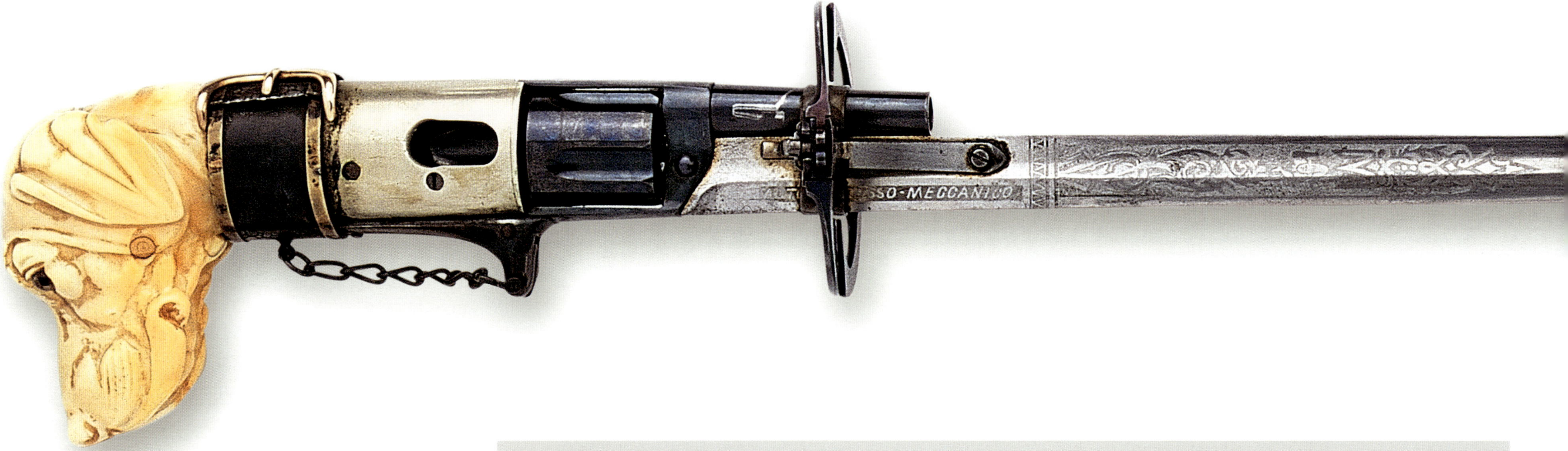

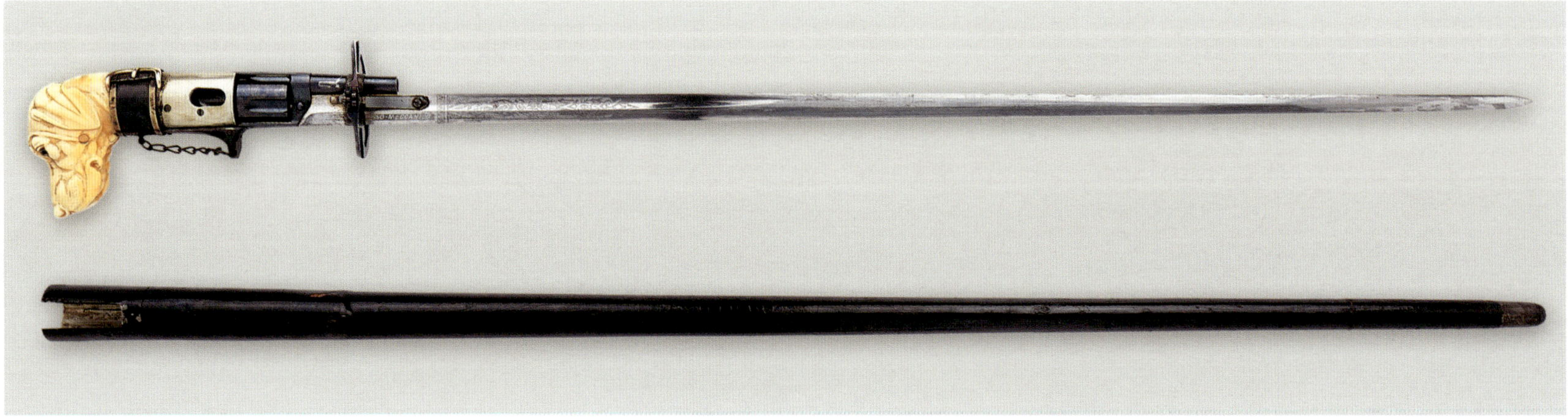

Auf dem verkleinerten Bild sieht man die ganze Waffe als Pistole-Degen-Stock Kombination.

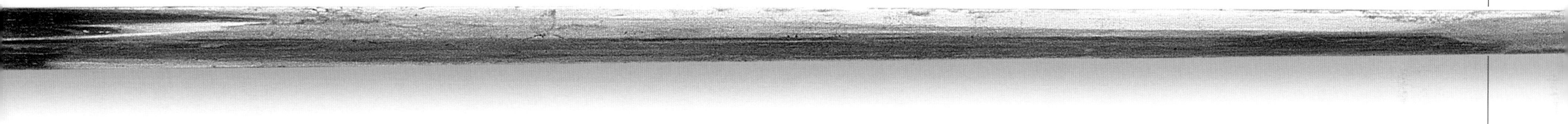

GESAMTLÄNGE: 800 mm	
LAUFLÄNGE: 50 mm	
JAHR: ca 1880	
Gerillter Lauf	
GEWICHT: 610 g	
KALIBER: 6 mm	

Diese Waffe wurde gegen Ende des 19. Jahrhunderts in Italien hergestellt und ist von Antonio Russo Meccanico Fabbricante d'armi Palermo signiert. Die Länge von 800 mm, nebenan im Datenblatt aufgezeigt, klassifiziert sie als Stockwaffe. Diese kombinierte Waffe aus Pistole und Degen ist also in einem Spazierstock verborgen. Der Griff der Waffe besteht aus Elfenbein und zeigt den Kopf eines Jagdhundes mit seinem Halsband. Der kleine Abzug wird mit einer Kette gesichert. Der Schlagschutz ist so konstruiert, dass er sich automatisch zusammenfaltet, wenn die Waffe in den Stock geschoben wird. Im oberen Teil der Klinge befinden sich eingeätzte Ornamente, der Stock ist aus Ebenholz gefertigt. Der Revolver der Waffe hat einen Doppelschuss und eine Trommel für sechs Schüsse.

AXT-PISTOLE MIT RADSCHLOSS

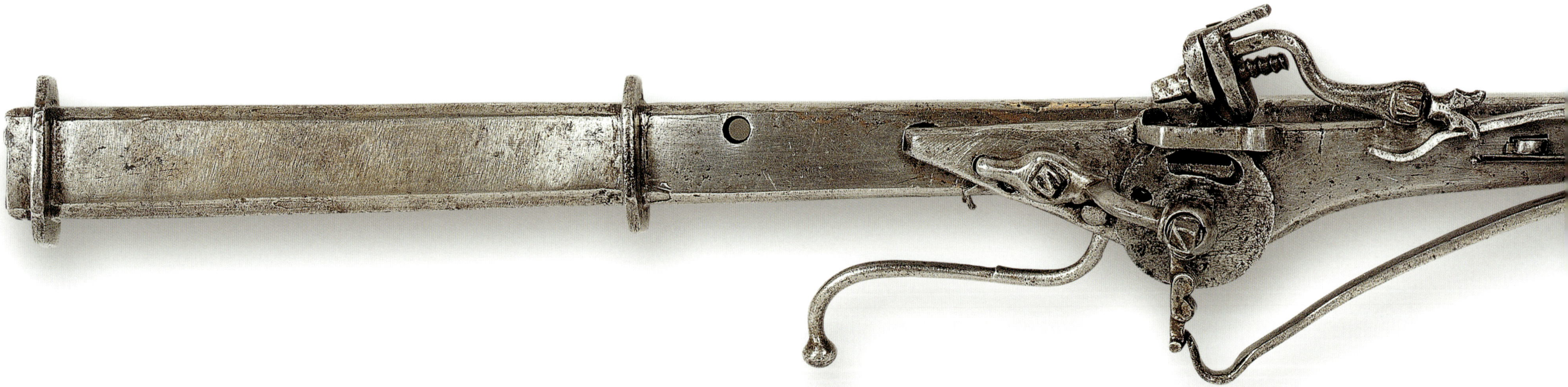

Diese lange Kombinationswaffe ist komplett aus Eisen gefertigt. Um Gewicht zu sparen, sind der quadratische Griff und auch der mittlere Abschnitt hohl ausgeführt. In der Mitte der Waffe ist das Radschloss positioniert, das zu den ganz frühen Radschlosskonstruktionen zählt. Die v förmige Feder hält den Hahn mit dem kürzeren Arm in Position, gezündet wird die Waffe mit einem ungewöhnlich langen s-förmigen Abzug, der jedoch nicht bis auf die Höhe des Griffs reicht. Die Maße der Axt sind eher kompakt. Sie ist halbmondförmig, die hintere Spitze ist eingerollt und die vordere hat die Form eines gebogenen Schnabels. Die hohle Griff diente als Munitionsdepot.

Gesamtlänge: 553 mm
Lauflänge: 380 mm
Länge der Klinge: 127 mm
Zeitraum: 1520–1530
Glatter Lauf
Gewicht: 1115 g
Kaliber: 8 mm

Ein alter Mechanismus

Die seltene und sehr interessante hier abgebildete kombinierte Waffe ist eine der ältesten bis heute erhaltenen Handfeuerwaffen Sie ist venezianischer Abstammung und wahrscheinlich um 1520 bis 1530 datierbar.
Die Pistole ist mit einem Radschlossmechanismus der ursprünglichen Art ausgestattet, das zeigt zum Beispiel der Öffnungs- und Schließmechanismus der Zündpfanne, der noch manuell durchgeführt werden muss. Im Vergleich zu den ältesten Radschlössern sind hier jedoch schon einige Verbesserungen vorgenommen worden.

KNÜPPEL-PISTOLE

Die Entwicklung der kombinierten Waffen

Kombinierte Feuerwaffen wurden über einen sehr langen Zeitraum hergestellt, weil immer wieder konzeptionelle Veränderungen vorgenommen wurden. Im 16. Jahrhundert wurde im übertriebenen Enthusiasmus für diese neuen Waffen jede mögliche Verbindungsform ausgetestet, indem man die Pistolen mit Knüppeln, kurzen Schwertern und Messern versah. Später kombinierte man Pistolen auch mit Haarbürsten, Schlüsseln und Besteckteilen. In den folgenden Jahrhunderten spezialisierte man sich aber, indem man sich vor allem auf die klassische Kombination konzentrierte.

Gesamtlänge: 630 mm
Lauflänge: 407 mm
Kopfbreite: 87 mm
Zeitraum: erste Hälfte des 16. Jahrh.
Kaliber: 11 mm

Dieser schwere italienische „Feuerknüppel“ – komplett aus Eisen –, wurde wahrscheinlich in der ersten Hälfte des 16. Jahrhunderts in Venetien hergestellt. Es handelt sich um einen Kampfknüppel, dem ein Schussmechanismus mit Radschloss beigefügt wurde. Der runde Eisengriff endet in einer hohlen Kugel, die mit einem Verschlussdeckel ausgestattet ist. Sie dient als Munitionsdepot. Auf der anderen Seite des Griffs folgt das Radschloss mit dem Pistolenlauf, der um die Mündung herum als Schlagknüppel ausgebildet ist. Das Knüppelteil hat acht breit ausgeformte speichenförmige Rippen. Das bauchige Radschloss wurde vermutlich um 1530 hergestellt, der Schlossbeschlag und der Hahn sind mit Gravuren ausgestattet, der kleine Abzug liegt zwischen Schloss und Griffbegrenzung.

ENGLISCHE PISTOLE MIT BAJONETT

Gesamtlänge: 350 mm
Lauflänge: 210 mm
Bei geöffnetem Bajonett: 510 mm
Jahr: ca. 1780
Glatter Lauf
Gewicht: 730 g
Kaliber: 17 mm

Diese englische Waffe aus der zweiten Hälfte des 18. Jahrhunderts ist eine Steinschloss-Pistole, die mit einem Schnappbajonett verbunden ist. Trotz der eher bescheidenen Verbesserung der offensiven und defensiven Fähigkeit einer solchen Verbindung, wurden viele Waffen mit diesem Mechanismus ausgestattet.

Es handelt sich bei der gezeigten Waffe um eine Pistole, bei der ein Schnappmechanismus unter dem

Der Ursprung des Bajonetts

Die größten Gefahrenmomente beim militärischen Gebrauch von einschüssigen Feuerwaffen entstanden beim Laden, da man in der Zeit zwischen Schuss und erneuter Schussbereitschaft quasi wehrlos war. Um diesem Nachteil auszugleichen, wurden im 17. Jahrhundert den Musketieren lange Stichwaffen mitgegeben, um sich gegen mögliche Angreifer im Moment des Nachladens zu wehren. Gegen Ende des Jahrhunderts experimentierte man mit verschiedenen Stichwaffen, jedoch ohne befriedigendes Ergebnis. Erst eine feste Verbindung Messer/Lauf brachte den gewünschten Erfolg. Bayonne in Frankreich war für die Produktion von besten Klingen und Messern bekannt und so war es diese Stadt, die dem Bajonett seinen Namen gab.

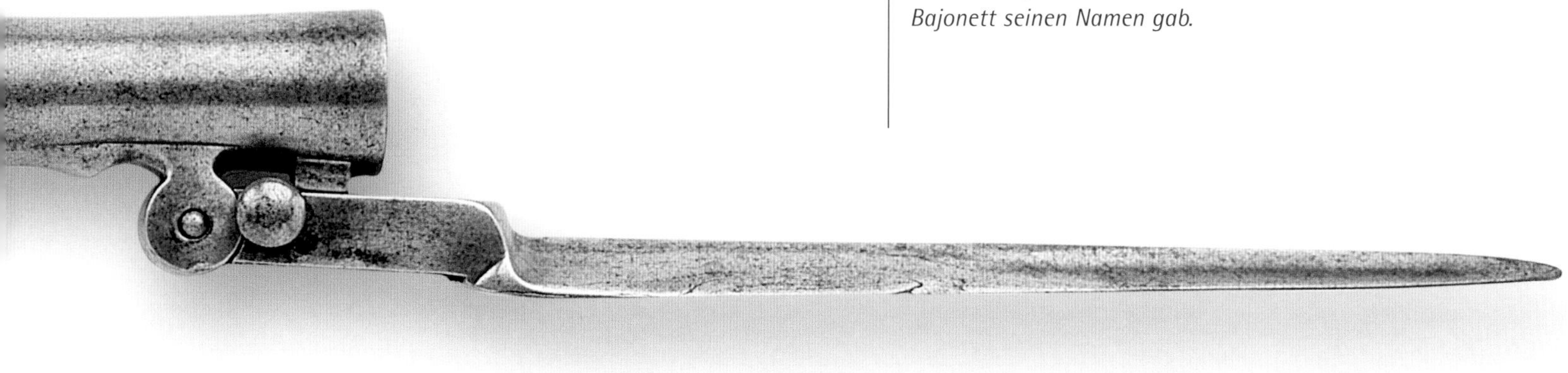

Lauf das Ein- und Ausklappen des Bajonetts ermöglicht. In beiden Positionen wird das Bajonett arretiert. Die Pistole besitzt einen glatten Lauf und ein englisches Kastenschloss vom Typ „box-lock", bei dem der Hahn nicht mehr am Schlossblech, sondern in der Schlossmitte befestigt war. Der Griff der Pistole war aus glattem Ebenholz gefertigt.

DAS SCHNAPPBAJONETT

Die Zeichnung zeigt den Schnappmechanismus dieser Bajonettpistole. 1781 meldete der Engländer John Water ihn zum Patent an.

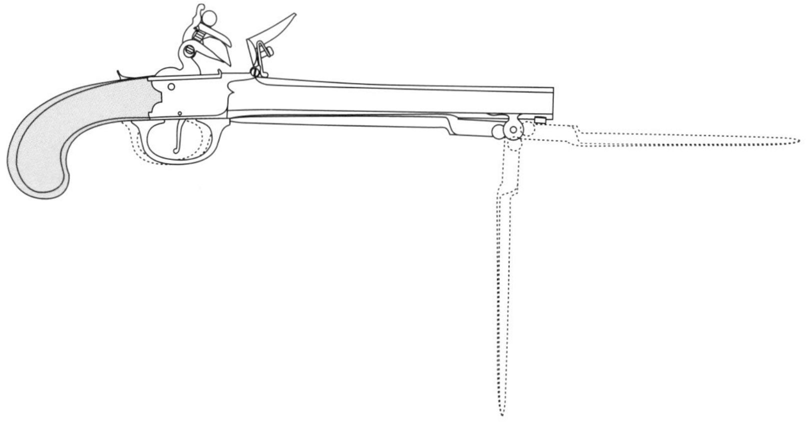

KLAPPMESSERPISTOLE

Gesamtlänge:	230 mm
Pistolenlänge:	130
Lauflänge:	100 mm
Jahr:	1880
Gewicht:	200 g
Kaliber:	7 mm

Die beste Wirkung einer Kombination von Pistole und Stichwaffe wurde mit viel kürzeren Klingen und kleineren Pistolen ausprobiert. Die abgebildete einschüssige Pistole mit Perkussionszündung ist von recht einfacher Machart. Vermutlich wurde der Pistolenmechanismus nachträglich auf das Klappmesser gebaut. Die Schraube in der Mitte des Messers wurde zum Schießen zwischen Daumen und Zeigefinger geklemmt.

PEPPERBOX-SCHLAGRING MY FRIEND

Gesamtlänge:	110 mm
Pistolenlänge:	30 mm
Zeitraum:	1869–1884
Trommel mit sechs Schüssen	
Gewicht:	300 g
Kaliber:	.32" RF (7,65 mm)

Diese Waffe ließ sich der Amerikaner James Reid patentieren. Es ist eine Kombinationswaffe für sechs Patronen im Kaliber 0.22" oder später im Kaliber 0.32", die er – durchaus zynisch – „My Friend" nannte. Von dieser Schlagring-Pistole ohne Lauf wurden über 1500 Exemplare gebaut. Um das Jahr 1883 gelangte die Pistole nach Belgien. Dort kopierte man die Waffe und nannte sie „Fisticuff".

SCHLAGRING-REVOLVER DOLNE

Gesamtlänge:	222 mm
Geschlossen als Schlagring:	116 mm
Zeitraum:	1873–1881
Trommel mit sechs Schüssen	
Gewicht:	400 g
Kaliber:	7 mm

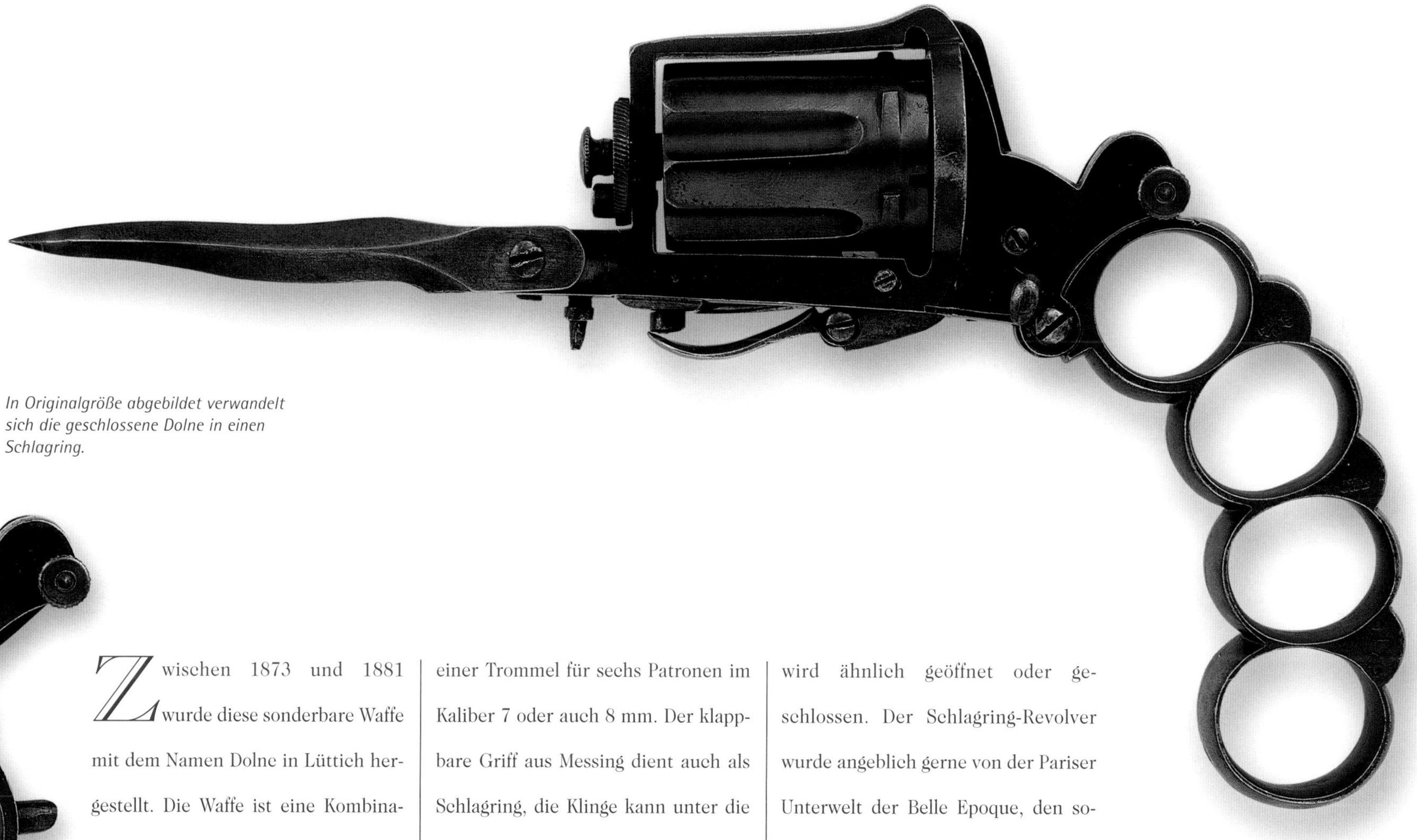

In Originalgröße abgebildet verwandelt sich die geschlossene Dolne in einen Schlagring.

Zwischen 1873 und 1881 wurde diese sonderbare Waffe mit dem Namen Dolne in Lüttich hergestellt. Die Waffe ist eine Kombination aus Pistole-Schlagring-Dolch, die auch „Apache" genannt wurde. Es handelt sich um einen Revolver mit Doppelschuss, ohne Lauf und mit einer Trommel für sechs Patronen im Kaliber 7 oder auch 8 mm. Der klappbare Griff aus Messing dient auch als Schlagring, die Klinge kann unter die Trommel geklappt werden. Wird die Klinge nach vorn ausgeklappt, rastet sie auf einem Federhebel ein, der sie in der Position hält. Der Schlagring wird ähnlich geöffnet oder geschlossen. Der Schlagring-Revolver wurde angeblich gerne von der Pariser Unterwelt der Belle Epoque, den sogenannten „Apachen" getragen. Die Waffe wurde auch nach Südamerika exportiert und von der Firma Laport in Rio de Janeiro verkauft.

For Cleaning.
Set the Hammer at half cock and drive out the Key as far as the screw will allow, remove the Barrel, which may be done by the aid of the
Hand attached, by drawing it downward out of the Lock Frame. Clean and oil all the parts thoroughly, and restore them to their places in the reverse order of separation.
ENTERED AT STATIONER'S HALL.
ANTICORROSIVE PERCUSSION
CAPS,
Warranted
not to miss fire nor
fly to pieces
ELEY BROS
Manufacturers.
LONDON.

CHRONOLOGISCHE TABELLE DER ERFINDUNGEN UND PATENTE

Unter den Hunderten in Betracht gezogenen Patenten wurden nur die aufgeführt, die die Pistolen betreffen. Oder aber Patente von Gewehren, die dann auch bei Pistolen angewendet wurden.

XIII – XIV Jahrhundert
1249 Ruggero Bacon beschreibt das Schießpulver in der *Epistola de secretis operibus artis et naturae*
1326 Erste Zeichnung einer Kanone im Manuskript *De nobilitatibus sapientiis et prudentiis regum* von Walter de Milimete, für Edward III von England realisiert
• *1337 Anfang des 100-Jährigen-Kriegs*
1340–1343 Darstellung von Soldaten, die mit kleinen Hakenbüchsen mit 90 cm Zündschnur schießen, in der Zeit der Fresken im Kreuzgang des Klosters von San Leonardo in Lecceto (Siena), Paolo von Maestro Neri zuzuschreiben.
1366 Francesco Petrarca bezieht sich auf tragbare Feuerwaffen im *De remediis utriusque fortunae.*

XV Jahrhundert
1411 Erste Abbildungen von Waffen mit Zündschnur
• *1453 Ende des 100-Jährigen-Kriegs*
1460 Erste Kanonen
1470 Entwicklung der Gewehre mit Zündschnur
1490 Einführung der gerillten Läufe von G. Kollner (Wien) oder A. Jotter (Nürnberg)
• *1492 Entdeckung Amerikas*

XVI Jahrhundert
1500 Zeichnungen des Radmechanismus von Leonardo da Vinci
1505 Zeichnungen des Radzündvorrichtung von M. Liffeholz (Nürnberg)
1515 Erlass in Frankreich, dass man auf der Jagd nur noch „échoppettes" (Flinte) und „haquebutes" (Hakenbüchsen) verwenden darf.
• *1517 Der Reformator Luther und seine Thesen zu Wittenberg*
1520 Vergleiche der ersten Pistolenexemplare
1540 Pistole mit Zündschnur mit drei drehbaren Läufen
1543 Einführung des Gewehrs mit Zündschnur in Japan
1547 Erste Zeichnungen der schwedischen Snaphaunce
1549 Erlass von Heinrich II von Frankreich, der den Kriegern erlaubte, die Pistolen befestigt am Sattel zu tragen
1550 Erste Waffen mit gerilltem Lauf
• *1571 Kampf von Lepanto*
1572 Erstes Repetiergewehr des Mailänders M. Valgrana mit einer Serpentine und mit zwei/vier Zündlöchern
1580 Produktionsbeginn der Platte Snaphaunce in England und Schottland
• *1588 Versenkung der unbesiegbaren spanischen Armada*

XVII Jahrhundert
1605/10 Erste Feuersteinschlösser von M. Le Bourgeoys (Lisieux)
1620 Gewehr mit Zündschnur mit 20 drehbaren Läufen
• *1618–1648 30-Jähriger Krieg*
1640 Patent von P. Kalthoff in Frankreich für Repetiergewehre
1641 Patent von P. Kalthoff in Holland für Repetiergewehre
• *1642–1648 Englischer Bürgerkrieg*
1650 Das Gewehr mit Feuerstein ist bei allen europäischen Armeen vertreten
1660 Herstellung von Gewehren mit mobiler Explosionskammer von H. Isaac (Sédan)
• *1661–1715 Reich des Ludwig XIV*
1699 Das Gewehr mit Zündschnur wird definitiv abgeschafft

XVIII Jahrhundert
• *1701–1748 Spanischer, polnischer und österreichischer Krieg*
1750 Erstes amerikanisches Beispiel für Revolver mit Feuerstein von J. Pim (Boston)
1755 Einführung des Walzmechanismus auf dem Schloss des Gewehrs
1760 Der Engländer J. Dofte realisiert eine Pepperbox mit Feuerstein, die sich mit dem Ziehen des Hahns dreht
1770 Erste Duellpistolen mit Feuerstein
1770 Viele Waffen werden mit Gelenken ausgestattet, die den Kern mit der Feder verbinden, um die Reibung zu senken
• *1775–1783 Amerikanischer Unabhängigkeitskrieg*
1776 Patent Ferguson für das Laden des Bodenstücks
1781 Patent J. Waters für Pistolen mit Bajonett
• *1789–1792 Französische Revolution*
1789 Patent J. Templemann des Einzelabzugs, der erst den linken und dann den rechten Lauf schießen lässt
1795 Patent R. Webb um die Hände im Falle einer Explosion des Laufs zu schützen
1799 Patent E. Thomason für einen Hahn, der den Winkel des Feuersteins bei jedem Anheben richtig stellt

XIX Jahrhundert
1800 modifiziert Boutet die Biegung des Griffs
• *1804 Krönung des Kaisers Napoleon*
1806 Patent J. Manton für die erhabene Verstärkungsrippe
1807 Patent A. Forsyth für die Zündvorrichtung mit Schlagbolzen und Fulminat
1808 Studien von J. S. Pauly für die Metallpatrone
1809 Patent T. Noor für die Testzündpfanne mit Wasser
• *1812 Napoleonische Kampagne in Russland*
1812 Patent J.S. Pauly für die Metallpatrone
1812 Patent J. Manton für Vibration des Hahns
1812 Patent J. Manton für die Sicherung
1812 Patent H. Nock für das doppelte zurückgezogene Bodenstück
1813 Patent R. Sutton für die Verhinderung ungewollter Schussabgaben der Gewehre
• *1815 Schlacht von Waterloo*
1815 Henry Roux verbessert das Patent von Pauly
1818 Patent A. Wheeler für Gewehre mit Feuerstein und manuell drehbaren Hähnen
1818 Patent E. H. Collier für Revolver mit Feuerstein mit drehbarer Trommel durch Ziehen des Hahns und automatischer Nachladung
1820 Patent für Kugeln von Prélat (Paris), auch von Joshua Shaw, Peter Hawker, James Purdey und Joseph Egg geltend gemacht
1820 Es kommt die erste Pepperbox mit Schlagbolzen auf den Markt
1823 Eugène Pichereau nimmt die Patente Pauly-Roux neu auf
1825 Pchereau übergibt das Patent von Pauly an Casimir Lefaucheux
1826 Patent Delvigne für Gewehre mit gerilltem Lauf mit Explosionskammer

1827 Leafaucheux patentiert ein Gewehr mit Schlagbolzen mit Zündkapseln mit schwingbaren und durch einen t-förmigen Riegel geschlossenen Lauf
1827 Patent Dreyse für Gewehre mit Gewehrschloss und Papierpatronen mit Nadel
1829 Letzte bekannte Radpistole, konstruiert von Henry Le Page.
• *1830 Julirevolution in Frankreich*
1830 Erste Schlagbolzenmechanismen mit drehbarer Trommel durch Ziehen des Hahns
1831 Patent Thouvenin, der das Delvigne-System durch einen am Bodenstück befestigten Bolzen ersetzt
1833 Um eine übertriebene Verformung der Kugel zu vermeiden, bringt Pontcharra einen hölzernen Halter mit geöltem Papier an
1833 Patent Deringer, verbessertes Patent von Pauly, für da Laden des Bodenstücks durch seitliches Drehen
1833 Patent des Baron Heurteloup für Gewehre mit Ladung des Bodenstücks mit schwenkbarem Lauf und eine sichere Schließung durch einen verschiebbaren Schlüssel
1835 Patent Lefaucheux für Nadelpatronen
1835 Samuel Colt patentiert seinen Trommelrevolver in Frankreich und England
1836 Patent B. & B. Darling für Pepperbox mit Einzelschuss
1836/37 Patentierte Colts in Amerika für Pistolen mit drehbarer Trommel und Aufreihung mit dem Lauf durch Ziehen des Hahns, und Trennung der Trommeln um ein unbeabsichtigtes Abgehen mehrer Schüsse zu verhinden
• *1837–1901 Reich der Königin Victoria von England*
1837 Patent Allen für Pepperbox mit Doppelschuss
1837 Patent Mariette für Pepperbox mit Doppelschuss
13838 Patent Nichols & Childs für Pepperbox mit Doppelschuss
1840 Einführung der Gewehre Dreyse von Seiten der preußischen Armee
1841 Patent Delvigne für kegelförmige Kugeln mit hohlem Kern um sich durch die Verformung im Schussmoment anzupassen (Kugel Tamisier)
1845 Patent Maynard für das automatische Laden der Schlagbolzenwaffen durch Band mit Fulminattabletten
1845 Tests von Flobert für Metallpatronen mit rundem Schlagbolzen
1846 Verbesserung der Patrone Lefaucheux von Seiten Gevelot und Houiller, die komplett aus Metall ist und für kurze Waffen benutzt wurde
1846 Patent Hunt für Projektile mit Eigenantrieb
1846 Patent Hunt für Repetiergewehre mit röhrenförmigem Magazin unter dem Lauf (Volition Repeter)
1847 Patent Gastinne Renette für Schlagbolzenpistole mit schwenkbarem Lauf der das Einführen der Patronen ermöglicht. Äußerer Hahn und innerer Schlagbolzen
1847 Englisches Patent Taylor für Repetierwaffen, die dann von Jenning neu aufgenommen wurden
• *1848 Revolutionsjahr in Europa*
1848 Produktionsbeginn des Revolvers Wesson & Leavitt, von der Massachusetts Arms Co., durch eine gewonnene Klage von Colt, die auf dem Patent von 1836 basiert
1849 Patent Jenning, Verbesserung des Patents Hunt
1849 Patent Flobert für ringförmigen Schlagbolzen
1849 Idee von Minié eines Projektils neuen Typs
1851 Patent H. Smith dessen Verbesserung eine Vereinfachung des Jenning-Patents ist
1851 Patent Adams für Doppelschuss
1853 Patent Gastinne Renette für Patrone mit zentralem Schlagbolzen, anwendbar bei Pistolen mit schwenkbarem Lauf
• *1853–1856 Krimkrieg*
1854 Patent Rigby für Ladehebel der Trommelrevolver
1854 Patent Eugène-Louis Lefaucheux für Revolver mit einer der Colt ähnlichen Form mit Nadelpatronen
1854 Patent Eugène-Louis Lefaucheux für Nadelrevolver mit abgerundetem Griff, verschiebbarem Ejektor parallel am Lauf und Trommelblock, betätigt durch den Abzug
1854 Patent H. Smith-D. Wesson der die Patente Hunt-Jenning-Smith kurz zusammenfasste, die in der Pistole Volcanic endeten
1854 Patent Devisme für Trommelrevolver mit innerem Schlagbolzen und äußerem Hahn, der für eine optimale Positionierung der Kugeln selbst sorgt
1854–1857 Testete Smith & Wesson die Metallpatronen mit rundem Schlagbolzen, ähnlich der Flobert.
1855 Patent Gastinne Renette für Anwendung der Patrone mit zentralem Schlagbolzen für Revolver
1855 Patent Lefaucheux für austauschbare Trommelrevolver und/oder zentralen Schlagbolzen mit Doppelschussmechanismus
1855 Patent Kerr für Ladehebel
1855 Patent Rollin White für das hintere Laden der Trommel der Revolver durch Metallpatronen
1855 Patent Adams-Beaumont des Doppelschuss-Systems
1856 Patent Rollin White für gelochte Trommel
1856 Patent Tranter für das Doppelschuss-System mit zwei Abzügen
1856 Patent Le Mat für zweiläufige Pistolen mit zehn Schüssen (9 + 1) mit Schlagbolzen
1857 Verfall des Colt-Patents
1857 S&W beginnt mit der Vermarktung der neuen No. 1 (Kaliber 22 RF)
1858 Patent Joseph Rider für den Schlagbolzenrevolver, realisiert von Remington
• *1859–1861 Zweiter Unabhängigkeitskrieg und Bekanntgabe der Vereinigung des italienischen Reichs*
1859 Patent Perrin für den ersten zentralen Schlagbolzenrevolver mit offenem Gestell
1859 Revolver Plant der die Patronen Cup-Primed benutzt
1859 Verbesserung des Patents Perrin für Revolver mit geschlossenem Gestell
1860 Henry perfektioniert die Patrone 0,44“
1860 Patent Spencer über Hebelladung mit röhrenförmigem Magazin im Griff
1860 Patent Smith & Wesson für Metallpatronen mit ringförmigem Schlagbolzen
1860 Revolver Allen & Wheelock für den Gebrauch von Patronen Lip-Primed
1860 Patent Slocum für ringförmige Patronen mit seitlicher Ladetrommel (verschiebbare Kammer) für Revolver der Brooklyn Firearms Co.
1860 Patent Javelle für Trommelrevolver mit herausnehmbarer Trommel um die Nadelpatronen zu laden
• *1861–1865 Amerikanischer Sezessionskrieg*

1861 S&W beginnt mit der Vermarktung der No. 2 Kaliber 32 RF
1861 Patent Jarre für Pistolen und Repetiergewehre mit Nadelpatronen durch gerades Magazin
1862 Patent Chamelot-Delvige für Nadelrevolver mit Doppelschuss
1862 Patent Henry Peabody für durch das Bodenstück ladbare Gewehre mit schwenkbarem Block
1864 Revolver Moore der National Arms Co. aus Brooklyn für Patronen Teat-Primed
1865 Perfektionierung des Systems Peabody aus 1862 von Friedrich Martini
1865 Vermarktung der Waffen Le Mat mit Nadelpatronen
1865 Patent Mason für den Kollektivejektor
1865 Patent Noel & Gueury für senkrecht am Lauf drehbare Trommel
1866 S&W vermarktet die neue No. 3 (Kaliber 44) mit nach unten schwenkbarem Lauf und gleichzeitigem Auswerfen der Hülsen
1868 Abkommen zwischen S&W und Remington über die Produktion des New Model 1863 Kaliber 44 mit fünf Schüssen
1868 Patent Galand für Pistolen mit Doppelschuss mit zentralen Schlagbolzenpatronen und Kollektivejektor
1868 Patent Thur für die Umwandlung der Colt mit Schlagbolzen
1868 Produktionsbeginn des doppelschüssigen Revolvers Adams für die englische Armee
1868 Patent Galand für doppelschüssige Pistolen mit zentralem Schlagbolzen und Kolletivejektor
1869 Verfall des Patents Rollin White
1869 Patent S&W für den Kolletivejektor, verbunden mit der Schwenkung des Laufs nach vorne, benutzt beim Modell S&W Russian
• *1870–1871 Französisch-Preußischer Krieg*
1870 begann die S&W mit der Produktion des Modells 3 Kaliber 44 mit zentralem Schlagbolzen
1870 Einführung der Gasser Modell 98 mit acht Schüssen, mit zentralem Schlagbolzen, Patrone mit Pulver SF
1870 Produktionsbeginn der Pistole Lefaucheux für Marine mit Doppelschuss
1871 Patent W. Richard für die Umwandlung der Colt mit Schlagbolzen
1872 Patent W. Mason für die Umwandlung der Colt mit Schlagbolzen
1872 Patent J. Warnant für die Vereinfachung des Chamelot-Delvigne
1872 Vermarktung der Pistole J. A.F. Le Mat mit zentralen Schlagbolzenpatronen
1873 Colt beginnt mit der Produktion der Revolver mit Metallpatronen 45 Colt (Peacemaker) mit Einzelschuss
1873 Produktionsbeginn des Revolvers Chamelot-Delvigne Modell 1873 mit Doppelschuss
1875 Patent P. Venditti für Pistolen mit Hebelauswerfer, erste Ausführung
1876 Patent H. H. Lake für Patronenauswerfer für Revolver
1876 Patent A.T. De Mouncie für Gelenkhahn
1877 Patent Venditti für Pistole mit Hebelauswerfer mit zehn Schüssen, zweite Ausführung
1877 Patent Gastinne Renette für Ladung durch nach vorne Schieben des Laufs
• *1877–1878 Russisch-Türkischer Krieg*
1878 Patent P.P. Mauser für Zig-Zag Revolver
1878 Patent Gay & Guenot Revolver mit Gurt für die Patronen
1878 Patent Merwin & Hulbert für Kollektivejektor durch das nach vorne Schieben des Laufs und der Trommel
1879 Patent J.M. Browning für einschüssige Hebelkarabiner, von Winchester
1880–1914 Produktion von Trommelrevolvern „Two dollars pistol" genannt, auch unter dem Namen „Suicide special" bekannt
1880 Patent Claudin (Kopie des Spirlet-Systems) für Trommelrevolver mit nach oben schwenkbarem Lauf und sternförmigem Kollektivejektor
1881 Verbesserung des Kollektivejektors von W. Mason mit seitlicher Schwingung und sternförmigem Ejektor
1881 Patent T.W. & H. Webley für Blockierungsklinke der Läufe
• *1882 Entstehung der Entente (Österreich, Deutschland, Italien)*
1882 Patent J.E. Turbiaux für Pistolen mit Trommel und Lauf, Betätigung durch Druck mit der Handfläche auf einen speziellen Hebel
1884 Patent H.A. Silver & W. Fletcher für Auswerfer und Sicherheitssystem für Revolver
1884 Patent J: Carter für das Blockieren des Abzugs des Revolvers
1884 Patent J. Carter für das Blockieren der Trommel des Revolvers
1885 Patent H: Dimancea für einen seitlich abklappbaren Lauf und Kollektivejektor
1885 Patent H.A. Schlund für gelenkiges Gestell, automatischen Ejektor und versteckten Hahn
1885 Patent G. Envall für System, das durch einen Hebel gezogen und durch einen Knopf entladen wird
1885 Patent H. Webley & J. Carter für Blockiergriff für Revolverlauf
1886 Patent W.J. Whiting für Vorrichtung „Antirückstand" für Revolver
1886 Patent Armanni für Pistolen mit automatischer Ladung
1886/90 Patent H. Pieper für Pistolen mit bewegbarem Lauf oder Trommel um Gasausweichung zu vermeiden
1887 Patent A. Nobel für neue Zündstoffe ohne Rauch
1887 Patent Arbenz für Sicherheitssystem für Revolver
1888 Patent J. Carter für Sicherheitsmechanismus für Revolver
1888 Patent J. Carter & W.J. Whiting für versteckten Hahn
1888 Patent E. Fabre für Pistolen mit Magazin
1888 Patent K. Krnka für Pistolen mit Magazin
1888 Patent T. F. Tornell für Trommel in Ruhestellung
1888 Einführung der militärischen Gewehre mit Gewehrschloss (Lee-Metford) in England
1889 Übernahme des Kollektivejektors von S. Colt
1889 Patent B. Kreith für Kombination für Auswurf und Revolver
1889 Patent E. Reiger für Pistolen mit Magazin
1889 Patent H.E Newton für Magazin der Revolver von Colt
1889 Patent C.A. Davis & W.W. Herron der Verbesserung des Revolvergriffs
1889 Patent E.C. Green (Verbesserung der Revolver um Webley zu behindern)
1889 Patent H.F. Landstad für halbautomatische Revolver, basierend auf dem Rückstoß
• *1890 Rücktritt von Bismarck*
1890 Patent L.F.J Tavernier für Pistolen mit radialem Magazin
1891 Patent J.S. Wallace & B.T.L Thomson für kleine Radwaffen
1891 Patent P. Monnerat für Säbel-Revolver
1891 Patent A.C. Argles für Stock-Revolver
1891 Patent H.H. Crenfell & J.G. Accles für Revolver für fünf Schuss
1891 Patent W.J. Whiting für Revolver mit Rückhaltetrommel
1892 Patent S.N. Mc Lean für Revolver mit Trommel unter dem Lauf
1892 Patent H.H. Lake für Revolver mit Gaspatronen

1892 Patent Manufrance für Repetierpistole „Le Gaulois“, Betätigung durch Druck der Hand, mit zentralen Schlagbolzenpatronen
1892 Patent A. G. Grusonwerk für Revolver mit Gaspatronen
1893 Patent Gebr. Clair für automatische Gewehre und Pistolen mit röhrenförmigem Magazin unter dem Lauf (erste Automatikpistole der Geschichte)
1893 Patent H. Borchardt für Automatikpistolen, die von Loewe und DWM produziert wurden
1893 Patent M. Hasselmann für Revolver mit schneller Rotation der Trommel
1893 Patent H.W Latham für Revolverlauf
1893 Patent P.H. Finnegan für verbesserten radialen Revolver
1893 Patent H.W. Latham und J.F. Latham für Umwandler
1893 Patent W. Prideaux für Revolvertrommel
1893 Patent A.J. Watson für Revolvertrommel
• *1894–1895 Chinesisch-japanischer Krieg*
1894 Patent C. Ricci für Revolver
1894 Patent E. Paul für Knüppel mit Revolver kombiniert
1894 Patent J.F. Latham und H.W. Latham für Griff und Revolverlauf
1894 Patent H.L. Nagant für Revolver mit Gaspatronen
1894 Patent D.B. Wesson für das Schwenken der Trommel und Kollektivejektor
1895 Patent W. Chaine für Pistolen mit Magazin
1895 Patent J.M. Browning für automatisiertes Maschinengewehr Potato Digger, von Colt hergestellt
1895 Patent J.M Browning für Automatikpistolen
1895 Patent H.W. Gabbett-Fairfax für Automatikpistole
1895 Patent G.v. Fosbery für Pistolen mit Magazin
1896 Patent G.V. Fosbery für Revolver auf Rückstoß basierend
1896 Patent C.O. Ellis, Wilkinson & Cashmore für Revolver-Ejektor
1896 Patent P.P. Mauser für Automatikpistole C.96
1896 Patent F. Praunegger & P. Schmidt für automatischen Ejektor für Revolver
1897 Patent A. Lines mit sehr ähnlicher Beanspruchung des Patents W. Decker
1897 Patent D.T. Laing für Kombination von Hülsenauswurf und Revolver
1897 J.M Browning stellt seine neuen Waffen vor, die Browning 1900 Kaliber 7,65 (für die belgische F.N.) und die Colt Automatic Kaliber 38 Modell 1900 (für die USA)
1897 Patent T. Bergmann der Automatikpistole Schilling
1897 Patent R. Gordon-Smith für Kombination Revolver und Axt
1898 Patent B. Behr für zweiläufige Pistole
1898 Patent A. Lines für Doppelschuss mit gleichzeitigem Auswerfen der Patrone
• *1899–1902 Burenkrieg*
1899 Patent B. Reyes für Revolver-Säbel
1899 Patent J.M Browning für Automatikpistole
1899 Patent J. Rupertus für Revolver mit Ladeautomatik mit beweglichem Schloss
1899 Patent G.C. Dymond für Automatikrevolver.

XX Jahrhundert
• *1900 Boxeraufstand in China*
1900 Patent I. Wheeldon für Revolver
1900 Patent für die Borchardt-Luger, von der DWM hergestellt
1900 Patent der Webley & Scott für das Aufreihungssystem der Trommel
1901 Patent W.I. Whiting der Verbesserung der Automatikrevolver
1901 Patent Webley für Revolvertrommel
1901 Patent Thompson (The ideal Holster) für entfernbaren Griff
1901 Patent Thompson (The ideal Holster) für Gaswaffen
1901 Patent D.B. Wesson für Laufklinke für Revolver
1902 Patent G. Tresenreuter für Kombination von Stock und Revolver
1902 Patent W.J. Turnbull & W.H. Bofinger für Pistole mit Magazin
1902 Patent Webley & Scott für Haltemechanismus zum Laden
1902 Patent M. Dozin für Ejektor für Revolver
1903 Patent O. Imray für Colt mit Aufsatz für Revolver
• *1904–1905 Russisch-japanischer Krieg*
1905 Patent W.H. Whiting für Betätigung der spiralenförmigen Feder auf dem Hahn
1905 Patent O. Imray für Sicherheitsmechanismus des Revolvers Colt
1905 Patent C.H. Allen für Sicherheitssystem für Revolver
1905 Patent B. Behr für zweiläufigen Revolver
1906 Patent H. Langenhan für Kombination Regenschirm und Revolver
1909 Patent B. Kreith für Kombination Revolver und Schlagring
1909 Patent M.C. Lisle für Revolver mit Gaspatronen
1909 Patent G. Van der Haeghen für Automatikrevolver
1910 Patent W.E. Steers für Pistolenmagazin
1911 Patent J. von Benkö auf Magazin für Pistolen in Spiralenform
1911 Der Colt 45 Modell 1911 kommt auf den Markt
• *1912–1913 Balkankrieg*
1912 Patent W. Decker für Slip-Locks
• *1914–1918 Erster Weltkrieg*
1914 Patent W. de C. Prideaux für Revolvermagazin
1914 Bei einem Großteil der Armeen kommen die Waffem mit Gewehrschloss in Gebrauch

LITERATURVERZEICHNIS

AA.VV., *A.A. Catoire De Bioncourt's Weapons Collection*, Atlant, St. Petersburg 2003.

AA.VV., *Antike Waffen und Militaria*, catalogo Sotheby's, Zürich 14/12/2000.

AA.VV., *Armi antiche,* bollettini dell'Accademia di San Marciano, Torino, annate 1955, 1956, 1957, 1960.

AA.VV., *Armi antiche, armature e militaria*, cataloghi Czerny's, Sarzana 1999 (A1), 2000 (A2, A3, A4), 2001 (A5, A6), 2002 (A7, A8, A9), 2003 (A10, A12), 2004 (A13).

AA.VV., *Armi antiche dal XVI al XVII secolo*, catalogo Finarte, asta n. 558, Milano 1986.

AA.VV., *Armi antiche e da caccia*, catalogo Manzoni-Finarte, Milano 1/10/1983.

AA.VV., *Colt 45. Storie vere del vero West*, supplemento a "Diana Armi", Editoriale Olimpia, n. 5, 1979.

AA.VV., *European military Revolvers from the Estate of Rolf H. Müller*, catalogo Butterfield & Butterfield, asta n. 6157A, San Francisco 1994.

AA.VV., *Importante raccolta di armi antiche e cimeli garibaldini*, catalogo Pitti, asta n. 30, Firenze, ottobre 1990.

AA.VV., *Importanti armi da fuoco*, catalogo Christie's, Roma 16/3/1978.
P. Allevi (a cura di), *Museo delle Arti Applicate di Milano. Armi da fuoco*, Electa, Milano 1990.

E.L. Appiano, *Revolver e pistole automatiche*, Padova 1973.

D. Bianchi, *Les armes de la guerre de Sécession. Les Sudistes,* Editions Crépin-Leblond, Paris 1998.

C. Blair, *Enciclopedia ragionata delle armi*, Arnoldo Mondadori, Milano 1979.

B. Bogdanovic, I. Valencak, *The Great Century of Guns*, Gallery Books, New York 1986 (trad. it. *Il grande secolo delle armi da fuoco*, Giorgio Mondadori, Milano 1987).

L.G. Boccia, *L'Armeria del Museo Civico Medievale di Bologna*, Bramante Editrice, Milano 1991.

L.G. Boccia, José A. Godoy, G. Cavalieri Manasse, *Museo Poldi Pezzoli. Armeria I*, Electa, Milano 1985.

L.G. Boccia, José A. Godoy, *Museo Poldi Pezzoli. Armeria II*, Electa, Milano 1986.

J. Boudriot, *Armes à feu francaises. Models réglementaires 1717-1836*, 4 vol., Paris 1961.

H.W. Bowmann, L. Cary, *Antique guns*, Arco Publishing Company, New York 1977.

V. Brunelli, *W come Winchester*, Editoriale Olimpia, Sesto Fiorentino 1980.

Y. Cadiou, A. Richard, *Les armes à feu modernes*, Denoël, Paris 1975 (trad. it. Armi da fuoco, Arnoldo Mondadori, Milano 1976, 1981).

R. Caranta, Y. Cadiou, *Le Guide des collectionneurs d'armes de poing*, Editions Crépin-Leblond, Paris 1975.

R. Caranta, P. Cantegrit, *L'aristocratie du pistolet*, Editions Crépin-Leblond, Paris 1997.

S. Connolly, *Encyclopédie des armes à feu legères*, Editions Celiv, Paris 1996.

G. Darel, *L'Epopée des revolvers*, PMG/ Editions Grancher, s.d., s.l.

C. De Vita, *Armi antiche*. Brevetti 1855-1890, Czerny's International Auction House, Sarzana 2002.

J.-C. Dey, J. Huon, J.-C. Schlinger, *Les Revolvers Smith & Wesson*, Editions Gazette Des Armes, Paris 2000.

J.-C. Dey, M. Encausse, A. Jacob, *Encyclopédie évolutive des armes à système*, Editions DEJ, Marnes-La Coquette 1981.

Diagram Group (a cura di), Weapons. *An International Encyclopedia from 5000 B.C. to 2000 A.D.*, St. Martin's Press, ed. aggiornata 1991 (trad. it. *Enciclopedia-atlante delle armi dal 5000 a.C. ai giorni nostri*, Gruppo Editoriale Fabbri, Milano 1981).

O. Diez, *Revolveres y escopetas*, Ediciones Lema, Barcelona 2001.

V. Dolinek, *Armes à feu anciennes*, Editions Gründ, Paris 1998.

J. Durdik, M. Mudra, M. Sada, *Armes à feu anciennes*, Editions Gründ, Paris 1981 (trad. it. *Armi da fuoco antiche*, Fratelli Melita Editore, La Spezia 1989).

M. Encausse, *Collectionnons les armes*, Editions Atlas, Marnes-La Coquette 1985.

G. Fincke, *Alten Waffen Katalog und Rüstungen*, G. Fincke'schen Buchhandlung, Berlin 1836.

N. Flayderman, *Flayderman's Guide to Antique American Firearms and their Values*, 8a ed., DBI Books Inc., Northfield 2001.

U. Frantoi, *L'armeria del Palazzo Ducale a Venezia*, Edizioni Canova,Treviso 1990.

C. Frediani, *Fucili per la caccia grossa*, Arolo 2000.

D. Frenaison, *Argus des armes de poing de 1640 à 1940*, Editions Grancher, Paris 1987.

A. Gaibi, *Armi da fuoco italiane*, Bramante Editrice, Milano 1978.

J. Gelli, *Codice cavalleresco italiano*, Cisalpino Goliardica, Milano 1980.

J. Gelli, *Guida del raccoglitore e dell'amatore di armi antiche*, Ulrico Hoepli, Milano 1968.

U. Gobbi, *Armi e armaioli nella Milano del XIX secolo*, Lecco 2001.

J.F. Hayward, *Les Armes à feu anciennes*, Office Du Livre, Fribourg 1963.

R. Held, *The Age of Firearms*, Harper & Brothers Publishers, New York 1957 (trad. it. *Storia delle armi da fuoco*, Edizioni La Giostra, 1958).

R. Held, *Arms and Armor Annual*, vol. 1, Digest Books, Northfield 1973.

R. Held, *Art, Arms and Armour*, Acquafresca Editrice, Chiasso 1979.

J.V. Hoog, J. Weeks, *Pistols and Revolvers of the World*, Arms & Armour Press, 1978 (trad. it. *Il grande libro delle pistole di tutto il mondo*, De Vecchi Editore, Milano 1978).

F.A. Lord, *Civil War Collector's Encyclopedia*, 4 voll., The Stackpole Company, Harrisburg (Penns.) 1965.

G. Lupi, *I primi fucili a ripetizione*, Editoriale Olimpia, Sesto Fiorentino 1976.

E. Marcianò, *La Winchester napoletana*, in "Diana Armi", Editoriale Olimpia, 1985.

F. Mazzini (a cura di), *L'armeria Reale di Torino*, Bramante Editrice, Varese 1981-1982.

E. Mori, L. Golino, *Dizionario multilingue delle armi*, Editoriale Olimpia, Sesto Fiorentino 1998.

M. Morin, *Armi antiche. Armi da fuoco individuali dell'Occidente dalle origini al sistema a percussione*, Arnoldo Mondadori, Milano 1982.

R.J. Neal, R.G. Jinks, *The History of Smith & Wesson 1857-1945*, R&R Books, 1975.

G.C. Nonte Jr., *Black Powder*, Stoeger Publishing Company, 1976.

H.L. Peterson, R. Elman, *The Great Guns*, New York 1971 (trad. it. *Armi da fuoco antiche e moderne*, Arnoldo Mondadori, Milano 1973).

R.F. Pettinelli, *Armi portatili e munizioni militari italiane 1870-1998*, Gaspari Editore, Udine 2002.

W. Reid, *Histoire des armes,* Editions Gründ, Paris 1986.

H. Rickeyys, *Armi da fuoco*, Ugo Mursia Editore, Milano 1962.

J.G. Rosa, *The Age of the Gunfighter. Men and Weapons on the American Frontier, 1840-1900*, Salamander, London 1993 (trad. it. *I pistoleri*, Idea Libri, 1994).

J. Schobel, *Prunkwaffen und Rustungen aus dem Historischen Museum Dresden*, Econ Verlag, Wein-Düsseldorf, 1973 (tr. franc. *Armes d'apparat*, Office du livre, Fribourg 1975).

J.F. Støckel, *Haandskydevaabens Bedømmelse*, vol. 1, København 1938.

A.W.F. Taylerson, *The Revolver 1889-1914*, Barrie & Jenkins, London 1970.

D. Venner, *Le Livre des Armes. Les Armes à feu françaises*, Editions Grancher, Paris 1979.

D. Venner, *Le Livre des Armes. Les Armes américaines*, Editions Grancher, Paris 1979.

D. Venner, *Les Armes de poing de 1850 à nos jours*, Larousse, Paris 1988.

R.L. Wilson, *Colt, an American Legend*, Abbeville Press, New York 1985 (trad. it. *Colt, una leggenda americana*, Gremese Editore, Roma 1987).

R.L. Wilson, *Winchester, an American Legend*, Random House, New York 1991.

R.L. Wilson, *The Peacemakers. Arms and Adventure in the American West*, Random House, New York 1992.

R.L. Wilson, *Il mondo Beretta*, Sperling & Kupfer, Milano 2000.

R.L. Wilson, G. Martin, *Buffalo Bill's wild West. An American Legend*, Random House, New York 1998.

SACHREGISTER

NAMENSREGISTER

Referenzen

Bologna, Museo Medievale / foto M. Berardi
Copenhagen, Tojusmuseet / foto Anders Kavin
Leeds, Royal Armouries
Londra, Victoria and Albert Museum
Torino, Armeria Reale / foto E. Orcorte
Venezia, Musei Civici Veneziani